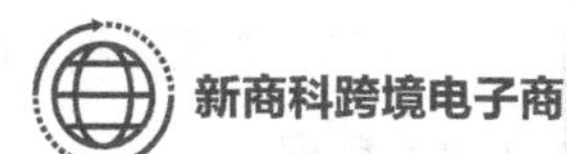

跨境电商

速卖通运营与管理

李洁 崔怡文 王涛 / 主编 秦绪杰 李留青 王芳 王璐璐 / 副主编

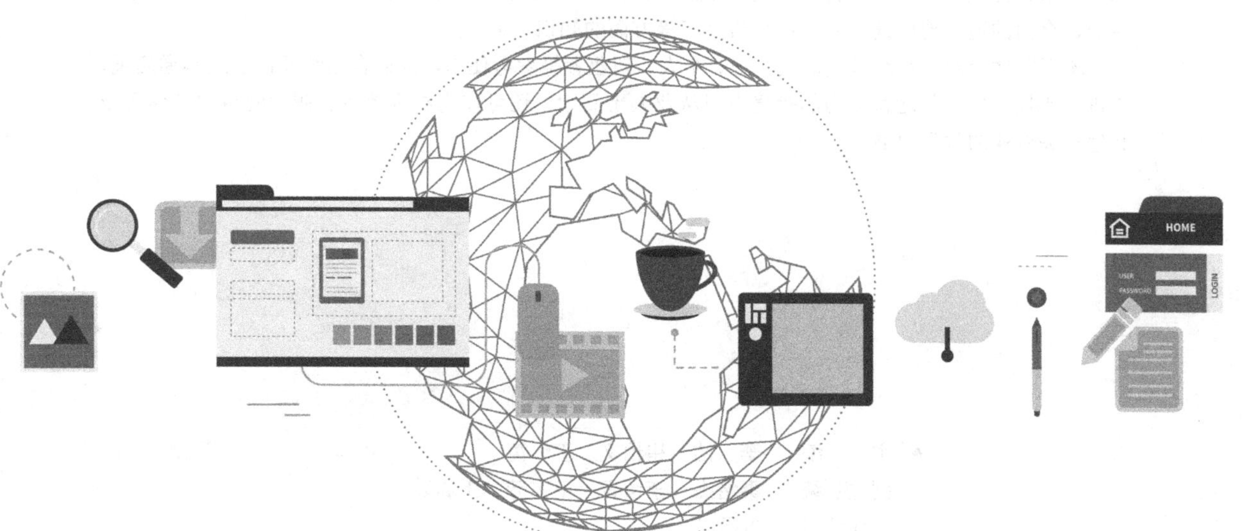

CROSS-BORDER

Electronic Commerce

人民邮电出版社

北京

图书在版编目（CIP）数据

跨境电商 : 速卖通运营与管理 / 李洁，崔怡文，王涛主编. -- 北京 : 人民邮电出版社，2019.3（2022.6重印）
新商科跨境电子商务“十三五”系列规划教材
ISBN 978-7-115-50646-7

Ⅰ. ①跨… Ⅱ. ①李… ②崔… ③王… Ⅲ. ①电子商务－商业经营－高等职业教育－教材 Ⅳ. ①F713.365.2

中国版本图书馆CIP数据核字(2019)第014983号

内 容 提 要

本书按照速卖通店铺实际运营的核心流程进行内容架构，详细介绍了店铺开设、市场选品、店铺装修、商品发布与优化、站内营销、站外营销、物流配送、跨境收款、客户服务、运营分析等知识。本书紧抓速卖通平台的特性，定位于实操指导，侧重运营方法与技巧的讲解，旨在让读者掌握专业、全面的速卖通店铺开店、运营与推广等方面的知识。

本书既适合想涉足跨境电商的企业、个人、创业者等参考使用，也适合已经开设了速卖通店铺、想进一步提高推广与运营能力的跨境电商从业人士阅读，还可作为高等院校、职业院校电子商务及其他相关专业的教学用书。

◆ 主　　编　李　洁　崔怡文　王　涛
　副 主 编　秦绪杰　李留青　王　芳　王璐璐
　责任编辑　古显义
　责任印制　马振武

◆ 人民邮电出版社出版发行　　北京市丰台区成寿寺路 11 号
　邮编　100164　　电子邮件　315@ptpress.com.cn
　网址　http://www.ptpress.com.cn
　北京捷迅佳彩印刷有限公司印刷

◆ 开本：787×1092　1/16
　印张：13.5　　　　2019 年 3 月第 1 版
　字数：353 千字　　2022 年 6 月北京第 8 次印刷

定价：42.00 元

读者服务热线：(010)81055256　印装质量热线：(010)81055316
反盗版热线：(010)81055315
广告经营许可证：京东市监广登字 20170147 号

前言 FOREWORD

中国是世界上重要的商品出口大国，在整体出口总量稳定的情况下，出口跨境电商逐步取代了一般贸易，表现出了极强的活力。2017年，中国出口跨境电商交易规模达6.3万亿元，商品销售目的地既有美国、英国等发达国家，也有巴西、印度等新兴国家。在出口商品品类方面，中国卖家从最初以3C数码、服饰类为主转向更多元化甚至更小众的品类，其中包括鞋靴、箱包、家具与家居、运动用品、办公、汽配和园艺用品等，中国制造、中国商品正在以强大的竞争力征服全世界。

阿里巴巴的全球速卖通（简称速卖通）是网上跨境零售的开路先锋，于2010年4月正式上线，打响了跨境小额批发大举发展的信号枪。经过8年的飞速发展，速卖通已经成为覆盖全球230个国家和地区、海外成交买家数量突破1亿的国内最大的跨境电商B2C平台。借助速卖通平台，卖家可以将自己的商品远销海外，将自己的销售范围扩大到全球。

但是，由于不同的语言、地域、气候、国家或地区政策、文化、消费习惯等因素，跨境电商从一开始就对卖家提出了较高的要求，卖家要在基础操作、选品、营销、物流、客服、支付、数据分析等方面有不同于国内电商业务的视野和技能。此外，激烈的市场竞争、颠覆性的技术革新、不断增长的客户需求，也不断对跨境电商从业者提出新的挑战。

鉴于这些情况，为了更好地帮助读者步入跨境电商领域，拓展海外市场，掌握全球速卖通开店、推广与运营知识，我们特别组织策划和编写了本书。

内容综述

本书共分为10章，从速卖通平台的特点出发，全面且系统地介绍了店铺开设、市场选品、店铺装修、商品发布与优化、站内营销、站外营销、物流配送、跨境收款、客户服务、运营分析等知识，并为读者解答了速卖通店铺运营过程中各个环节可能遇到的各种问题，有效地帮助读者提升运营速卖通店铺的能力。

本书特色

- **专家执笔，权威讲解：**本书由具有多年跨境电商平台运营经验的业界专家执笔，权威讲解速卖通开店、推广与运营的技巧与策略，具有非常强的指导性。

- **全面系统，案例丰富：**本书从店铺注册到市场选品、店铺装修、商品发布与优化，再到营销、物流、收款、客户服务、运营分析等，通过大量案例向读者详细介绍并分析了速卖通店铺运营中各个环节的关键点，干货十足。

- **注重实操，易学易会：**本书以详细、直观的图解方式逐步指导读者完成店铺注册、商品上架、订单发货、数据分析的实操过程，清晰易懂，一学就会。

- **配套资源，方便教学：**本书提供了配套的PPT课件、电子教案、课后习题答案等教学辅助资料，选书老师可以登录人邮教育社区（www.ryjiaoyu.com）免费下载使用。

本书知识系统，结构合理，讲解清晰，实操性强，既适合想涉足跨境电商的企业、个人、创业者等参考使用，也适合已经开设了速卖通店铺，想进一步提高推广与运营能力的跨境电商从业人士阅读，还可作为职业院校电子商务及其他相关专业的教学用书。

本书由李洁、崔怡文、王涛任主编，由秦绪杰、李留青、王芳、王璐璐任副主编。

由于编者水平有限，书中可能还存在疏漏与不足之处，恳请广大师生与读者批评指正，在此深表谢意！

编者

2018年9月

目录 CONTENTS

Item 1

第1章 全球速卖通：面向全球市场的“国际版淘宝”

【学习目标】

- 了解速卖通平台的特点。
- 掌握速卖通平台的销售方式。
- 掌握速卖通平台的店铺类型及其特点。
- 掌握入驻全球速卖通的流程。
- 掌握入驻“中国好卖家”的流程。

全球速卖通（AliExpress）是阿里巴巴帮助中小企业接触终端批发零售商小批量、多批次快速销售，拓展利润空间而全力打造的集订单、收款、物流于一体的外贸在线交易平台。全球速卖通覆盖全球230个国家及地区，主要交易市场为俄罗斯、美国、西班牙、巴西、法国等国家及地区，支持世界18种语言站点，主营范围覆盖22个行业，囊括日常消费类目，其商品备受海外买家的喜爱。为了顺应全球贸易新形势的发展，2016年8月，速卖通完成了由消费者对消费者（Customer to Customer，C2C）平台向企业对消费者（Business to Customer，B2C）平台的转型升级，以全新的姿态全方位助力中国品牌扬帆出海。

1.1 速卖通平台的特点

速卖通于2010年4月正式上线，它是阿里巴巴旗下唯一面向全球市场打造的在线零售交易平台，融订单、收款、物流于一体，主要目的是通过电子商务平台将“中国制造”直接送向全球买家手中，是跨境直达的平台。

作为阿里巴巴未来国际化的重要战略产品，速卖通经过几年的发展，已经成为全球活跃的跨境电商平台之一，并依靠阿里巴巴庞大的会员基础，成为目前全球产品品类丰富的电商平台之一。

与亚马逊、eBay、敦煌网等其他跨境电子商务平台相比，速卖通平台对价格比较敏感，平台上的低价策略比较明显，这与阿里巴巴实行从淘宝卖家中导入速卖通卖家的策略有关。速卖通的侧重点在新兴市场，尤其是俄罗斯和巴西。

速卖通是阿里巴巴系列的产品，其页面整洁、操作简单，非常适合新人上手。另外，阿里巴巴一直有非常好的社区和客户培训传统，通过社区和客户培训，跨境新人可以快速入门。因此，速卖通非常适合跨境新人，尤其是所售商品符合新兴市场的卖家，以及商品有供应链优势、价格有明显优势的卖家。

1.2 速卖通平台的未来发展趋势

2016 年 8 月，全球速卖通完成了由 C2C 平台向 B2C 平台的转型升级。2017 年，全球速卖通不断塑造品质标杆和行业规范，买家体验不断提升，平台风险逐渐降低。

在 2018 年全球速卖通"中国好卖家"峰会上，全球速卖通业务负责人明确了 2018 年速卖通的发展方向，速卖通业务将会继续在阿里巴巴推动全球化战略中占据重要地位，阿里巴巴集团将继续整合全集团的资源，无论是人力、财力和技术，都将继续投入速卖通业务中，让中国好货通往全球，让全球更多的买家能够通过速卖通走近中国卖家，了解中国卖家，认识并接纳中国的商品。

速卖通业务负责人还表示，在未来的发展中将会升级速卖通本地化服务，围绕消费者体验重构本地化服务，并且全面升级商家合作体系，完善速卖通与卖家的关系。同时，将速卖通从购物平台升级为生活平台，从单一的购物搜索发展到赋予更多美好和温度。除此之外，速卖通会全面投入对物流、支付、金融等在内的基础设施的建设。

在峰会上，速卖通高级营销专家分析了速卖通 2019 财年（2018 年 4 月—2019 年 3 月）的营销规划。2019 财年的营销方式分为以下几个部分。

1. 构建用户分层体系

在 2019 财年中，速卖通将围绕用户构建用户分层体系，根据不同的用户分层提供不同的商品结构、不同的服务及不同的价格策略。

2. 品牌的扶持

速卖通会根据卖家的客单价和订单转化率等方面的表现，为卖家强化和提升海外买家对商家品牌的信任度和好感度，在复杂的海外市场中为出海的品牌卖家提供站内外资源的扶持。对于有能力培养品牌的卖家，速卖通将给予更多的扶持。

3. 构建内容营销阵地，打造"网红"任务平台

从最初的桌面 PC 端到现如今的移动端，买家的购买路径和消费习惯使他们购买、选取商品的渠道也发生了许多变化，越来越多的买家愿意花费更多的时间在 App 端选购和下单。与卖家销量息息相关的流量也从 PC 端搜索或大门户网站逐渐向手机 App 端迁移。

为了适应买家们的购物习惯，速卖通提供了专业的内容输出板块，让"网红"帮助卖家推爆商品。

（1）Fan Zone&带货节

Fan Zone&带货节是速卖通为卖家构建的内容营销新阵地，这个阵地中汇聚了近几年一直努力发展的各个用户原创内容（User Generated Content，UGC）平台，它们组合在一起形成了一个大的频道，即 Fan Zone。在 Fan Zone 中，速卖通会借助"网红"进行全球范围内的内容输出，通过算法在买家浏览整个链路过程中向他们推送最适合的内容，包括图文帖子、视频、直播等。

（2）Group Buy 拼团

速卖通对“Group Buy 拼团”的定义是专门生产爆品的阵地。众所周知，爆品在内容营销中是非常重要的一个环节，它的传播性、用户转化性可以帮助卖家引爆整个社交的流量。

其实，卖家在语言、文化、创作内容的专业技能上是有缺失的，所以速卖通希望通过“网红”任务平台做补充。这个任务平台是内容制作和传播的一站式解决方案，卖家可以选择在发布任务的同时要求“网红”在站内或站外进行推广。“网红”推广的内容不仅包括拍摄商品照片或发图文，甚至可以包含整个品牌宣传，让内容更快地触达核心用户。

4. 推出速卖通 A + 计划二期

速卖通平台鼓励卖家通过站外营销向站内引流。继 2017 年“双 11”前速卖通推出 A + 计划一期之后，2019 财年，速卖通将继续推出 A + 计划二期。

在 A + 计划二期，卖家可以实现自主投放，自己在操作后台进行广告的投放，而无须向官方合作伙伴付费由他们代劳。借助自主投放工具，卖家可以进行效果分析和效果追踪，可以实时看到所有投放的数据。如果卖家参与 A + 计划，并且销售额达到平台要求，还会有首页流量的导入。

1.3 速卖通平台招商准入及入驻

速卖通平台接受依法注册并正常存续的个体工商户或企业开店，并有权对卖家的主体状态进行核查与认证，包括但不限于委托支付宝进行实名认证。通过支付宝实名认证的卖家在对速卖通账号与支付宝账户进行绑定的过程中，应提供真实、有效的法定代表人身份证、联系地址、注册地址、营业执照等信息。

1.3.1 速卖通平台的销售方式

速卖通为卖家提供了两种销售计划类型：标准销售计划和基础销售计划（见表 1-1）。一个店铺只能选择一种销售计划类型。

表 1-1 标准销售计划和基础销售计划的区别

项目	标准销售计划（Standard）	基础销售计划（Basic）	备注
店铺的注册主体	企业	个体工商户/企业均可	注册主体为个体工商户的卖家店铺仅可申请“基础销售计划”，当“基础销售计划”不能满足经营需求时，满足一定条件可申请并转换为“标准销售计划”
开店数量	无论个体工商户还是企业，同一注册主体下最多可开 6 家店铺，每家店铺仅可选择一种销售计划		
年费	年费按经营大类收取，两种销售计划收费标准相同		
商标资质	√	同标准销售计划	
类目服务指标考核	√	同标准销售计划	

续表

项目	标准销售计划（Standard）	基础销售计划（Basic）	备注
年费结算奖励	（1）中途退出：按自然月，返还未使用年费 （2）经营到年底：返还未使用年费，使用的年费根据年底销售额完成情况进行奖励	（1）中途退出：全额返还 （2）经营到年底：全额返还	无论是哪种销售计划，若因违规违约导致账号被关闭，年费将不予返还
销售计划是否可转换	一个自然年内不可切换至“基础销售计划”	当“基础销售计划”不能满足经营需求时，经营满6个月或以上，且满足一定条件，可申请“标准销售计划”（无须更换注册主体）	具体升级的要求需查看平台后台通知
功能区别	可发布在线商品数≤3 000	（1）可发布在线商品数≤300 （2）部分类目暂不开放基础销售计划 （3）每月享受3 000美元的经营额度（即买家成功支付金额），当月支付金额≥3 000美元时，无搜索曝光机会，但店铺内商品展示不受影响；下个自然月初恢复搜索曝光	无论是何种销售计划，店铺均可正常报名参与平台各营销活动，不受支付金额限制

卖家无论选择哪种销售计划，都需要根据系统流程完成类目招商准入，随后才可以在速卖通平台上发布商品。

1.3.2　速卖通平台的店铺类型

速卖通平台的店铺分为官方店、专卖店和专营店三种类型。申请的店铺不同，需要满足的条件也有所不同，具体如表1-2所示。

表1-2　速卖通平台的店铺类型及其基本要求

项目	官方店	专卖店	专营店
店铺类型介绍	商家以自有品牌或由权利人独占性授权（仅商标为R标）入驻速卖通开设的店铺	商家以自有品牌（商标为R或TM标），或者持他人品牌授权文件在速卖通开设的店铺	经营一个及以上他人或自有品牌（商标为R或TM标）商品的店铺
开店企业资质	要完成企业认证，卖家需提供以下资料： （1）企业营业执照副本复印件； （2）企业税务登记证复印件； （3）组织机构代码证复印件； （4）银行开户许可证复印件； （5）法定代表人身份证正反面复印件	同官方店	同官方店
单店铺可申请品牌数量	仅1个	仅1个	可多个

续表

项目	官方店	专卖店	专营店
平台允许的店铺数	同一品牌（商标）仅1个	同一品牌（商标）可多个	同一品牌（商标）可多个
需提供的材料	（1）商标权人直接开设官方店，需提供国家工商管理机关颁发的商标注册证（仅R标）； （2）由权利人授权开设官方店，需提供国家工商管理机关颁发的商标注册证（仅R标）与商标权人出具的独占授权书（如果商标权人为境内自然人，则需同时提供其亲笔签名的身份证复印件；如果商标权人为境外自然人，提供其亲笔签名的护照/驾驶证复印件也可以）； （3）经营多个自有品牌商品且品牌归属同一个实际控制人，需提供多个品牌国家工商管理机关颁发的商标注册证（仅R标）； （4）卖场型官方店需提供国家工商管理机关颁发的35类商标注册证（仅R标）与商标权人出具的独占授权书（仅限速卖通邀请）	（1）商标权人直接开设的品牌店，需提供由国家工商管理机关颁发的商标注册证（R标）或商标注册申请受理通知书（TM标）； （2）持他人品牌开设的品牌店，需提供商标权人出具的品牌授权书（若商标权人为境内自然人，则需同时提供其亲笔签名的身份证复印件；如果商标权人为境外自然人，提供其亲笔签名的护照/驾驶证复印件也可以）	需提供由国家工商管理机关颁发的商标注册证（R标）或商标注册申请受理通知书复印件（TM标），或者以商标持有人为源头的完整授权或合法进货凭证（各类目对授权的级数要求，具体以品牌招商准入资料提交为准）

1.3.3 速卖通平台的收费标准

每个速卖通账号只准选取一个经营范围来经营，并可在该经营范围下经营一个或多个大类。年费按照经营大类收取，入驻不同的经营大类需要分别缴纳年费。同一经营大类下，年费只缴纳一份。

每个经营大类分设几个主营类目，卖家每次可申请一个主营类目，若要经营一个经营大类下的多个主营类目，可分多次申请。特殊类目（Special Category）不单独开放招商，而采取随附准入制度，即只要卖家获准加入任一经营大类，即可获得特殊类（Special Category）的商品经营权限。

速卖通各类目技术服务费年费收费标准如表1–3所示。

表1–3　速卖通2018年度各类目技术服务费年费收费标准

单店经营范围	经营大类	技术服务费年费（元）	主营类目	返50%年费对应年销售额（美元）	返100%年费对应年销售额（美元）
服装服饰	服装服饰	10 000	Apparel Accessories（服饰配件） Women's Clothing（女装） Men's Clothing（男装） Novelty & Special Use（新奇特/特殊服装） Costumes & Accessories（扮演服饰/配件） World Apparel（世界民族服装） Tailor-made Suits（定制西装） Prescription Glasses（配镜）	15 000	45 000

续表

单店经营范围	经营大类	技术服务费年费（元）	主营类目	返50%年费对应年销售额（美元）	返100%年费对应年销售额（美元）
箱包鞋类	箱包鞋类	10 000	Luggage & Bags（箱包皮具/热销女包/男包）	12 000	35 000
			Shoes（男女鞋）		
精品珠宝	精品珠宝	10 000	Fine Jewelry（精品珠宝）	不考核	不考核
珠宝饰品及配件	珠宝饰品及配件	10 000	Fashion Jewelry（珠宝饰品及配件）	10 000	30 000
手表	手表	10 000	watch（手表）	18 000	55 000
婚纱礼服	婚纱礼服	10 000	Special Occasion Dresses（特殊场合服装）（仅平台定向邀约）	25 000	50 000
			Wedding Dresses（婚纱）（仅平台定向邀约）		
			Wedding Accessories（婚庆配饰）		
			Wedding Party Dress（婚宴礼服）		
美容美发	护肤品	10 000	Skin Care（护肤品）	15 000	30 000
	美容健康	10 000	Beauty & Health 美容/健康（除护肤品、健康/保健外）	18 000	53 000
健康用品	健康保健	10 000	Health & Care（健康/保健）	18 000	50 000
	成人用品	20 000	Sex Products（成人用品）（仅平台定向邀约）	25 000	65 000
织发及发套相关	织发及发套相关	100 000	Human Hair（织发及发套相关）（除零售业开店和美发沙龙外）（仅平台定向邀约）		600 000
接发类相关	接发类相关	50 000	Human Hair For White（白人发）（仅平台定向邀约）		150 000
假发零售业开店	假发零售业开店	50 000	Beauty Supply（零售业开店）（仅平台定向邀约）		150 000
美发沙龙	美发沙龙	50 000	Hair Salon Supply（美发沙龙）（仅平台定向邀约）		150 000
化纤发	化纤发	30 000	Synthetic Hair（化纤发）（仅平台定向邀约）		150 000
母婴&玩具	母婴&玩具	10 000	Mother & Kids（孕/婴/童）	15 000	300 00
			Toys & Hobbies（玩具）		
家居&家具	家居&家具	10 000	Arts, Crafts & Sewing（手工艺品/缝纫用品）（半成品）	15 000	45 000
			Festive & Party Supplies（节庆/派对用品）		
			Home Storage & Organization（家用储存/收藏用具）		
			Household Cleaning Tools & Accessories（家庭清洁用具/附件）		
			Bathroom Products（浴室用品）		
			Household Merchandises（家居日用品）		

续表

单店经营范围	经营大类	技术服务费年费（元）	主营类目	返50%年费对应年销售额（美元）	返100%年费对应年销售额（美元）
家居&家具	家居&家具	10 000	Home Textile（家纺成品） Home Decor（家庭装饰品） Furniture（家具和室内装饰品）	15 000	45 000
			Kitchen，Dining & Bar（厨房/吧台用品）		
			Pet Products（宠物用品）		
			Garden Supplies（园艺用品）		
家装&灯具&工具	家装&灯具&工具	10 000	Lights & Lighting（照明/灯饰）	15 000	45 000
			Home Improvement（家装）（硬装）		
			Tools（工具）		
家用电器	家用电器	10 000	Home Appliances（家用电器）	20 000	55 000
运动&娱乐	运动鞋服包/户外配件	10 000	Sportwear&Accessories（运动鞋服包/户外配件）	12 000	35 000
	骑行/渔具	10 000	Fishing（钓鱼用品）	15 000	45 000
			Cycling（骑行）		
	平衡车	30 000	Self Balance Scooters（平衡车）（仅平台定向邀约）	18 000	36 000
	乐器	10 000	Musical Instruments（乐器）	8 000	24 000
3C数码	手机配件&通信	10 000	Mobile Phone Cables（手机线材）（封闭品牌定向招商）	18 000	36 000
			Mobile Phone Accessories & Parts（手机配件/零件）		
			Walkie Talkie（对讲机）		
			External Battery Pack（移动电源）		
			Communication Equipment（通信设备）		
	计算机网络&办公文教	10 000	Internal Storage（内置存储）（除存储卡类目外）	15 000	40 000
			Memory Cards（存储卡）		
			External Storage（移动硬盘/U盘/刻录盘）（除外置机械移动硬盘类目外）		
			External Hard Drives（外置机械移动硬盘）		
			Computer Components（计算机组件和硬件）（除中央处理器、显卡、内置机械硬盘类目外）		
			CPUs（中央处理器）		
			Graphics Cards（显卡）		
			Internal Hard Drives（内置机械硬盘）		
			Computer Peripherals（计算机外设）（除数位板类目外）		

续表

<table>
<tr><th>单店经营范围</th><th>经营大类</th><th>技术服务费年费（元）</th><th>主营类目</th><th>返 50%年费对应年销售额（美元）</th><th>返 100%年费对应年销售额（美元）</th></tr>
<tr><td rowspan="33">3C 数码</td><td rowspan="17">计算机网络&办公文教</td><td rowspan="17">10 000</td><td>Digital Tablets（数位板）</td><td rowspan="17">15 000</td><td rowspan="17">40 000</td></tr>
<tr><td>KVM Switches（切换器）</td></tr>
<tr><td>Office Electronics（办公电子）</td></tr>
<tr><td>Desktops（台式计算机）</td></tr>
<tr><td>Industrial Computer & Accessories（工控产品）</td></tr>
<tr><td>Tablet Accessories（平板电脑配件）</td></tr>
<tr><td>Demo board & Accessories（开发板及配件）</td></tr>
<tr><td>Mini PC mini（微型计算机）</td></tr>
<tr><td>Servers（服务器）</td></tr>
<tr><td>DIY Gaming Computer（游戏计算机）</td></tr>
<tr><td>Computer Cleaners（计算机清洁用品）</td></tr>
<tr><td>Computer Cables & Connectors（计算机连线及接插件）</td></tr>
<tr><td>Laptops（笔记本电脑）</td></tr>
<tr><td>Laptop Accessories（笔记本电脑附件）</td></tr>
<tr><td>Networking（网络商品）</td></tr>
<tr><td>Office & School Supplies（办公/文教用品）</td></tr>
<tr><td></td></tr>
<tr><td rowspan="10">消费电子</td><td rowspan="10">10 000</td><td>Portable Audio & Video（便携音/视频设备）</td><td rowspan="10">15 000</td><td rowspan="10">40 000</td></tr>
<tr><td>Home Audio & Video Equipments（家用音/视频设备）（除投影仪类目外）</td></tr>
<tr><td>Projectors（投影仪）（仅平台定向邀约）</td></tr>
<tr><td>Camera & Photo（摄影/摄像）（除数码相机和运动摄像机类目外）</td></tr>
<tr><td>Digital Cameras（数码相机）</td></tr>
<tr><td>Smart Electronics（智能电子）</td></tr>
<tr><td>Games & Accessories（游戏/配附件）</td></tr>
<tr><td>Sports & Action Video Cameras（运动摄像机）</td></tr>
<tr><td>Accessories & Parts（零/配件）</td></tr>
<tr><td></td></tr>
<tr><td>安防</td><td>10 000</td><td>Security & Protection（安防）</td><td>15 000</td><td>40 000</td></tr>
<tr><td>电子元器件</td><td>10 000</td><td>Electronic Components & Supplies（电子元器件）（仅平台定向邀约）</td><td>30 000</td><td>65 000</td></tr>
<tr><td>电子烟</td><td>30 000</td><td>Electronic Cigarettes（电子烟）</td><td>60 000</td><td>120 000</td></tr>
<tr><td>平板电脑</td><td>10 000</td><td>Tablets（平板电脑）</td><td>60 000</td><td>120 000</td></tr>
<tr><td>手机</td><td>30 000</td><td>Mobile Phones（手机）</td><td>45 000</td><td>100 000</td></tr>
<tr><td>汽摩配</td><td>汽摩配</td><td>10 000</td><td>Auto Replacement Parts；
Other Vehicle Parts & Accessories；
Interior Accessories；
Exterior Accessories
（零配件/内外饰）</td><td>36 000</td><td>72 000</td></tr>
</table>

续表

单店经营范围	经营大类	技术服务费年费（元）	主营类目	返 50%年费对应年销售额（美元）	返 100%年费对应年销售额（美元）
汽摩配	汽摩配	10 000	Motorcycle Accessories & Parts（摩托车配件）		
			Car Electronics（汽车电子）		
			Car Wash & Maintenance; Car Repair Tool（清洗/养护和维修工具）		
			Car Lights（车灯）		
特殊类	特殊类		Special Category（特殊类）		

卖家获得准入后，需要一次性缴纳一年的年费，年费按照自然月结算。如果卖家实际经营未满一年，且不存在规定的任何违约及违规情况被关闭账号的，速卖通将根据实际入驻的时间（按自然月计算，未满一个月的按一个月计算，退出当月不收费）扣除年费，并退还未提供服务期间的年费。

例如，服装配饰经营大类入驻年费为 10 000 元，若卖家在 2018 年 2 月申请加入服装配饰经营并缴纳 10 000 元，在 8 月时申请退出服装配饰，则卖家可退还年费为：10 000−10 000÷12×6=5 000（元），费用在申请退出之日的 30 天内退还至卖家店铺国际支付宝实时绑定的人民币提现账号。如果卖家受到相关处罚，所缴年费不予退还，未提供技术服务的年费将作为违约金扣除。

1.3.4 申请速卖通开店

卖家申请在全球速卖通开设店铺的步骤非常简单，如图 1−1 所示。

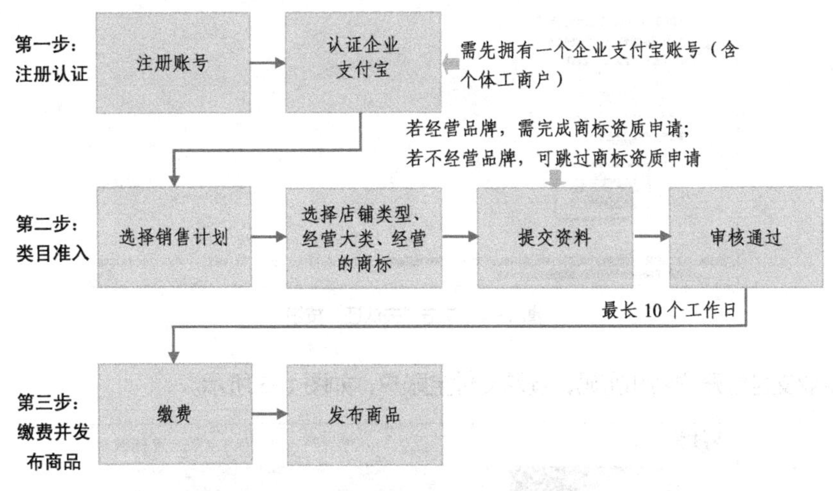

图 1−1 申请速卖通开设店铺的基本流程

1. 注册账号

登录全球速卖通卖家端首页，单击页面右上角的“立即入驻”按钮，如图 1−2 所示。

输入邮箱和手机号码，根据页面提示完成注册，如图 1−3 所示。

2. 认证

完成注册后单击“去认证”按钮，进行企业支付宝认证，如图 1−4 所示。

图 1–2　登录卖家端首页

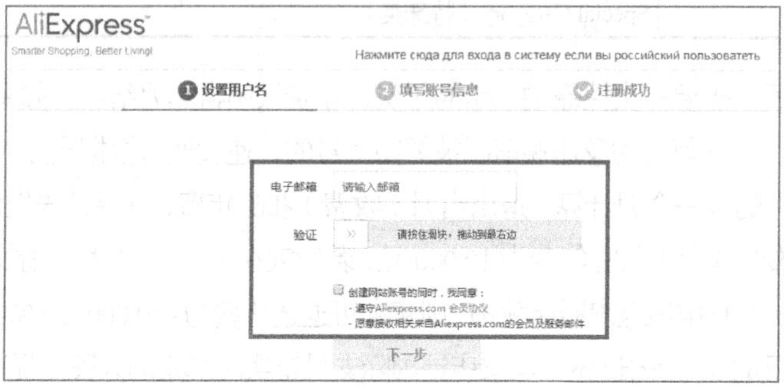

图 1–3　账户注册

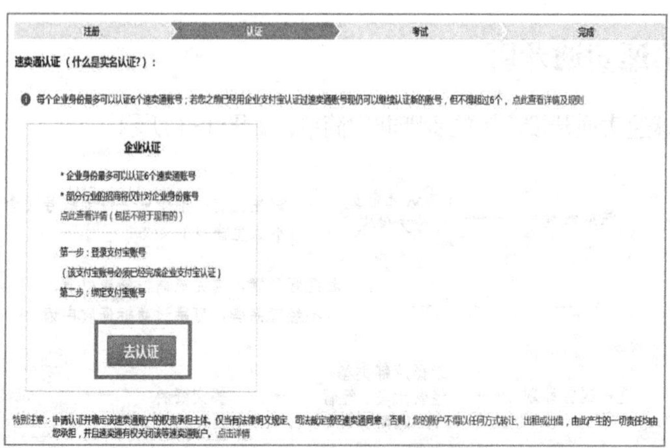

图 1–4　单击“去认证”按钮

输入企业支付宝账户名和密码，登录支付宝账户，如图 1–5 所示。

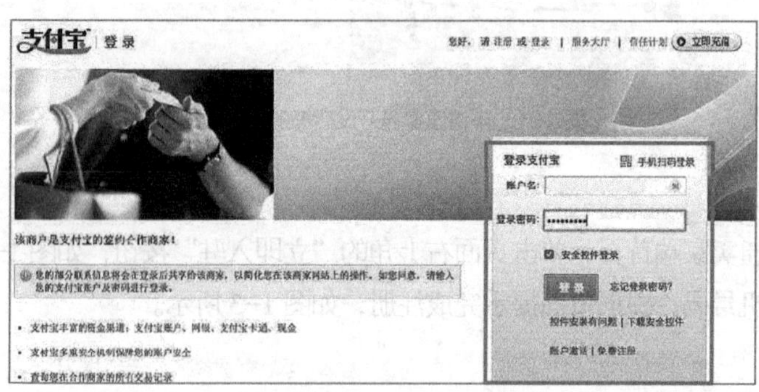

图 1–5　登录企业支付宝账户

单击“授权”按钮，连接速卖通账户与企业支付宝账户，如图 1–6 所示。

图 1–6　授权速卖通账户连接企业支付宝账户

3. 选择销售计划

进入“我的速卖通”页面，单击“账号及认证”|“品牌商标”|“我的权益”选项，选择销售计划，如图 1–7 所示。

图 1–7　选择销售计划

4. 类目准入

选择店铺类型和主营类目，如图 1–8 所示。

输入商标并选择类目，如图 1–9 所示。若输入商标后未显示，则需要先进行商标资质申请。

如果不经营品牌，可以直接选中“None 品牌”单选按钮，如图 1–10 所示。

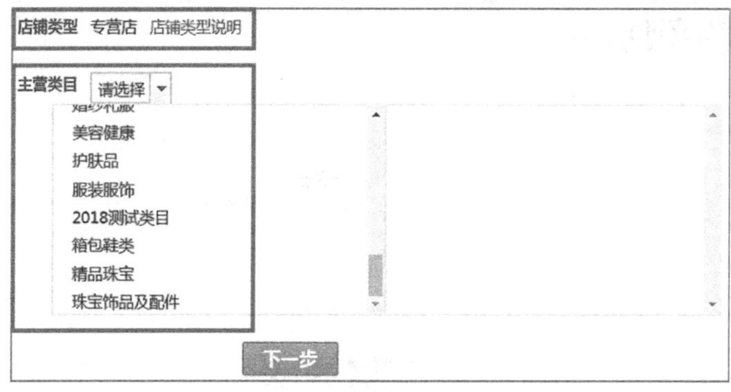

图 1–8　选择店铺类型和主营类目

品牌选择
*品牌关键词 simplee 请输入品牌的中文或英文名称，不区分大小写.
上一步 查看品牌
您可以批量选择想要申请的品牌，只有同一标准的才能批量申请（每次最多只能提交100个类目），当前已选择类目
若当前展示的类目没有您要经营的类目，您可点击这里进行商标下类目的新增
品牌名称:SIMPLEE(SIMPLEE) 品牌LOGO: Simplee 注册人: 发源地
品牌对应类目 申请的卖家数量上限
Apparel & Accessories > Women's Clothing > Skirts 无
Apparel & Accessories > Women's Clothing > Intimates > Panties 无

图 1–9　输入商标

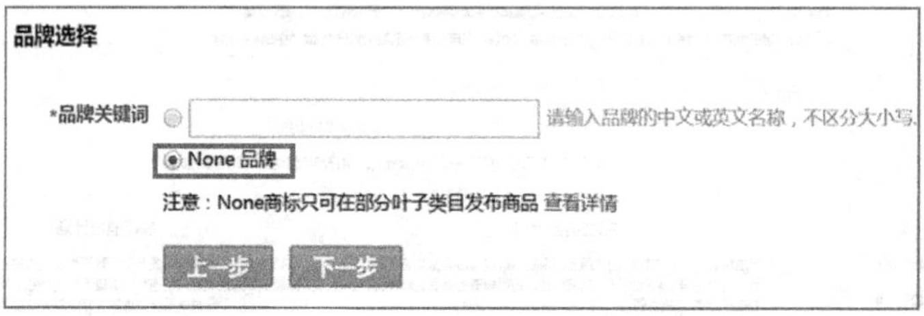

品牌选择
*品牌关键词 请输入品牌的中文或英文名称，不区分大小写.
None 品牌
注意：None商标只可在部分叶子类目发布商品 查看详情
上一步 下一步

图 1–10　选中“None 品牌”单选按钮

5. 提交资料等待审核

个别行业需要同时提交类目资料，绝大部分行业只需提交商标资质申请材料即可。商标资质申请资料根据品牌差异略有不同，三选一（商标注册证/全链路授权书/全链路发票）即可，如图 1–11 所示。

提交资料后预计最长 10 个工作日审核完成。若审核未通过，可以登录速卖通店铺的后台页面，单击右上角的“联系客服”按钮进行咨询，或根据审核未通过的原因重新提交相关资料。

完成审核后，卖家缴费后即可完成入驻，随后即可选择类目发布商品。

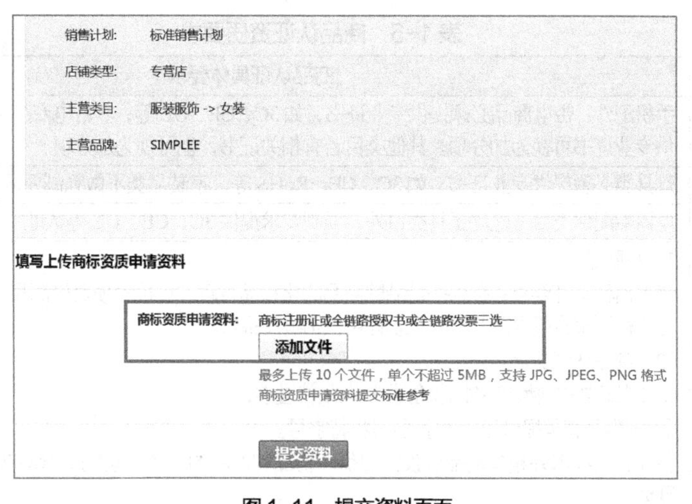

图 1-11 提交资料页面

1.4 速卖通"中国好卖家"

自全球速卖通平台实施企业化、品牌化升级以来，优质品牌商家迎来了拓展海外市场、打造国际品牌的宝贵机遇。为了帮助更多的优质企业、优质品牌出海，速卖通平台推出"中国好卖家"项目，为企业量身定制了各种资源与保障，为其出海保驾护航。

1.4.1 入驻"中国好卖家"的资质要求

成为速卖通"中国好卖家"可以享受海量资源，包括专属大客户经理、交易仲裁专属服务、店铺流量扶持、免费营销活动、品牌特权、物流开放、资金支持等资源。入驻"中国好卖家"的商家，其经营指标和商品认证需要满足一定的要求，如表 1-4 和表 1-5 所示。

表 1-4 行业经营指标要求

行业	经营指标要求		
	国内电商平台	其他跨境电商平台	传统外贸企业
3C 数码/灯具家装/汽摩配件	年交易额≥400 万元人民币，且 DSR 三项均高于行业平均值	年交易额≥50 万美元，且服务指标良好及以上	年出口额≥100 万美元，且自由工厂或有稳定的欧美外贸货源
服装配饰/鞋包/珠宝/手表/婚纱礼服	年交易额≥240 万元人民币，且 DSR 三项均高于行业平均值	年交易额≥15 万美元，且服务指标良好及以上	年出口额≥20 万美元，且自由工厂或有稳定的欧美外贸货源
母婴玩具/运动户外/美容健康/家具/家居/工具/小家电	年交易额≥120 万元人民币，且 DSR 三项均高于行业平均值	年交易额≥15 万美元，且服务指标良好及以上	年出口额≥20 万美元，且自由工厂或有稳定的欧美外贸货源
安防	年交易额≥240 万元人民币，且 DSR 三项均高于行业平均值	年交易额≥15 万美元，且服务指标良好及以上	年出口额≥500 万元人民币，或市级高新技术企业，或安防行业协会机构推荐品牌

表 1-5 商品认证资质要求

行业	商品认证具体要求
3C 数码	手机配件：带电商品必须提供专业证书，如 3C、CE、UL 等；非带电商品不做强制要求，但提供专业证书可视为加分项。其他类目若有相关证书，也可视为加分项
家具家装	灯具类必须提供专业证书，如 3C、CE、RoHS 等，家装品类不做强制要求
家居/工具/小家电	电器除配件类目＋电动工具类目外，强制要求提供 3C、CE、UL 等认证
美容健康	1. 护肤品 (1) 商标认证要求：提供一份品牌商品的化妆品行政许可检验项目检测报告，要求是带 CMA 标志检测报告或食药监批复行政许可机构检测报告。 (2) 商品认证要求： ① 国妆准字/国妆特字/国妆备进字/国妆特进字； ② 国内品牌需提供卫妆准字号/卫妆特字号。 备注：只在海外销售的品牌仅需提供一份品牌商品的主流市场国家食品药监局检测报告，如 FDA 2. 带电仪器 需提供 3C、CE、UL、GS 证书（四选一）。 3. 成人用品 仅限天猫成人用品类商家。 4. 指甲油 品牌下至少三份商品质检报告（国内——食品药监局批复行政许可机构检测报告；国外——主流市场国家食品药监局检测报告/全球公认的质量认证机构报告）
安防	一氧化碳报警器、烟感报警器等类目必须提供专业证书，如 3C、CE、UL、FC 等，其他类目不必须

注：以上条件为各行业申请“中国好卖家助力计划”的必要非充分条件。

1.4.2 入驻“中国好卖家”的流程

卖家若符合相关资质要求，可以向速卖通平台申请入驻“中国好卖家”，入驻流程如图 1-12 所示。

1 商家自审资质符合好卖家基本要求，提交报名

2 速卖通平台进行审核，并在一周内通知审核结果

3 通过审核，速卖通平台通过电话或邮件通知卖家提交资料

图 1-12 “中国好卖家”入驻流程

卖家提交申请报名时，需要提供的资料包括企业名称、店铺链接、店铺主营行业、公司经营背景、联系人姓名、联系人手机号码、联系人邮箱等。

1. 速卖通平台有哪些销售方式？不同的销售方式有什么区别？
2. 速卖通店铺分为哪些类型？选择一种店铺类型，并准备好相关材料，顺利完成店铺注册。
3. 什么是“中国好卖家”？申请加入“中国好卖家”需要满足哪些条件？

Item 2

第2章 市场选品：用高品质商品顺利打开市场

【学习目标】

- ➢ 掌握选品的基本逻辑。
- ➢ 掌握差评数据分析法、组合分析法、行业动态分析法等选品方法。
- ➢ 掌握开展站内商品调研分析的方法。
- ➢ 掌握开展站外平台商品调研分析的方法。
- ➢ 掌握运用第三方数据分析工具调研的方法。

选品是电商业务的核心，错误的选品不仅浪费卖家的时间，还会让卖家面临商品滞销的问题。要想做好选品工作，卖家要有正确的选品思路，不能凭借主观感觉去做决策，而要遵循一定的原则和数据分析方法来进行选品。只有掌握选品技巧，才能做到有的放矢。

2.1 选品要考虑的因素与基本逻辑

在跨境电商中，商品的选择对店铺的运营有着至关重要的影响。优质的商品能为店铺带来可观的销量，能够帮助店铺提升整体流量，提升商品在搜索结果中的排序，这些都会成为店铺的核心竞争力。

2.1.1 选品需要考虑的因素

在选品过程中，有的卖家觉得自己对某类商品比较熟悉，于是就直接开始进行销售；有的卖家从其他卖家的成功案例中列举的商品入手为自己选品；有的卖家自我感觉某种商品应该会很好卖，于是就开始销售，这些选品方法都是缺乏理性目标和思考的，最终的结果可想而知。店铺的选品不是靠拍脑袋就能决定的，而要有思路、有原则，这样才能做到有的放矢。

在选品过程中，卖家需要考虑以下几个方面。

1. 目标市场的用户需求和流行趋势

不同国家或地区的买家有着不同的生活习惯、购买习惯与文化背景，同一件商品不可能适合所有国家或地区的买家。例如，销往欧美市场的服饰类商品，其尺寸应该比销往亚洲市场的大几个尺码；向巴西市场销售的饰品类商品，应该选择颜色鲜艳且样式夸张的款式。因此，在选品之前，务必对目标市场的买家需求进行分析和研究，了解当地人的消费习惯和流行趋势。

2. 跨境物流运输方式

跨境电商的物流具有运输时间长、不确定因素多等特点。不同国家和地区的运送周期相差很大，速度快的 4～7 天即可送达，速度慢的则需要 1～3 个月才能送达。而在漫长的运输途中，商品包裹难免会受到挤压、抛掷等损害，也可能经历从寒冷到炎热的温差变化，还可能会遭遇天气突变、海关扣关等状况。

因此，选品时要充分考虑物流运输中可能会出现的各种情况，考虑商品的保质期、耐挤压程度等因素。此外，由于跨境物流的费用较高，选品时也要考虑相应重量和体积的商品所产生的物流费用是否在自己可承受的范围之内。

3. 判断货源优势

选品时，除了考虑以上两个方面外，还要考虑自身是否具有货源优势，要懂得如何寻找货源。对于初级卖家来说，如果其所处的地区存在一定规模的产业带，或者有体量较大的批发市场，可以考虑直接从市场上寻找现货；如果没有现货资源，可以考虑从网上寻找货源。

对于有一定销售经验的卖家来说，他们已经具备了一定的判断哪些商品具有较高市场接受度的能力，可以选择自己比较有把握的商品，寻找工厂资源，进行少量下单试款；对于经验丰富并具有资金实力的卖家来说，可以尝试开发新款，先进行小批量预售，确认新款商品的市场接受度后再进行大批量生产，这样可以减少库存压力和资金压力。

2.1.2 选品的基本逻辑

在实际操作中，选品要有清晰的思路，遵循一定的逻辑性，要从广泛性、专业性、精选、坚持、重复与数据分析六个角度出发，理性、有逻辑性地开展选品工作。

1. 广泛性

对于跨境电商卖家来说，选品的第一步是要有一个大范围、多类目的思维，而不是将目光局限在某一个品类上。这就要求卖家在初期选品时拓宽自己的思路，广泛涉猎多个类目的商品，这样才能从众多类目中选出最适合自己的类目和商品来作为自己的发展方向。

2. 专业性

通过对多个类目进行对比分析，找到自己感兴趣、有货源且销量和利润都较好的类目，并向专业的方向努力。卖家如果对自己所销售的商品没有专业的认知，而仅仅有一个简单的了解，要想有所作为是很难的。因此，要想在当前几近透明的市场状态下战胜竞争对手，就应该先让自己在对商品的专业认知上超越对手。

3. 精选

随着卖家对自己所经营类目的专业知识的积累，对商品的理解也越来越深刻，卖家需要在此基础上做到精挑细选，反复筛选。在生意场上，永远是 20%的产品带来 80%的利润，卖家需要尽力挖掘那 20%的能够带来高利润的商品。

4. 坚持

选品是一个长期的过程，它贯穿于店铺运营的始终，因此卖家在选品过程中不要存有一劳永逸的思想。现在选品的成功不意味着未来这款商品能一直保持好销量，卖家应该经常做一些选品活动，让自己在拥有热卖爆款的同时，开发有潜力的趋势款为未来做准备。

5. 重复

坚持的过程就是一个重复的过程。在重复的过程中，很多人会逐渐厌烦，失去激情和斗志，这也是一些卖家凭借某款商品引爆市场成为“销售明星”后却又很快沉寂下去，最终悄然消失的原因。

为了保持运营的长期稳定，卖家要始终保持对基本工作的热情。选品有时虽然是一个无趣的过程，但如果卖家长期坚持，反复精选，一定会不断有新的发现。

6. 数据分析

在选品初期，也许卖家很大程度上凭借的是直观感觉或比较基础性的分析。当店铺规模发展到一定阶段后，卖家也积累了一定的经验，具备了足够高的专业度，对行业有了足够的认知。在这种情况下，卖家可能对所有商品都有了一定的了解，此时在选品上会受到自己认知和偏见的影响。

为了避免因为认知偏见而导致出现错失良品的现象，卖家在选品过程中要尽可能地结合大数据分析来辅助选品。借助大数据分析工具，多维度地搜集相应的销售数据。与个人认知相比，大数据能够反映出更加客观的内容，卖家可以从中挖掘出一些之前未曾注意到的信息和商品。

2.2 开展选品分析的方法

选品不能只靠个人主观判断，应该有理性的分析作为客观依据。当然，进行选品分析的方法有很多种，卖家可以多尝试一些方法，在不断尝试的过程中找到最适合自己的方法。

2.2.1 差评数据分析法

差评数据分析法是评价数据分析法的重点。评价数据分析法是通过分析买家对商品的评价数据来判断买家的需求点，包括差评数据分析和好评数据分析。其中，差评数据分析就是通过搜集平台上热卖商品的差评数据，从中找出买家对商品的哪些方面不满意，然后对商品进行改良，以更好地满足买家的需求，或者通过分析买家对商品的差评数据开发能够解决买家痛点的商品。

差评数据分析法以抓取商品数据为主，同时也要兼顾分析商品好评数据，从中寻找买家对商品真正的需求点和期望值。换句话说，差评数据分析法就是从商品好评中挖掘买家需求的痛点，从差评中寻找商品的不足之处并对商品进行完善。选择能够满足买家需求痛点的商品，自然能够提高商品的转化率，进而提升销量。

2.2.2 组合分析法

组合分析法是指用商品组合的思维来进行选品。在建立商品线时，核心商品在其中占 20%，用于获取高额利润；爆款商品在其中占 10%，用于获取流量；基本商品在其中占 70%，用于配合销售。因此，选品应该兼顾到不同目标客户的特点和需求，不能将所有商品都选在同一个价格段和同一个品质上，让商品有一定的价格和品质梯度，才更容易吸引不同的目标客户，进而产生更多订单。

核心商品应该选择小众化、利润高的商品；爆款商品应该选择热门商品或紧跟当前热点并将要流行的商品；基础商品应该选择性价比较高的商品。

无论是核心商品、爆款商品还是基础商品，选品时都必须对商品的毛利进行评估。简单来说，计算毛利的公式如下：

单品毛利＝销售单价－采购单价－单品运费成本－平台费用－引流成本－运营成本

2.2.3 行业动态分析法

从行业的角度研究商品品类，是将每个品类都建立在中国制造的产品面向海外销售的整个行业背景下。了解中国出口贸易中某个商品品类的市场规模和主要目标国家或地区分布，对于认识该商品品类的运作空间和方向有着较大的指导意义。

卖家可以通过以下三种途径了解某个商品品类的出口贸易情况。

1. 第三方研究机构或贸易平台发布的行业或区域市场调查报告

第三方研究机构或贸易平台具有独立的行业研究团队，这些机构具备全球化的研究视角和资源，因此他们发布的研究报告往往可以为卖家提供较为系统的行业信息。

目前公开发布行业研究报告的机构有以下几个。

① 行业分析报告——中国制造网。

② 行业视频教程——敦煌网。

③ 外国人眼中的中国公司调查——环球企业家。

2. 行业展会

行业展会是行业中供应商为了展示新产品和技术、拓展渠道、促进销售、传播品牌而进行的一种宣传活动。参加展会可以获得行业最新动态和企业动向。卖家可以登录深圳会展中心官网和中国行业会展网官网查询展会相关信息。

3. 出口贸易公司或工厂

产品专员在开发产品时，需要与供应商进行直接的沟通。资质较老的供应商对所在行业的出口情况和市场分布都很清楚，产品专员可以通过他们获得较多有价值的市场信息。需要注意的是，产品专员要先掌握一定的行业知识后再与供应商进行沟通，否则容易被“忽悠”。

2.3 做好选品数据调研

电子商务是在信息技术化和互联网发展的背景下迅速兴起的行业，所以懂得快速利用互联网获取有价值的商务信息是当今电子商务从业人士必须具备的基本生存技能。数据驱动是指通过对各个业务节点业务数据的提取、分析及监控，让数据作为管理者决策、员工执行的有效依据，作为业务运营中的一个统一尺度和标准。一切以数据说话，一切以结果说话，就是数据驱动在实际工作中应用的体现。

2.3.1 站内商品调研分析

站内商品调研分析是指根据速卖通平台的情况，结合一定的数据分析及自身的情况来选择要经

营的行业及具体类目下的商品。速卖通的“数据纵横”|“商机发现”为卖家选品提供了数据参考，帮助卖家从行业、类目与属性等角度进行选品。

1. 行业选品

行业选品指的是卖家根据速卖通平台目前的情况确定要经营的行业。“数据纵横”|“商机发现”|“行业情报”基于速卖通平台的交易数据，为卖家提供具体行业的数据、趋势和国家分布等内容。

（1）寻找蓝海行业

进入“数据纵横”|“商机发现”页面，选择“行业情报”选项，在打开的页面中可以查看具体某个行业的概况及蓝海行业。

在速卖通平台，蓝海行业整体竞争不大，充满新的空间和机会，如图2-1所示。圆圈的蓝色程度越深，说明该行业竞争力越小。蓝色最深的行业往往是比较冷门的行业，开拓市场花费的时间会比较长，因此不建议选择。（注：由于本书是黑白印刷，图中的蓝色深浅可通过灰度深浅来判断。）

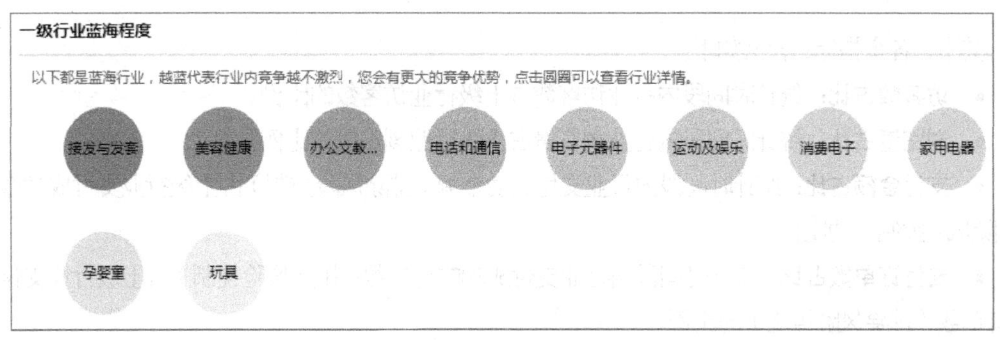

图2-1 一级行业蓝海程度

通过蓝海行业细分，卖家可以选择有自身优势的蓝海行业，发布对应的商品，赢得更多的商机。对应行业的供需指数越低，说明竞争度越小，出单机会越大。图2-2所示为“接发与发套”行业细分分析。

蓝海行业细分

接发与发套 ▾　您可以通过筛选，查找特定行业下的蓝海行业

叶子行业名称	供需指数	操作
白人假发类 > 真人发接发 > 单片卡子发	54.55%	查看行业详情
白人假发类 > 真人发接发 > 皮条发	42.59%	查看行业详情
白人假发类 > 真人发接发 > 白人卡子发	79.07%	查看行业详情
白人假发类 > 真人发接发 > 整头卡子发	49.71%	查看行业详情

‹ 1 ›

图2-2 “接发与发套”行业细分分析

（2）分析行业情报

卖家可以根据行业情报提供的分析迅速了解行业现状，判断经营方向，进而确定自己要经营的行业。通过“行业情报”，卖家可以查看目前平台下具体某一行业的发展概况，包括行业数据、行业趋势和行业国家分布等数据。

① 行业数据。选择目标行业，查看该行业最近 7 天/30 天/90 天的流量、成交转化和市场规模数据，了解市场行情变化情况。例如，选择“服装/服饰配件>女装”，查看最近 7 天的数据，如图 2-3 所示。

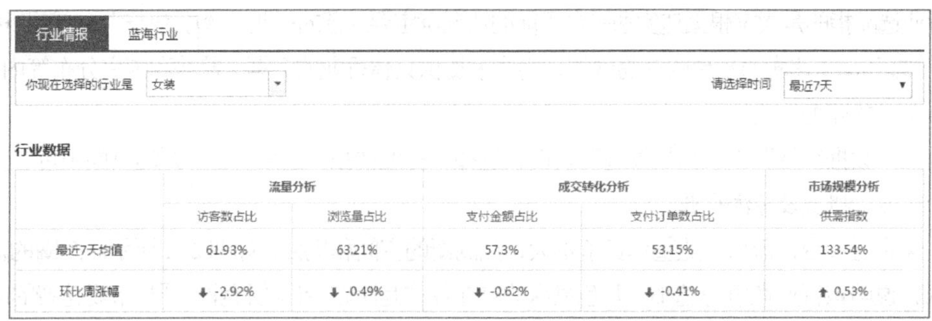

	流量分析		成交转化分析		市场规模分析
	访客数占比	浏览量占比	支付金额占比	支付订单数占比	供需指数
最近7天均值	61.93%	63.21%	57.3%	53.15%	133.54%
环比周涨幅	↓ -2.92%	↓ -0.49%	↓ -0.62%	↓ -0.41%	↑ 0.53%

图 2-3 “服装/服饰配件>女装”最近 7 天行业数据

其中，各个指标的含义如下。

- **访客数占比：**统计时间段内行业访客数占上级行业访客数的比例。
- **浏览量占比：**统计时间段内行业浏览量占上级行业浏览量的比例。
- **支付金额占比：**统计时间段内行业支付成功金额（排除风险控制）占上级行业支付成功金额（排除风险控制）的比例。
- **支付订单数占比：**统计时间段内行业支付成功的订单数（排除风险控制）占上级行业支付成功订单数（排除风险控制）的比例。
- **供需指数：**统计时间段内行业下商品指数/流量指数。它是衡量当前行业竞争是否激烈的主要标准，供需指数越小，竞争就越小。

② 行业趋势图。卖家可以选择相关行业进行数据趋势对比，可以分别从访客数占比、支付金额占比、浏览量占比、支付订单数占比和供需指数进行对比分析。从中可以发现，随着季节的变化，平台发展品类也在发生变化。根据这些分析结果，卖家可以加强对某个行业的投入或避开一些竞争过于激烈的“红海”市场。图 2-4 所示为“服装/服饰配件>女装”与“服装/服饰配件>男/女/儿童配件”访客数占比最近 7 天行业趋势对比。

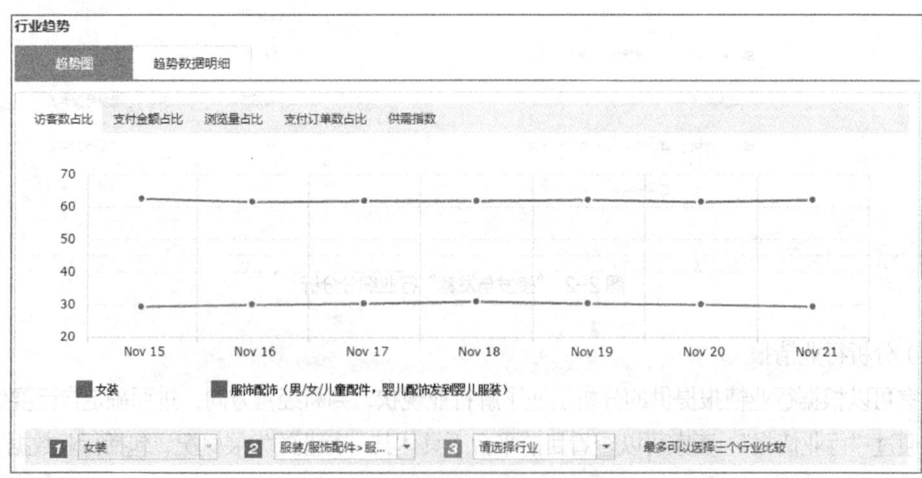

图 2-4 访客数占比最近 7 天行业趋势对比

在行业趋势图中，可以选择三个行业进行比较，比较时最好选择同级类目，不要跨级比较。

在“行业趋势”中，还可查看目标行业在选定时间段内的明细数据情况，并且可以单击右上方“下载”链接下载该行业的数据，进一步分析数据，如图 2-5 所示。

行业趋势

趋势图　趋势数据明细　下载

	流量分析		成交转化分析		市场规模分析
	访客数占比	浏览量占比	支付金额占比	支付订单占比	供需指数
2018-07-15	7.56%	5.97%	3.56%	4.35%	54.83%
2018-07-16	7.95%	6.5%	16.39%	2.06%	53.74%
2018-07-17	7.81%	6.53%	4.84%	6.82%	55.99%
2018-07-18	7.66%	6.16%	8.42%	8.86%	55.18%
2018-07-19	7.62%	6.08%	4.42%	6.19%	60.73%
2018-07-20	7.73%	6.56%	7.73%	5.81%	58.42%
2018-07-21	8.9%	7.38%	10.68%	11.11%	50.77%

图 2-5　下载数据

③ 行业国家分布。根据选定行业的访客数和成交额的分布情况，在商品发布及运费设置时做更多的针对性操作，让目标国家的消费者可以更加方便地购买商品，从而提升商品的转化率。图 2-6 所示为“服装/服饰配件>女装”行业支付金额国家分布。

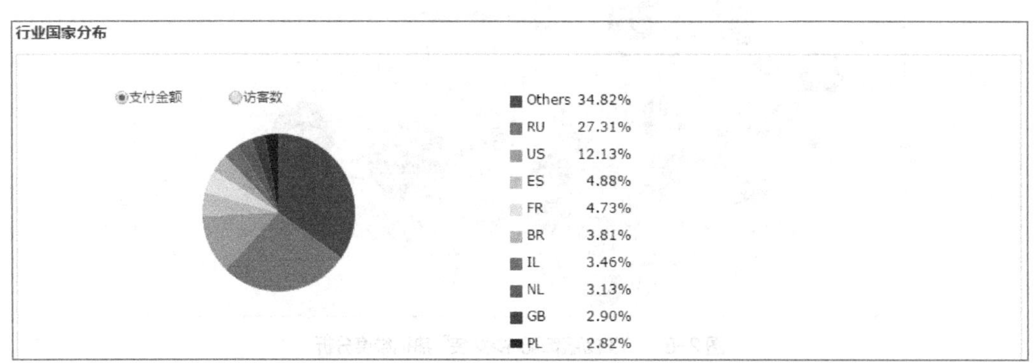

图 2-6　“服装/服饰配件>女装”行业支付金额国家分布

2. 类目选品

选定行业后，接下来就要确定要卖这个行业下哪些类目的商品，也就是类目选品。

（1）了解目标行业下的类目

进行类目选品之前，卖家必须要了解行业下平台目前有哪些类目的商品。卖家在发布商品时，通过选择类目可以了解该行业的具体类目。以“接发与发套”行业为例，该行业下的具体类目如图 2-7 所示。

（2）了解卖家热卖商品与买家最需要的商品

对一个行业下的商品类目有所了解后，卖家还要了解平台上的其他卖家都在卖哪些类目下的商品，以及平台买家需要哪些商品，这时就要用到“数据纵横”|“选品专家”。

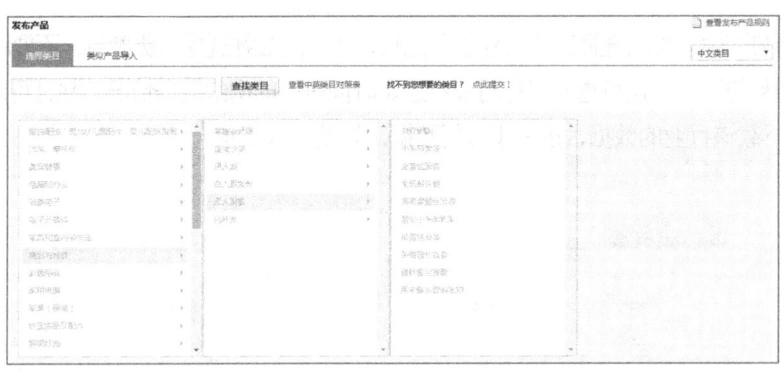

图 2-7 “接发与发套”行业的具体类目

进入“数据纵横”|“选品专家”页面，其中提供了“热销”和“热搜”两个维度。其中，热销是从卖家的角度来说的，热搜是从买家的角度来说的。

在“热销”维度下，选择“行业”为“服装/服饰配件>女装”，选择“国家”为“全球”，选择“时间”为“最近 1 天”，如图 2-8 所示。圆圈越大，表示商品的销量越高。

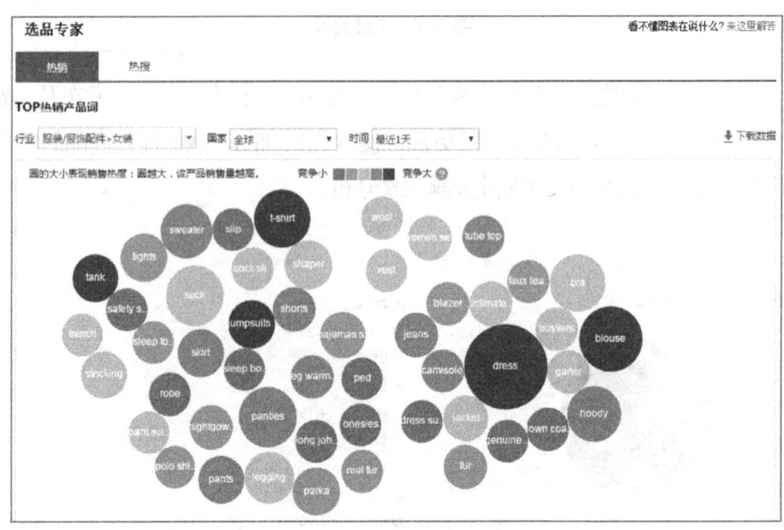

图 2-8 “服装/服饰配件>女装”热销维度分析

单击页面右上方的“下载数据”超链接，可以将数据下载下来，以便分析与研究。打开下载的数据后，可以看到表格中有三个指标，即成交指数、浏览-支付转化率排名和竞争指数，如图 2-9 所示。

	A	B	C	D	E	F
1	行业	国家	商品关键词	成交指数	浏览-支付转化率排名	竞争指数
2	女装	全球	blazer	2087	39	0.35
3	女装	全球	blouse	59337	7	1.75
4	女装	全球	bra	38791	4	0.93
5	女装	全球	bustiers	2389	33	0.98
6	女装	全球	camisole	1253	15	1.28
7	女装	全球	down coat	2407	43	0.26
8	女装	全球	dress	111031	10	2.32
9	女装	全球	dress suit	77	42	0.32
10	女装	全球	faux leathe	1133	40	0.47
11	女装	全球	fur	3958	36	0.42
12	女装	全球	garter	3496	11	0.83
13	女装	全球	nuine leath	102	50	0.25
14	女装	全球	hoody	33752	21	1.14
15	女装	全球	nate access	4720	12	0.65

热销产品一览表

图 2-9 “服装/服饰配件>女装”热销维度下的最近 1 天原始数据

其中，各个指标的含义如下。

- **成交指数**：在所选行业及所选时间范围内，累计成交订单数经过数据处理后得到的对应指数。成交指数不等于成交量，指数越大，成交量就越大。

- **浏览-支付转化率排名**：统计时间内下单买家数÷访客数的排名，即来访客户转化为下单客户比例的排名。

- **竞争指数**：所选行业及所选时间范围内商品词对应的竞争指数。指数越大，竞争就越激烈。

卖家可以对这个表格中的数据进行降序或升序排列，进而选择热销商品。

速卖通平台的“热搜”功能可以给卖家提供所选行业下 TOP100 的关键词及对应搜索量、行业匹配度和商品热度，如图 2-10 所示。

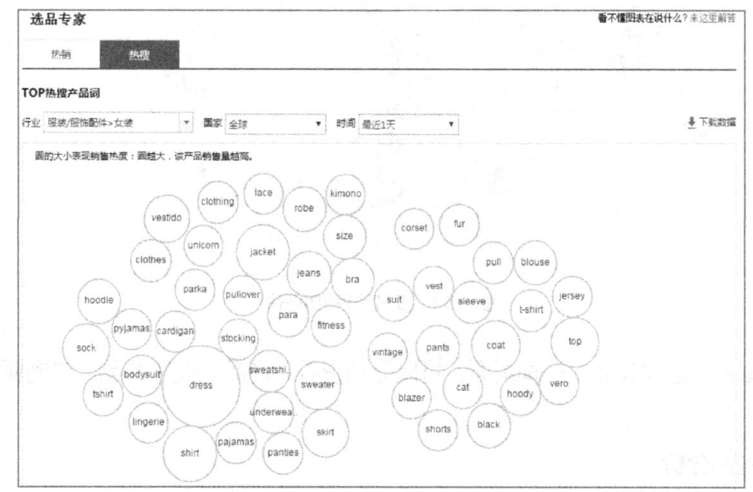

图 2-10 “服装/服饰配件>女装”热搜维度分析

在热搜维度下，同样可以将数据下载下来并进行排序分析，其中涉及搜索指数、搜索人气、浏览-支付转化率排名和竞争指数四个指标。

其中，各个指标的含义如下。

- **搜索指数**：在所选行业及所选时间范围内，搜索该关键词的次数经过数据处理后得到的对应指数。搜索指数不等同于搜索次数，搜索指数越大，该商品关键词的搜索量就越大。

- **搜索人气**：在所选行业及所选时间范围内，搜索该关键词的人数经过数据处理后得到的对应指数。搜索人气不等同于搜索人数，搜索人气越大，该商品关键词的搜索人数就越多。

- **浏览-支付转化率排名**：统计时间内下单买家数 ÷ 访客数的排名，即来访客户转化为下单客户比例的排名。

- **竞争指数**：在所选行业及所选时间范围内关键词对应的竞争指数。竞争指数越大，竞争就越激烈。

同时从卖家和买家两个角度进行分析，如果一个行业下某个类目在卖家中是“热销”，同时在买家中是“热搜”，说明该类目是比较好卖的。

3. 属性选品

除了以上介绍的在行业中选品和在类目中选品外，卖家还可以利用“数据纵横”中的“选品专家”，按照“热销”和“热搜”两个维度在商品中进行选品。

进入“数据纵横”|“选品专家”页面，选择“热销”选项卡，选择“行业”为“服装/服饰配件>女装”，选择“国家”为“全球”，选择“时间”为“最近7天”，然后单击“blazer”（运动夹克）一词，如图2-11所示。

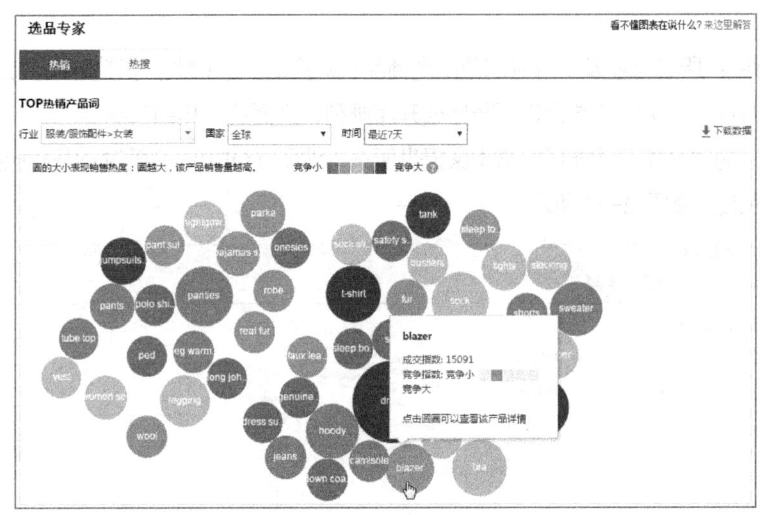

图2-11 女装热销维度分析

进入“blazer”（运动夹克）一词页面，可以分别查看该商品的关联商品、热销属性和热销属性组合等信息。

（1）关联商品分析

TOP关联商品是指买家同时浏览、点击和购买的商品。其中，商品与商品之间的连线越粗，其关联性就越强，即同时浏览、点击和购买的买家越多。圆圈越大，表示该商品的销量越高。圆圈的颜色表示商品的竞争情况，颜色越红，竞争越激烈；颜色越蓝，竞争越小，如图2-12所示。

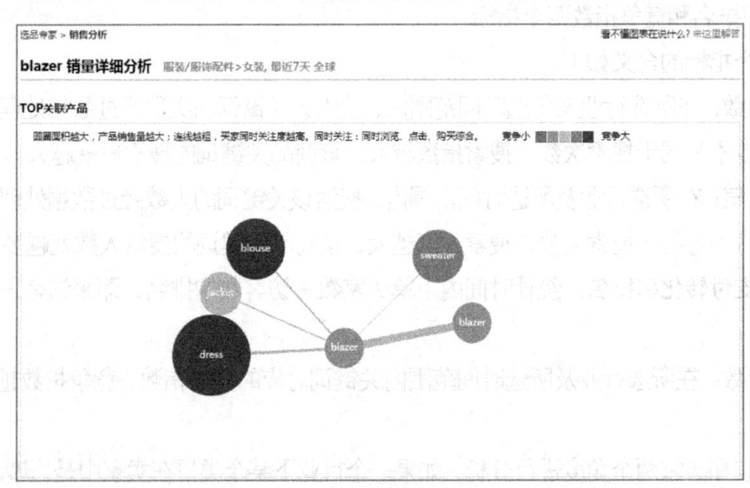

图2-12 “blazer”TOP关联商品

（2）热销属性分析

TOP热销属性是指某个品类下热销的属性。单击“+”可以展开TOP热销的属性值，单击“-”

可以收起 TOP 热销的属性值，如图 2-13 所示。属性值的圆圈越大，表示销量越高。同一类颜色在此图中只做属性分类使用。

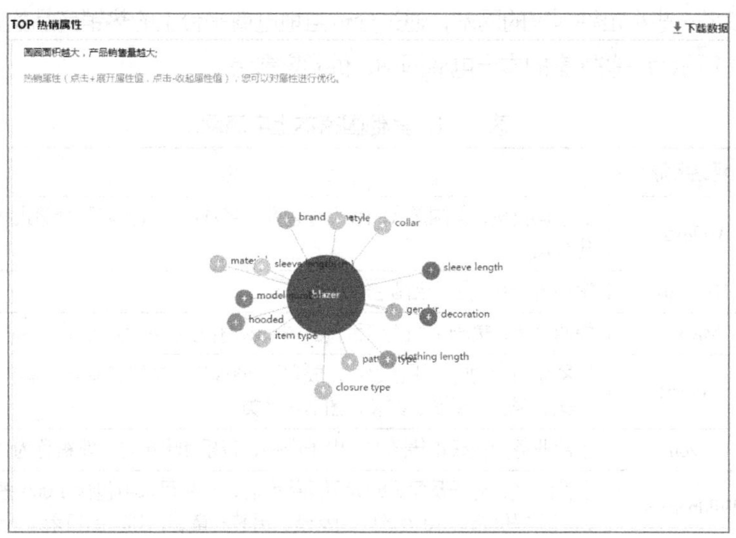

图 2-13 “blazer”TOP 热销属性

（3）热销属性组合分析

TOP 热销属性组合指的是某个品类下的热销属性组合。相同颜色代表一类商品，圆圈越大，销量越高，如图 2-14 所示。

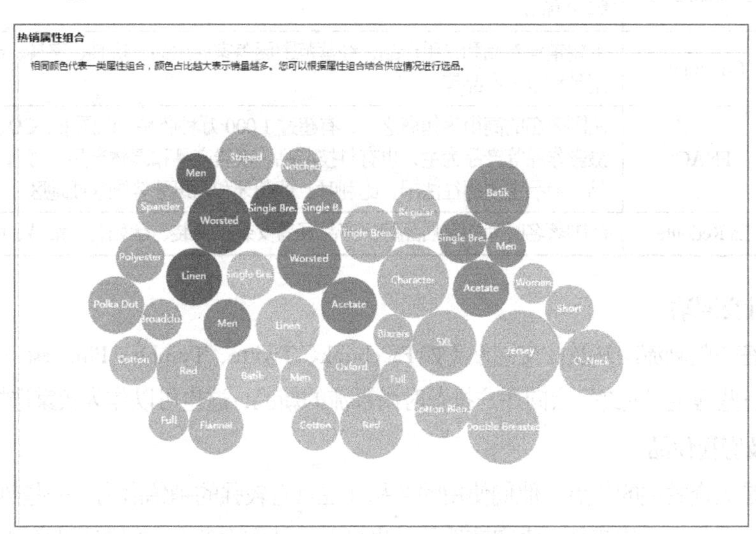

图 2-14 “blazer”TOP 热销属性组合

2.3.2 站外商品调研分析

卖家可以借助一些站外资源作为自己选品的参考，如参考其他同类电商平台的商品、目标国家本土电商网站及海外流行趋势等。

1. 参考其他电商平台的商品

卖家可以分析 eBay、亚马逊、敦煌网等跨境电商平台上的热销商品及商品的销售数据等信息，以辅助自己进行选品。

2. 参考目标国家的本土电商网站

卖家可以参考一些小语种国家的网站，通过分析当地电商平台上的热销商品款式作为自己选品的参考。表 2-1 所示为一些国家的本土电商网站，供卖家参考。

表 2-1 其他国家本土电商网站

国家	网站名称	简介
美国	Walmart	沃尔玛百货，美国最大的线下零售商，经营连锁折扣店和仓储式商店的美国跨国零售公司
	Best Buy	家用电器和电子产品零售集团
	Macy's	梅西百货，美国中档连锁百货公司，以消费类产品为主，产品种类丰富
俄罗斯	UI mart	俄罗斯最大的电商平台之一，成立于 2008 年，销售商品涵盖家电、手机、计算机、汽配、服装、母婴、家装、图书等品类
	Ozon	主营业务为在线销售图书、电子产品、音乐和电影等，常被称为“俄罗斯亚马逊”
	Wildberries	主营时装、鞋子及配饰的大型网络商店，产品目录中包含 1 000 多种时装品牌，可为用户提供超过 10 万款时尚女装、男装和童装，其产品目录每天都有更新
	Lamoda	俄罗斯时尚服装电商平台
巴西	Mercadolivre	魅卡多网，巴西本土最大的 C2C 平台，相当于中国的淘宝网。卖家利用好这个平台不仅可以了解巴西各类物价指数、消费趋势、付款习惯等市场信息，还可以进行市场调研及前期销售
西班牙	Elcorteingles	西班牙最大的百货集团，同时也有电商平台，在该网站可以看到一些西班牙本土品牌的商品
法国	Cdiscount	主要销售新品和二手产品，经营范围涵盖家居用品、玩具、家具、母婴用品、体育用品和电子产品等
	FNAC	法国著名的高街零售商之一，有超过 1 000 万种商品，以图书、CD、DVD、游戏和摄影作品等产品为主，也有科技产品、家居产品和园林产品、书籍、运动和婴儿用品。商品主要销往法国、比利时、葡萄牙和西班牙等国家或地区
	La Redoute	法国著名时尚和家居品牌，产品涵盖女装、男装、孕妇装、童装、配饰和鞋等

3. 参考社交网站

人们喜欢在一些潮流网站及社交网站（如 Facebook、Twitte、Tumblr、Pinterest 等）上分享一些奇闻乐事，也有些博主“网红”会向用户推荐时尚潮流的新品，这也可以作为卖家选择商品的参考。

4. 明星及影视作品

明星往往是大众关注的焦点，他们使用的商品往往具有较强的销售潜力。一些热门的影视作品往往会衍生出一系列大卖的商品。卖家在选品时也可以将其作为参考，但在开发影视作品周边产品时要注意避免侵权。

5. 大型文体活动

一些大型文体活动也可能会带来流行商品的购买热潮。例如，奥运会、世界杯等全球性的体育赛事会引起阶段性的流行趋势，在此期间的赛事周边商品往往会销售火爆；明星演唱会也会带动很多周边纪念品的热销。

2.3.3 第三方数据分析工具调研

除了使用速卖通平台提供的工具进行选品数据分析之外，卖家还可以借助 Google Trends、Keyword Spy、Alexa 等第三方工具进行数据分析和调研，为自己的选品工作提供更多、更有效的数据参考。

1. 各个数据分析工具的主要功能

Google Trends 是一款用来判断关键词在谷歌搜索中趋势走向的工具。以“Christmas”为关键词进行搜索，其在 Google Trends 中的搜索趋势走向如图 2-15 所示。

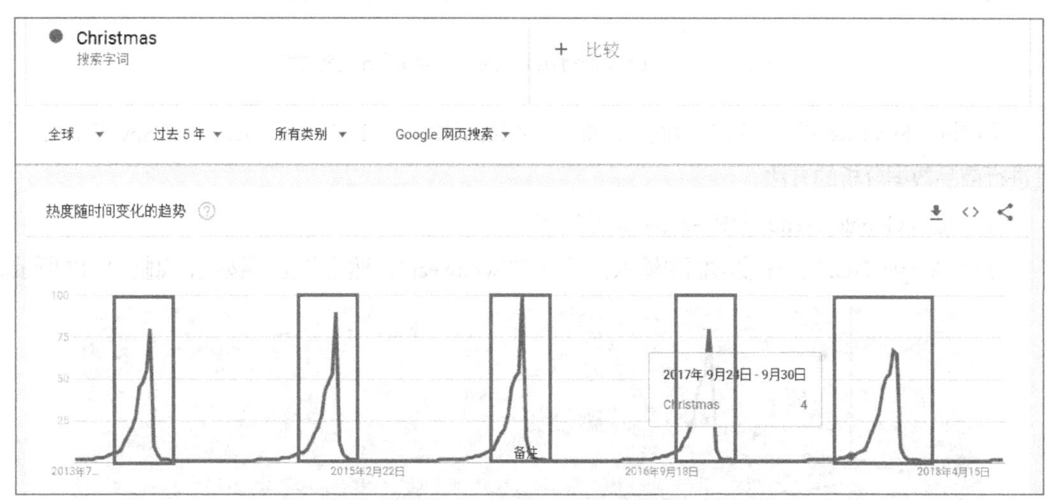

图 2-15 “Christmas”过去 5 年的搜索趋势走向

由图 2-15 可以看出，在全球范围内，过去 5 年间与 Christmas 相关的商品在一年之中只有一次最热的点，每年 9 月开始市场关注度逐渐提升，10 月、11 月高速增长，到 12 月底进入最高峰，之后迅速跌至低谷。卖家如果打算销售与圣诞节相关的商品，就应该提前准备商品和相关的推广活动，这样才能在商品的整个热度周期内占领市场，否则只能抓个圣诞节的尾巴。

Keyword Spy 是一款能在线搜索关键字竞价信息、有效跟踪和检测竞争对手在搜索引擎上的关键字竞价的工具。该工具提供的实时统计报告能为用户描述竞争对手每小时、每天、每周、每月的搜索引擎广告活动表现。

在搜索框中输入想要查询的关键字，如“laser cutting machine”（激光切割机），然后选中“keywords”单选按钮，并选择要查询的目标国家或地区，再单击“Search”按钮，关键词统计搜索结果如图 2-16 所示。

Alexa 能为用户提供网站的 Alexa 排名查询、网站流量查询、网站访问量查询及网站页面浏览量查询服务。

2. 开展商品数据分析的步骤

在实际操作中，卖家可以先通过 Google Trends 工具对某个品类的周期性特点进行分析和研究，把握商品开发先机，然后借助 Keyword Spy 工具发现该品类的搜索热度和品类热搜关键词，最后借助 Alexa 工具对该品类中的竞争对手网站进行分析，作为对目标市场该商品品相分析和选择的参考。这样卖家通过综合运用多种分析工具，即可全面掌握商品品类选择的数据依据。

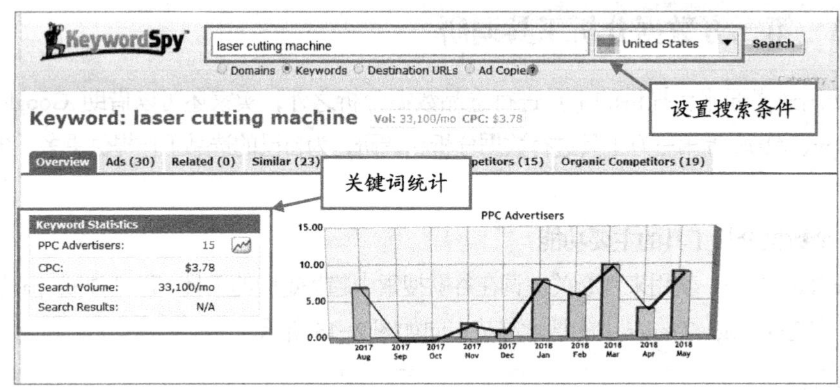

图 2-16 "laser cutting machine"关键词统计搜索结果

下面以"Swimwear"（泳装）为例，详细介绍综合运用 Google Trends、Keyword Spy 和 Alexa 工具进行商品数据分析的方法。

（1）使用 Google Trends 分析商品周期性特点

登录 Google Trends，在搜索框中输入关键词"Swimwear"，然后单击🔍按钮，如图 2-17 所示。

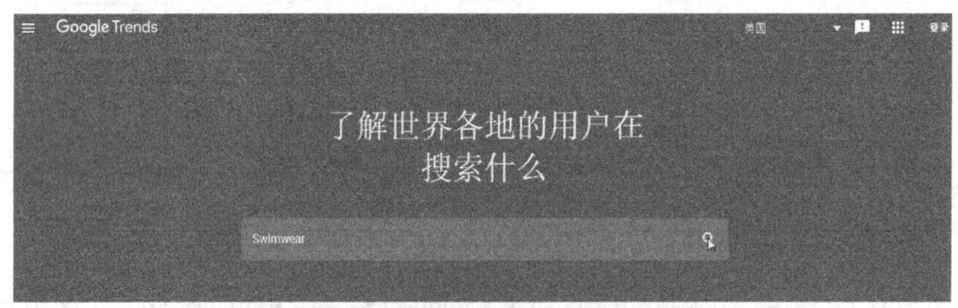

图 2-17 输入搜索关键词

选择国家分别为"美国"和"澳大利亚"，设置搜索时间范围为"2017 年"。美国的搜索结果如图 2-18 所示，澳大利亚的搜索结果如图 2-19 所示。

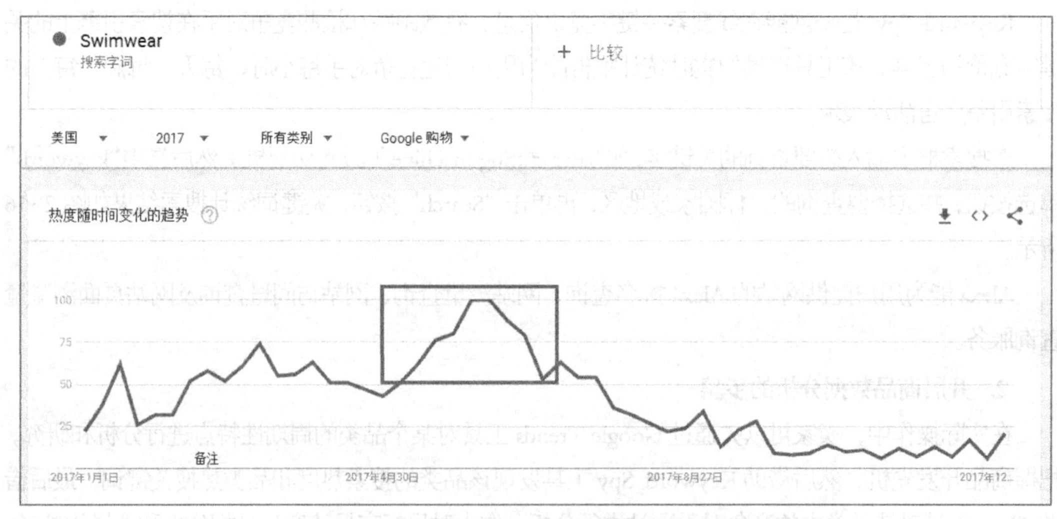

图 2-18 "Swimwear"2017 年在美国的搜索热度

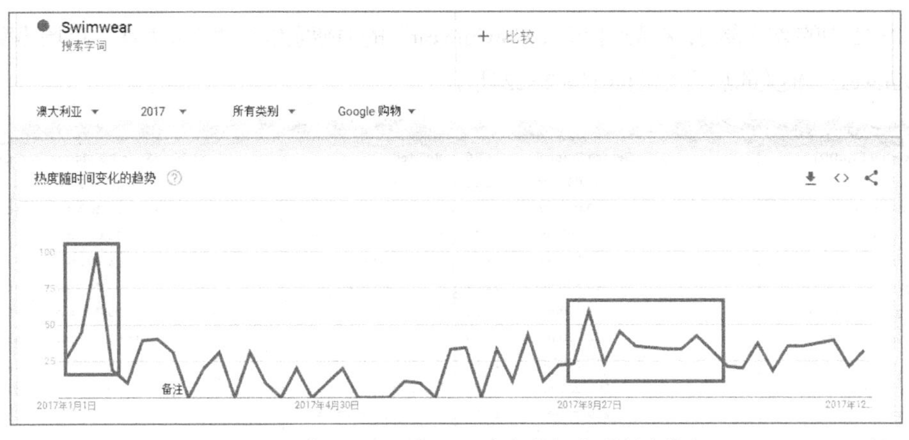

图 2-19 “Swimwear”2017 年在澳大利亚的搜索热度

由图 2-18 和图 2-19 可以看出，在北半球的美国，5—7 月为泳装搜索的高峰期；而在南半球的澳大利亚，9 月—翌年 1 月为泳装搜索的高峰期。因此，对于美国市场的泳衣类商品的开发，卖家在 3—4 月内就要完成，而对于澳大利亚市场的泳衣类商品的开发，则需要在 8—9 月内完成。如果卖家不知道目标市场品类热度的周期规律，必然会错过销售高峰期。

（2）使用 Keyword Spy 分析竞争对手网站

在获得了商品品类开发的时间规律后，卖家可以通过 Keyword Spy 工具寻找需要参考的竞争对手网站。

进入 Keyword Spy 首页，在搜索框中输入关键词“Swimwear”，选择目标市场为“美国”，选中“Keywords”单选按钮，然后单击“Search”按钮，如图 2-20 所示。

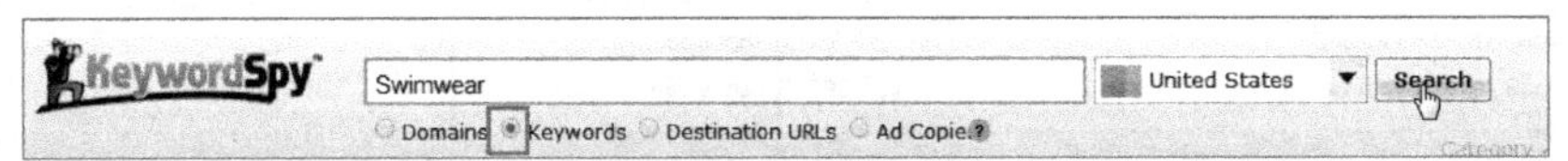

图 2-20 设置搜索条件

此时，得到的搜索结果如图 2-21 所示。

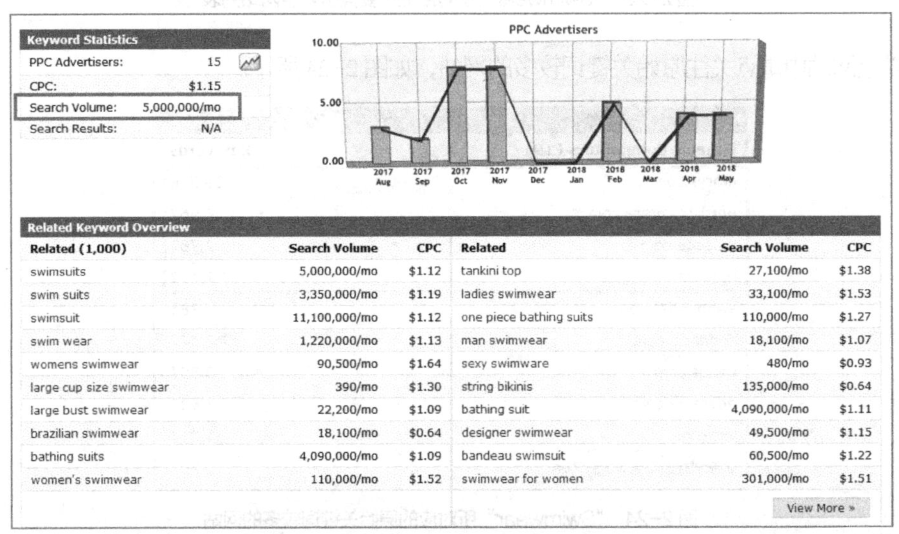

Keyword Statistics	
PPC Advertisers:	15
CPC:	$1.15
Search Volume:	5,000,000/mo
Search Results:	N/A

Related Keyword Overview

Related (1,000)	Search Volume	CPC	Related	Search Volume	CPC
swimsuits	5,000,000/mo	$1.12	tankini top	27,100/mo	$1.38
swim suits	3,350,000/mo	$1.19	ladies swimwear	33,100/mo	$1.53
swimsuit	11,100,000/mo	$1.12	one piece bathing suits	110,000/mo	$1.27
swim wear	1,220,000/mo	$1.13	man swimwear	18,100/mo	$1.07
womens swimwear	90,500/mo	$1.64	sexy swimware	480/mo	$0.93
large cup size swimwear	390/mo	$1.30	string bikinis	135,000/mo	$0.64
large bust swimwear	22,200/mo	$1.09	bathing suit	4,090,000/mo	$1.11
brazilian swimwear	18,100/mo	$0.64	designer swimwear	49,500/mo	$1.15
bathing suits	4,090,000/mo	$1.09	bandeau swimsuit	60,500/mo	$1.22
women's swimwear	110,000/mo	$1.52	swimwear for women	301,000/mo	$1.51

View More »

图 2-21 “Swimwear”在美国市场的搜索热度

图 2–21 中的数据表明，在美国市场，“Swimwear”的月搜索量约达 500 万次，市场热度较高。与“Swimwear”相关的热门关键词如图 2–22 所示。

Related (1,000)	Search Volume	CPC	Related	Search Volume	CPC
swimsuits	5,000,000/mo	$1.12	tankini top	27,100/mo	$1.38
swim suits	3,350,000/mo	$1.19	ladies swimwear	33,100/mo	$1.53
swimsuit	11,100,000/mo	$1.12	one piece bathing suits	110,000/mo	$1.27
swim wear	1,220,000/mo	$1.13	man swimwear	18,100/mo	$1.07
womens swimwear	90,500/mo	$1.64	sexy swimware	480/mo	$0.93
large cup size swimwear	390/mo	$1.30	string bikinis	135,000/mo	$0.64
large bust swimwear	22,200/mo	$1.09	bathing suit	4,090,000/mo	$1.11
brazilian swimwear	18,100/mo	$0.64	designer swimwear	49,500/mo	$1.15
bathing suits	4,090,000/mo	$1.09	bandeau swimsuit	60,500/mo	$1.22
women's swimwear	110,000/mo	$1.52	swimwear for women	301,000/mo	$1.51

Related Keyword Overview　View More »

图 2–22　与“Swimwear”相关的热门关键词

搜索量最大的几个关键词是泳装的主关键词，如“swimsuit”“swim wear”“bathing suits”“swimsuits”“swim suits”等，而其他关键词可以作为长尾关键词。这些关键词如果用在商品搜索、商品标题及描述中，会大大提升搜索引擎优化水平。

图 2–23 所示为“Swimwear”所对应的主要竞争对手网站列表。

PPC Competitors (15)	Keywords	Organic Competitors (19)	Keywords
ae.com	3,610	macys.com	29,578
doll.com	283	nordstromrack.com	6,962
BareNecessities.com	4,711	us.asos.com	7,787
cupshe.com	1,040	hm.com	7,152
us.asos.com	7,787	swimoutlet.com	5,185
foreveryoungswimwear.com	64	shopbop.com	3,047
EverythingButWater.com	297	venus.com	3,557
shein.com	635	adoreme.com	1,628
chubbiesshorts.com	609	loft.com	1,014
us.shein.com	4,914	everythingbutwater.com	297

Competitors Overview　View More »　View More »

图 2–23　“Swimwear”所对应的主要竞争对手网站列表

在以上网站中重点关注原始关键词较多的网站，如图 2–24 所示。

Organic Competitors (19)	Keywords
macys.com	29,578
nordstromrack.com	6,962
us.asos.com	7,787
hm.com	7,152
swimoutlet.com	5,185
shopbop.com	3,047
venus.com	3,557
adoreme.com	1,628
loft.com	1,014
everythingbutwater.com	297

图 2–24　“Swimwear”所对应的原始关键词较多的网站

（3）使用 Alexa 分析网站目标市场及分布

下面将以图 2-24 中通过 Keyword Spy 发现的 macys.com 为例，利用 Alexa 工具进一步对该网站进行分析，以确定其是否可以作为选品数据分析的参考网站。

登录 Alexa，在搜索框中输入网址“macys.com”，然后单击“查看分析”按钮，如图 2-25 所示。

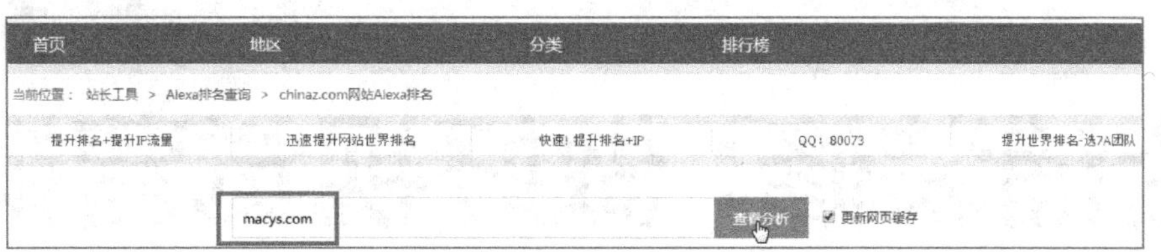

图 2-25 输入搜索网址

在查询结果页面中，重点关注 macys.com 这个网站的日均 IP 流量（代表网站的整体知名度）如图 2-26 所示，以及该网站在各个地区的排名（代表网站在各个地区的知名度），如图 2-27 所示。

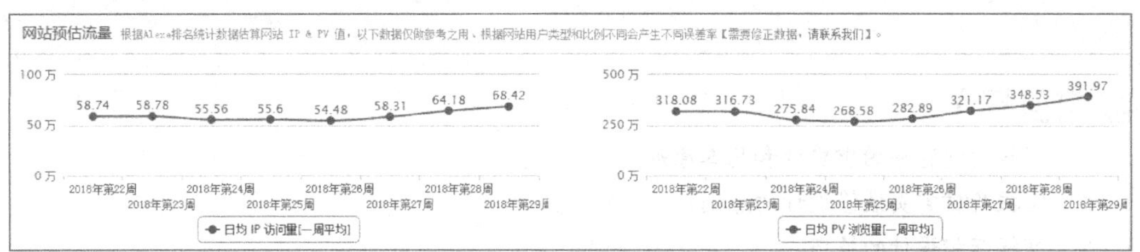

图 2-26 macys.com 的日均 IP 流量和日均 PV 流量

国家/地区排名、访问比例

国家/地区名称 [6个]	国家/地区代码	国家/地区排名	页面浏览比例	网站访问比例
印度	IN	5,626	0.5%	1.0%
美国	US	158	88.8%	84.5%
加拿大	CA	2,783	0.3%	0.5%
日本	JP	841	4.8%	7.2%
中国	CN	10,215	0.9%	0.7%
其他	O	--	4.7%	6.1%

图 2-27 macys.com 的各个地区的排名与访问比例

通过图 2-27 可以得出结论：macys.com 这个网站以美国为主要目标市场，且在美国有较高的知名度。再结合 Keyword Spy 工具的分析，可以确定这个网站可作为在美国乃至北美市场的泳装类别的参考网站，用于研究适合美国市场的泳装商品的品相及价格。

1. 选品需要考虑哪些因素？

2. 开展选品分析的方法有哪些？

3. 开展选品数据调研的方法有哪些？运用数据纵横工具，通过数据分析说明在速卖通平台上开店可以选择哪几类商品。

Item 3

第3章 店铺装修：做好视觉营销，用视觉冲击力制造商机

【学习目标】

- 了解视觉营销的重要性和基本原则。
- 掌握店铺首页装修设计的原则。
- 掌握店招设计的技巧。
- 掌握图片轮播模块文案设计的技巧。
- 掌握无线端店铺首页的设置技巧。
- 掌握无线端活动页面的设置技巧。
- 了解无线端店铺装修的原则。

在这个看“颜值”的社会，好的店铺装修就是卖家的招牌。为了塑造速卖通店铺的良好形象，卖家应该按照视觉营销的思路来装修店铺，用具有视觉冲击力的店铺页面来吸引买家的关注，唤起买家对店铺内商品的兴趣和购买欲望。

3.1 视觉营销概述

许多卖家为了提升店铺的浏览量，会采用各种宣传方法来推广网店。经专业机构研究发现，其实视觉营销在网店的装修与运营过程中起到了至关重要的作用。为了塑造网店的良好形象，卖家应该按照视觉营销的思路来装修店铺，使其具有更大的视觉冲击力，从而吸引买家的关注，唤起买家的兴趣和购买欲望。

3.1.1 视觉营销的重要性

众所周知，视觉在人类所有感觉中占有主导地位，人类对外部信息的感受大多数是通过视觉来传达的。视觉为人的知觉、注意与兴趣等心理现象提供了最广泛、最重要的素材。网店视觉营销的根本目的在于塑造网店的良好形象和促进商品销售。对于网店来说，视觉营销的重要性主要表现在

以下四个方面，如图 3–1 所示。

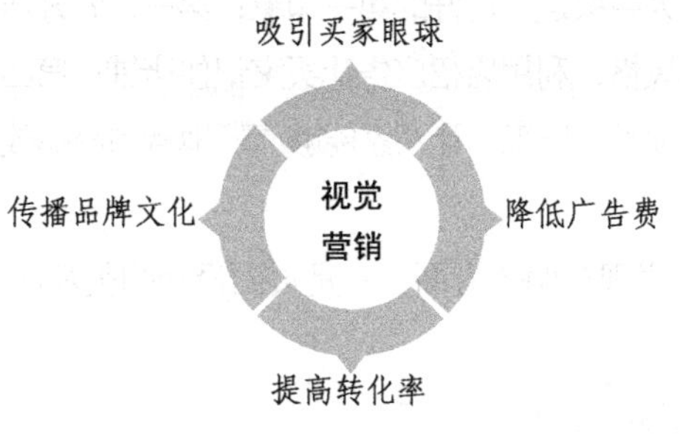

图 3–1 视觉营销的重要性

1. 吸引买家眼球

视觉营销在网店装修与商品展示中的运用不仅能让网店形成一个引力“磁场”，吸引潜在买家的关注，刺激买家对商品产生兴趣和购买欲望，还能延长买家在网店停留的时间，促使买家产生关联销售。此外，视觉营销设计能让店铺更具美感，给买家创造更好的购物体验，在买家心中树立良好的店铺形象。

2. 传播品牌文化

品牌文化是通过视觉来传播的，由此来引起买家对品牌的认知与关注。例如，通过品牌的标志、图片、布局等营造出品牌的意境，以此来引发买家的思维启发，加深买家对品牌的印象。出色的视觉效果会让买家产生更多的信任感，能让买家记住品牌及店铺，提高买家的回头率，为店铺的品牌提升奠定基础。

3. 提高转化率

在视觉营销中，可以将商品图片与文案融合成一张美观、个性的商品宣传图片，吸引买家认真观看，让买家通过商品宣传图片快速了解商品的主要性能、类型和特点等信息，直至心动购买。

4. 降低广告费

随着电子商务的快速发展，各种网店层出不穷，网上销售的商品数量也急剧增长，使消费者的选择范围越来越广泛，进而导致电商卖家的竞争压力越来越大。一个网店要想从千千万万个网店中脱颖而出，而又不想花费过多的广告费的话，最有效、最直接的方法就是通过精美的装修布局来吸引买家的注意力，即只有依靠视觉营销，才能实现既减少广告费又吸引买家注意力的目的。

3.1.2 视觉营销的基本原则

视觉营销的主要目的就是吸引买家关注店铺，从而提升店铺的流量，并且刺激买家产生购买欲望，进而使目标流量转变为有效流量。要想通过视觉营销塑造网店形象，需要遵循四个原则，即目的性、审美性、实用性和统一性。

1. 目的性

在视觉营销中，营销是目的。网店的视觉营销同样自始至终都要以营销为根本目的，所有的视觉展现手段都要为达成商品的最终成交而服务。

坚持视觉营销的目的性，卖家可以从以下方面出发：第一，为买家提供精美的商品图片，通过清晰、精致的商品图片吸引买家的眼球，接下来促成买家购买就比较简单了；第二，合理规划页面结构，做到主次分明、重点突出，为买家建立良好的第一印象；第三，做好店招设计，让买家一看到店招就知道店铺的经营范围、商品风格，利用店招广告让买家记住店铺；第四，分析买家的需求，将买家最关心的商品属性和特色明确地呈现出来，让买家能够清晰地看到商品效果，并产生购买欲望。

2. 审美性

视觉营销的审美性主要表现在两个方面：一是页面设计的美观性与舒适性，二是页面设计的不断更新。

（1）页面设计的美观性与舒适性

视觉营销始终都要注重视觉感受，网店的页面设计看上去应该是美观、舒适的，这一点毋庸置疑。如果卖家自己都觉得店铺的页面不好看，买家又怎么可能会下单购买呢？

网店装修设计要充分运用视觉引导理论，页面布局应该符合目标市场买家的浏览习惯，将主推商品、导航和促销信息等重要元素放在最能吸引买家注意的地方。

此外，卖家还可以将均分法、黄金分割、色彩搭配等平面设计理论应用到页面布局和图片设计中。这些视觉规律不但可以让页面看起来更符合大众的审美需求，配合一些细节设计，还可以产生视觉暗示和视觉引导的效果。

（2）页面设计的不断更新

店铺的视觉设计并非是一次性的事情，而是一个反复的过程。虽然第一次设计出的视觉效果比较好，获得了不错的销量，但长久的、没有新意的店铺设计也会给买家造成审美疲劳，进而降低买家的购买积极性。因此，卖家应该定期调整或更换店铺的装修风格，让店铺一直保持新意，使买家每次进店都有不同的购物体验，形成一种购买的良性循环。

3. 实用性

实用性就是指要将店铺中各个模块的作用突显出来，例如，导航条就应该明确指明店铺商品的分类信息，欢迎模块就应该展示店铺的最新动态，商品详情页面就应该展示商品的详细信息等。

其实实用性就是要为买家的需求服务，并权衡好店铺的可操作性。卖家要巧妙地利用文字说明或图片示意让买家很容易地熟悉店铺的操作功能和商品的分类结构，方便买家快速地找到商品、下单和获取帮助。

4. 统一性

在视觉营销中，还要注意视觉应用的统一性，不要将店铺装修得五花八门。视觉应用的不统一主要体现在以下四个方面，如图 3-2 所示。

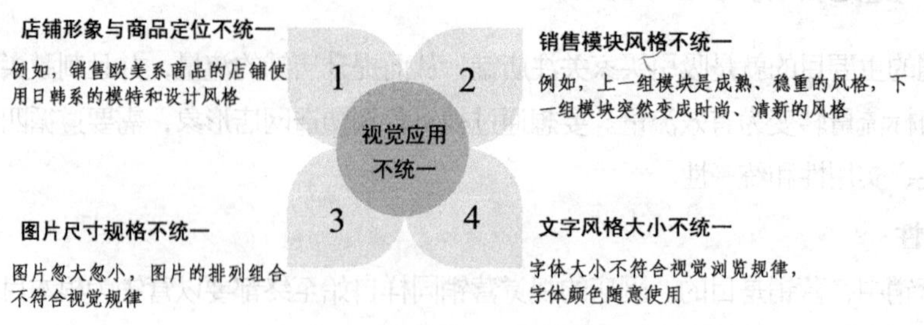

图 3-2　视觉应用不统一的表现

视觉应用的不统一不但不能起到美化页面的作用，反而会让页面看起来显得杂乱无章，降低店铺形象和买家的购物体验。要想提升店铺形象，就要注意保持店铺视觉设计风格的统一。卖家在设计店铺的整体效果之前，可以先做好基本元素的规范工作，这样既有利于打造店铺的整体形象，又能为店铺模块和元素的设计提供参考和依据。

3.2 旺铺装修

店铺首页是用于展示店铺整体形象的页面，通常包含店招、广告图、商品展示图等，速卖通平台把店铺首页的设计称为“旺铺装修”。

在网购中，买家了解商品和店铺的主要途径是看店铺页面并结合自己的想象，所以店铺页面的视觉呈现对提高店铺的流量有着重要的影响。具有视觉冲击力的店铺页面设计更能吸引买家的注意，唤起买家的兴趣，激发买家的购买欲望，并促成交易成功。

3.2.1 店铺首页装修设计的原则

在店铺页面设计中，店铺首页的设计占据了整个店铺页面设计的绝大部分。如果店铺首页设计得不合理，很容易导致跳失率的提高。因此，做好店铺首页的装修设计对降低跳失率、提高店铺点击率有着重要的影响。

在店铺首页的设计上，卖家可以参考以下原则。

1. 突出重点商品

所谓突出重点商品，就是指将店铺主推商品、新品、热卖商品等重点营销的商品放在视觉最集中的首屏位置，或者放在活动促销海报中，并以强有力的视觉冲击力抓住买家的眼球。当然，为了使商品的表现形式更加丰富，还可以加上轮播、切换、变色等效果，以更加吸引买家眼球。图 3-3 和图 3-4 以海报轮播的形式重点展示了热卖商品与促销商品。

图 3-3 海报展示热卖商品

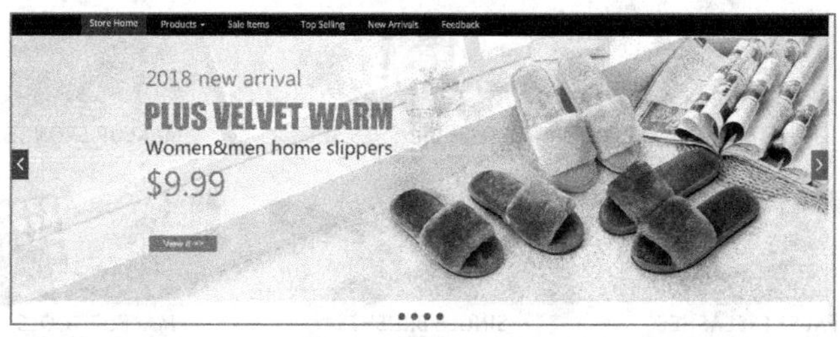

图 3-4 海报展示促销商品

2. 商品陈列有序

首页的空间是有限的，如何在有限的空间内将商品合理地陈列出来是卖家需要考虑的问题。首页商品的陈列既要追求视觉上的美感，又要使有限的空间得到最大限度的利用。卖家可以将商品按照风格、用途等属性进行分类，然后有区分地进行展示。图 3–5 将商品按照风格进行划分，分版块进行展示，条理有序，整齐大方，而且增加了买家购物时的浏览便利性。

图 3–5　按商品风格有区分地展示

3. 页面视觉流畅贯通

页面视觉的流畅贯通一般是对买家的购物视觉体验而言的，主要指页面的整体性和浏览页面的便捷性。

卖家要在首页中设置具有一定逻辑的商品分类导航，以便买家快速、准确地找到自己所需的商品。例如，从用途、品牌、试用人群等多个角度对商品进行分类导航，让买家一目了然，借助导航能够方便、快捷地找到自己需要的商品。图 3–6 所示为某个销售彩妆的店铺在店铺首页设置的商品分类导航。

图 3–6　店铺首页的商品分类导航

4. 遵循“少即是多”和“对齐”的原则

观察国外电商网站可以发现，其商品展示页面的设计都非常简洁，仅包含一些商品展示图片和与商品相关的必要的文字信息，如商品名称和价格等。卖家在设计店铺首页时，也要符合国外买家的审美标准，只需用必要的元素表达最核心的信息即可，即“少即是多”原则。

除了“少即是多”原则外，“对齐”原则也是非常重要的，其中包括图片和文字的上下、左右对齐，也包括同类商品应该摆放在一起。商品展示是否达到“对齐”的效果，将会直接影响页面展示的最终视觉表现。图3-7所示的图片背景，水印大小、位置以及鞋的风格、方向都保持高度一致，使整个页面显得整洁、美观，给人以赏心悦目的感觉。图3-8所示的商品图片背景杂乱，在同一个展示版块内展示各种风格的鞋子，让人感觉整个页面杂乱无章。

图3-7 符合“对齐”原则的页面展示

图3-8 不符合“对齐”原则的页面展示

3.2.2 店招的设计

店招即店铺招牌，它展示在店铺的顶部，用于向买家展示店铺的Logo、名称等。一个精美的店招既能“传情达意”，又可以让买家感到赏心悦目，从而给买家留下美好的印象，进而吸引其浏览店铺、购买商品。如果店招设计得不够精美，可能会让买家认为店铺不专业，从而降低其对店铺和商品页面的信任度，最终离开店铺。

1. 店招设计原则

店招要真正发挥吸引买家的作用，在设置时要遵循“明了、美观、统一”的原则。所谓明了，就是把主营商品用文字与图像明确地告知买家，而不是设计得过于含蓄或故弄玄虚；所谓美观，主要指图片、色彩和文字的搭配要合理，要符合大众的审美；所谓统一，就是指店招风格要与整个网店的风格保持一致。

店招的首要功能就是要清晰地展示店铺名称。在店招上可以添加品牌宣传语、打折促销信息、收藏或移动端二维码等元素，力求利用有限的空间传递出更多的信息，以刺激买家的购买欲望，如图 3-9 所示。但要注意的是，这些元素最好不要超过三个，因为足够的空间留白有利于打造视觉重点，让设计元素发挥出最大的效能。

图 3-9 店招元素设计

为了树立店铺的品牌形象，彰显店铺的专业和品质，要注意保持店招与导航条风格的统一，如图 3-10 所示，利用色彩、修饰元素与风格的相似性来营造两者视觉上的一致性，打造出独特的店铺装修风格，让买家在浏览店铺的短暂时间内对店铺产生预期的印象。

图 3-10 店招和导航条风格统一

2. 店铺名称艺术化处理

为了增强店铺名称对买家的吸引力，加强买家对店铺名称的印象，可以对店招中的店铺名称进行艺术化处理。

（1）用不同字体和字号的组合营造艺术感

很多卖家会在店招中添加设计好的店铺徽标来代替店铺名称，但在店招设计中，展示店铺名称最主流、最有效的形式还是文字。对于文字形式的店铺名称，可以通过使用不同字体和字号的组合来赋予其一定的艺术感。图 3-11 将店铺名称的首字母进行了艺术化处理，其他字母也使用艺术化字体，增强了店铺名称文字版式的艺术感，也使店铺名称更加醒目。

图 3-11 店铺名称不同字体的组合

（2）为店名添加特效，彰显特殊性和醒目度

为了增加店招的美观性，有的卖家会为店招添加背景，但这样一来，店铺名称在店招中的表现力往往就会被削弱。在这种情况下，可以通过为店铺名称添加特效的方式来突出店铺名称的特殊性和醒目度，这些特效包括渐变色、阴影、浮雕、发光等。图 3-12 所示的店招背景色为浅色系，为了突出店铺名称，文字使用了深红色。

图 3-12　为店铺名称添加特效

（3）使用修饰元素提升观赏性

只是单一的文字组合和简单的修饰，有时并不能真正表现出店铺的风格和设计的精致感，而通过合理的修饰元素与店铺名称进行融合设计，以完善、修饰、隐喻或暗示某种信息，让店铺名称的设计更加个性化，不失为一种好方法，如图 3-13 所示。

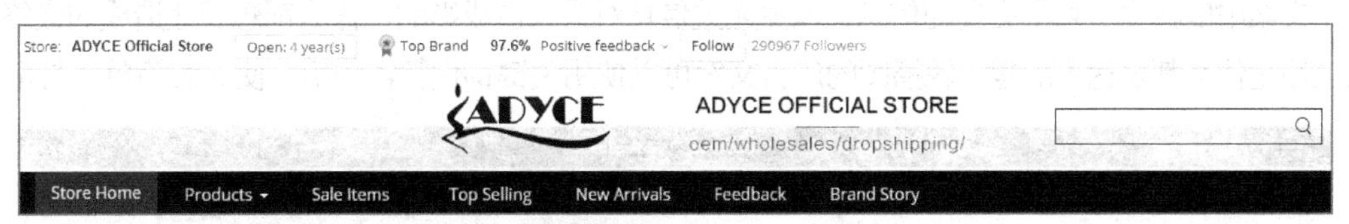

图 3-13　为店铺名称添加修饰元素

3.2.3　图片轮播模块文案的设计

图片轮播位于店铺首页主区内，是一个非常重要的商品展示区域，多张广告图以滚动轮播的形式进行动态展示，让商品信息表达得更直观、更生动。虽然很多卖家认识到了图片轮播区域的重要性，但很多店铺的图片轮播只停留在展示商品图片或单纯地为了装饰店铺的层面，而忽略了轮播图中文案的重要性。

在网络环境下，买家对一则广告的关注时间平均不超过 2 秒，而图片轮播图作为静态广告，要想给买家留下深刻的印象，其广告文案必须要精简。

1. 简化文案结构

传统平面广告的文案一般包括标题、副标题、广告正文和广告口号四个部分，但在轮播图中，由于图片尺寸限制及展示商品的需求，其广告文案只要包含标题和广告描述两个部分即可。

此外，需要注意的是，在轮播图广告文案中，广告标题承担着吸引买家注意力的重任，所以它不能是类似于联系方式或引导语之类的信息。在图 3-14 所示的轮播图广告文案中，只有广告标题“NEW ARRIVAL”（新品）和广告描述“STERLING SILVER EARRINGS”（纯银耳环），广告标题“NEW ARRIVAL”（新品）不仅极具吸引力，而且简单、明确地传达了文案的主旨。

2. 只选择最重要的内容

与写文章不同，轮播图广告文案不需要有明确的语法结构，只需要用最简练的语言或文字清晰

地表达出你想向买家传达的信息即可。图 3–15 所示的轮播图中的文案只有"HANDMADE TASSEL EARRING"（手工流苏耳环）和"Boho Style"（波西米亚风格）描述耳环制作工艺和耳环风格之类的关键性信息。

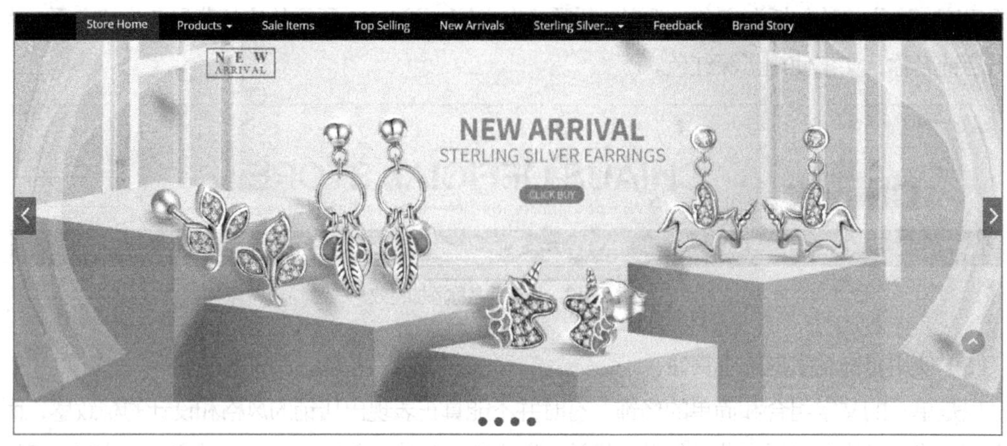

图 3–14 结构简单的文案

文案中应减少一切不必要的信息，以免无关信息对买家造成影响。什么都想表达造成的最终结果往往是什么都表达不清楚。轮播图的广告文案可以使用关键词代替整句话，使文案简单、易记。

图 3–15 只展示重要信息的文案

3. 使用特定短句式

相对于长句，短句更便于买家记忆。如果广告文案的字数较多，可以将文案写成对仗句式或长短句；对于相同字数的广告语，使用长短句可以让广告文案看起来更短。因为对仗句式读起来更朗朗上口，长短句也能显得短促有力，更易于买家对广告文案的记忆。

3.3 无线端店铺装修

随着平台流量分散化及智能手机的普及，无线端购物变得更加便捷，同时买家的时间碎片化越来越明显，很多买家已经养成碎片化时间购物的习惯。因此，对于卖家来说，无线端店铺的装修更要引起高度重视。

无线端的装修包括两个页面：一是无线端店铺首页装修，二是无线端活动页面装修。下面将对这两个页面的装修分别进行介绍。

3.3.1 无线端店铺首页设置

无线端店铺首页的功能模块包括店招、六个产品推荐模块、三个系统模块、六个图片模块等部分。在无线端店铺装修的内容只会在 AliExpress App 内生效，不会影响 PC 端及其他端店铺的展现。

进入无线端店铺装修的路径为："我的速卖通" | "店铺" | "店铺装修及管理" | "无线店铺" | "进入装修"。

1. 无线端店招

无线端店招占据着一个显眼的位置，是买家进入店铺后对店铺产生的第一印象。卖家通过店招可以强化买家对店铺或品牌的认知。无线端店招的模块只能编辑，不能删除或调整排序。店招必须是 720px×200px 的 JPG 或 JPEG 格式的图片，否则无法上传成功，如图 3-16 所示。

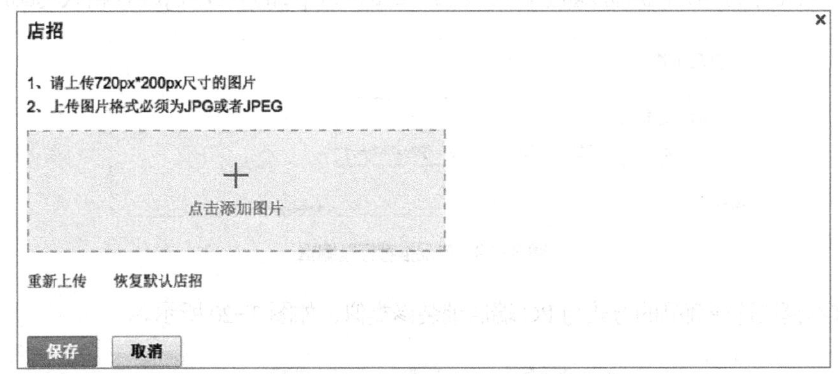

图 3-16 无线端店招设计要求

在未编辑个性化的店招之前，无线端店铺会有一个默认的统一店招。在设计个性化无线端店招时，要将重要的信息（如人物、品牌之类的信息）放在图片的中间，以防这些信息被店铺的默认功能按钮遮挡。

2. 添加无线端店铺首页模块

将鼠标指针移到除店招和不可编辑模块以外的任何一个模块上，会出现"添加模块"按钮，如图 3-17 所示。单击"添加模块"按钮，可以在无线端店铺的首页添加模块（当所有模块都用完后，不会出现"添加模块"按钮）。

图 3-17 添加模块页面

目前能够添加两种模块：产品推荐模块（最多添加六个）和图片模块（最多添加六个），如图 3-18 所示。

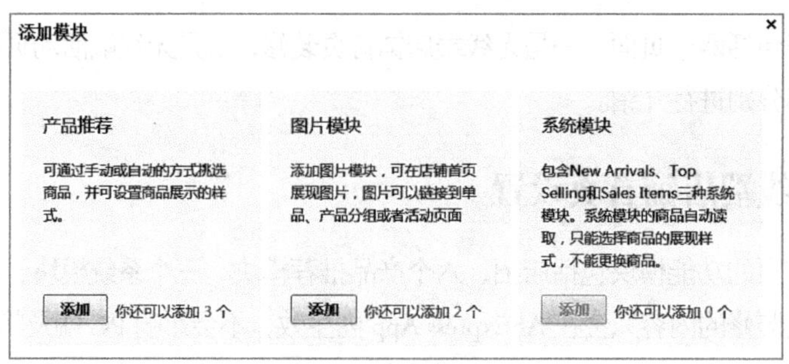

图 3-18　可添加的模块

（1）产品推荐模块

通过产品推荐可以手动或自动挑选商品，还可设置商品在无线端店铺展示的样式。产品推荐模块的设置包括产品推荐模块的标题、商品推荐方式和商品展示样式三个部分。

产品推荐模块的标题类型有三种：无标题、文字标题和图片标题，如图 3-19 所示。文字标题要控制在 64 个英语字符内，图片标题的尺寸必须是 720px×200px 的 JPG 或 JPEG 格式的图片。

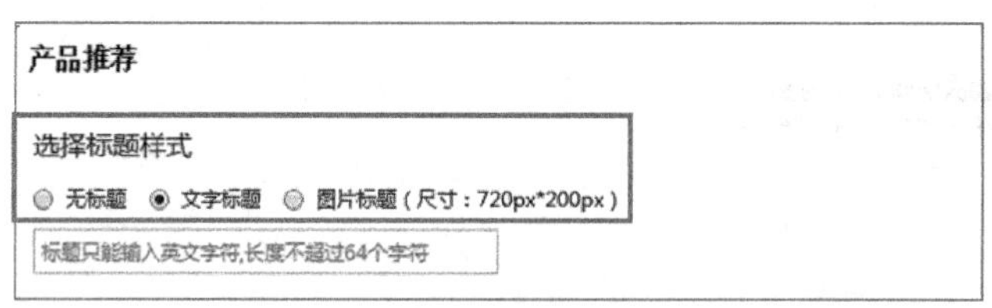

图 3-19　产品推荐标题编辑

产品推荐模块选择商品的方式与 PC 端店铺装修类似，如图 3-20 所示。

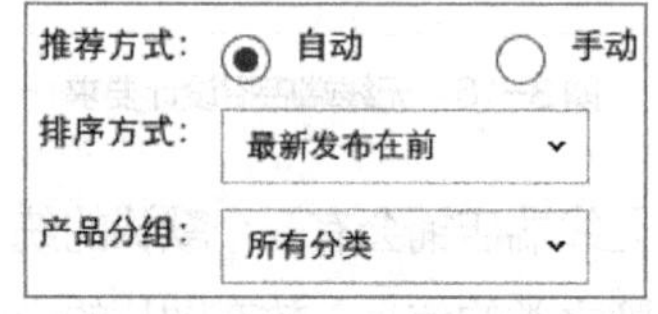

图 3-20　选择商品方式

对于以手动推荐方式进行推荐的商品，卖家可以自己调整商品的排序方式，单击“已推荐”按钮，通过单击每个商品右侧的上下箭头可以调整商品推荐顺序，如图 3-21 所示。

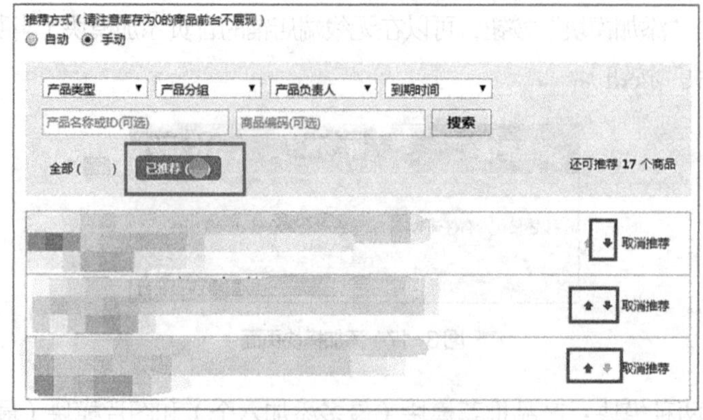

图 3-21　调整推荐商品顺序

商品的展示样式有三种：一行 1 个商品、一行 2 个商品和一行 3 个商品，如图 3-22 所示。卖家可以根据自己的需要选择商品展示样式。

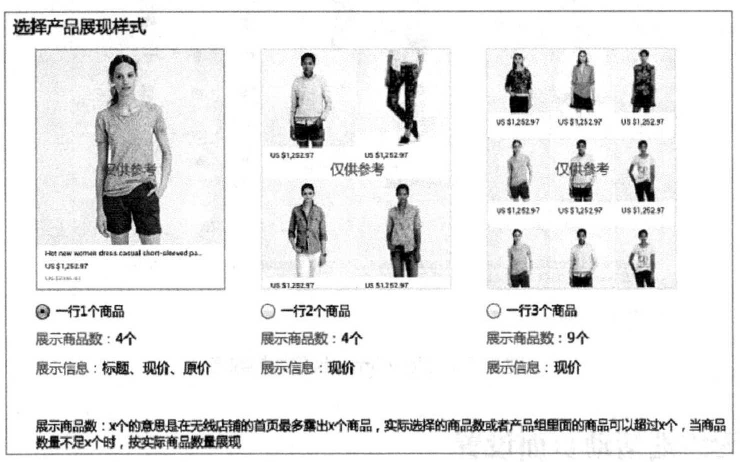

图 3-22　选择商品展示样式

（2）图片模块

图片模块有单图模式、单行多点击和图片轮播三种样式。图片可以链接到某个产品组、某个无线活动页面、某个商品等。以图片模块的单图模式为例，其编辑页面如图 3-23 所示。

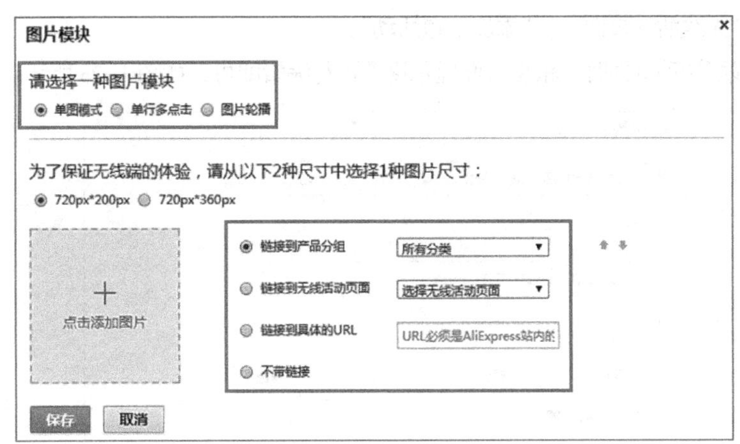

图 3-23　图片模块编辑

在单图模式下，图片格式要求为 720px × 200px 或 720px × 360px 的 JPG 或 JPEG 格式的图片。

将图片链接到某个产品组，选择产品组的操作与 PC 端店铺装修内的选择产品分组类似；将图片链接到某个无线活动页面，通过下拉列表框选择一个已经创建好的活动即可；将图片链接到具体的链接，只支持 PC 店铺首页地址、PC 商品页地址、无线活动页面三种地址和 PC 店铺二级分类地址，其他地址暂不支持。需要特别注意的是，如果错误地使用其他链接，会导致无线端转化率下降，间接影响无线端的搜索排序。

（3）系统模块

New Arrivals、Top Selling、Sales Items 三个模块只能进行商品展现样式的编辑。以 New Arrivals 为例，该模块的编辑页面如图 3-24 所示。

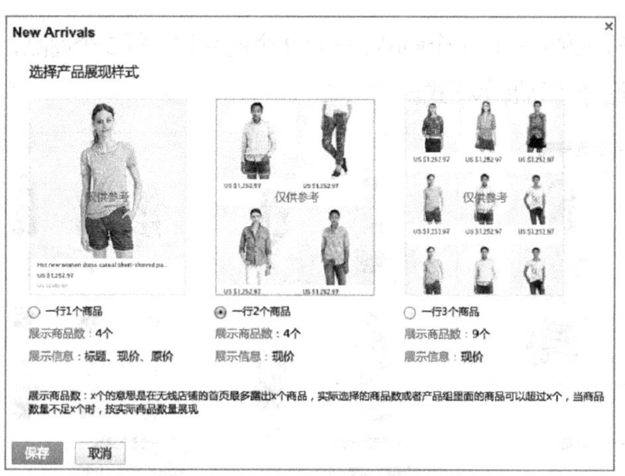

图 3-24　New Arrivals 模块的编辑

3.3.2　无线端活动页面设置

无线端活动页面是无线端店铺装修的重要组成部分，使用无线端活动页面工具搭建的无线端页面可以用于店铺装修或外部的 SNS 投放，同时这些活动页面会被无线端的关注频道、好店推荐频道、新品频道精选后做推广。

进入无线端活动页面的路径为："我的速卖通" | "店铺" | "店铺装修及管理" | "无线店铺" | "进入装修" | "无线活动页面" | "添加主题活动"。

在设置无线端活动页面时，根据页面提示逐项进行编辑即可，如图 3-25 所示。

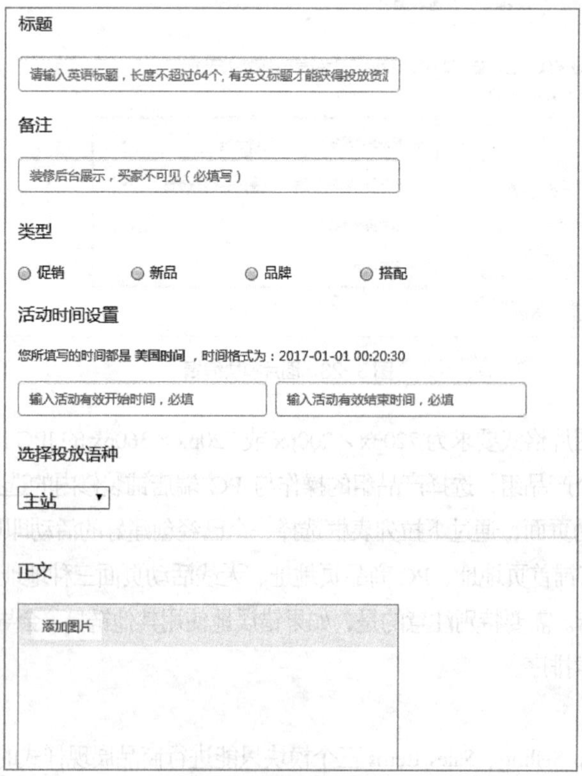

图 3-25　无线端活动页面编辑

1. 编辑标题

标题必须是64个字符以内的英语标题，这个标题会被买家看到，因此不要随意填写。标题的内容可以带有互动性、情感性和品牌性等，标题要简洁，字体较副标题大，要突出活动卖点。

2. 编辑备注

备注部分可以输入任何文字，该部分的内容不会在买家端展现，仅用于卖家后台管理。

3. 选择活动类型

目前有四种类型供卖家选择，分别是促销、新品、品牌和搭配。促销是指有明确利益点的活动，如商品折扣、店铺的满减等；新品是指针对有卖点的新品所创建的活动；品牌是指介绍品牌故事之类的品牌调性和品牌传播相关的活动；搭配是指能为买家提供一些搭配参考、潮流引导或知识介绍的活动。虽然活动类型不会被买家看到，但如果选择了错误的活动类型，就会对无线端店铺获得额外资源造成影响。

4. 活动时间设置

活动时间是指活动的有效时间，需要填写是美国时间。活动时间不能为空，格式为“2018-01-01 00:00:00”，卖家一定要按照格式填写，建议活动时长在两天以上。

5. 投放语种选择

目前支持英语（主站）、俄语、葡萄牙语、西班牙语及法语五种语言的活动投放，活动页面和封面的语言必须保持一致。

6. 活动正文

活动的正文部分目前只允许输入文字或添加图片，其中图片可以添加一个或多个商品，也可以店铺首页的链接，最终引导买家的购买。

如果是“图片+文字”形式的活动页面，则先输入所有的文字，在需要添加图片的位置单击“添加图片”按钮；如果是全图片形式的活动页面，直接单击“添加图片”按钮即可。一次可以添加五张图片，图片超过五张需要分多次进行上传。

为了保证无线端图片的清晰度，图片宽度必须在720px以上，单张图片的高度不要超过1000px。单张图片的高度越高，图片就越大，打开的速度就越慢，且可能会因为系统自动压缩而导致图片变得模糊。如果图片上包含文字，则文字的字号要大于24px，因为字号太小会导致文字看不清楚。不管是直接在活动页面上放文字，还是将文字添加到图片上，文字内容都应该简明扼要，不要写与活动无关或不重要的内容。

3.3.3 无线端店铺的特点和装修原则

1. 无线端店铺的特点

与PC端店铺不同，无线端店铺具有以下特点。

（1）场景多样化，买家浏览时间碎片化

买家可以随时随地拿出手机浏览店铺和商品，其浏览过程也可能会随时被打断。因此，无线端店铺和商品的内容应该更加简单、直接，能让买家快速获取有效的信息。

（2）竞争量减小

由于手机屏幕的原因，导致无线端可展示的内容受到了限制。在PC端，买家可以同时打开多个浏览窗口对商品进行比较，但在无线端买家是无法进行这种操作的。而且由于手机流量因素的限制，买家往往也不会过多地浏览页面，因此无线端的竞争力自然要比 PC 端小一些。

（3）可与买家进行互动

在无线端，卖家可以与关注、收藏自己店铺的买家进行互动。人们一般都会随身携带手机，所以在无线端与买家互动起来时效性会更高，卖家可以随时向买家推送消息。当然，要把握好互动的度，过于频繁地向买家推送信息会打扰买家进而产生反面效果。

2. 无线端店铺的装修原则

在进行无线端店铺进行装修时，应该遵循以下原则。

（1）保证页面打开的速度

在进行无线端店铺设计时，一定要考虑页面打开速度的问题。由于手机端流量的限制，图片如果过大可能会出现图片打不开的现象。如果图片或页面长时间打不开，买家很可能就会选择离开页面。

（2）页面信息要简洁，易于传播

受手机屏幕大小的限制，无线端展示信息的面积有限，店铺内容的呈现更是受限，如果店铺页面的信息量过大，就会导致买家无法读取，随即导致用户流失。

（3）店铺整体风格一致

无线端店铺内每个模块的风格要保持一致，首尾呼应。很多卖家在装修店铺时，往往主题是一种风格，商品页面是另一种风格，整个店铺没有形成一种完整的风格传承。店铺整体风格的不统一会让买家在浏览店铺时感觉整个店铺很混乱，给其造成非常差的视觉体验。

无线端店铺属于窄视觉展示，更应该注重店铺中所有模块设计风格的统一性，卖家要依据品牌调性使所有的设计保持一致的风格。

（4）保持更新

与 PC 端店铺的装修一样，无线端店铺的装修也要时常更新，这样才能给买家增加新鲜感。店铺经常有变化，买家才会经常浏览。

（5）保证图片质量，控制文字大小

不管是在 PC 端还是在无线端，买家更习惯于先看图片，因为一张图胜过千言万语。图片吸引到买家的目光，买家才会去看页面中的其他文字介绍，所以一定要保证图片的质量。

此外，还要注意无线端店铺页面文字内容的设计，适当控制文字的大小，英文与数字最小是 24px，文字内容要清晰、简洁、明了，有一两条卖点或促销信息即可，无须有大段的文字阐述。

1. 视觉营销的基本原则是什么？

2. 店铺首页装修设计应该遵循什么原则？从速卖通买家端页面搜索一两个店铺，对其店铺装修进行分析，简述其装修的优点和缺点。

3. 无线端店铺装修需要遵循哪些原则？在手机上搜索一两个店铺，对其无线端装修设计进行分析，简述其装修的优点和缺点。

Item 4

第4章 商品发布与优化：创建精致 Listing，提升商品转化率

【学习目标】

- 掌握速卖通平台搜索排名机制。
- 掌握速卖通平台商品发布的流程。
- 掌握设置商品标题的技巧。
- 掌握设置与优化商品主图的技巧。
- 掌握设置与优化商品详情页的技巧。

店铺正式运营后，只有将商品准确、完美地上传到店铺中，买家才能搜索到并进行购买，卖家才能真正地实现盈利。而在商品上架与商品销售的整个过程中，卖家需要长期坚持做的一项工作就是对商品进行优化，其中包括优化商品标题、优化商品图片、优化商品详情页等。因为只有创建高品质的Listing（商品页面），才能有效地提升商品和店铺的流量，进而提高转化率。

4.1 速卖通搜索排名机制

全球速卖通搜索排名的目标是将最好的商品、服务能力最好的卖家优先推荐给买家，也就是说，谁能给买家带来更好的购物体验，谁的商品就可以在搜索结果中排在靠前的位置。在全球速卖通中，影响卖家搜索排名的因素有很多，其中主要包括商品信息描述质量、商品与买家搜索需求的相关性、商品的交易转化能力、卖家的服务能力及搜索作弊的情况。

4.1.1 商品信息描述质量

为买家提供高质量的商品信息描述，向买家展示真实、全面的商品信息，更有利于让商品获得比较靠前的排名。卖家可以从以下三个方面出发提高商品的信息描述质量，如图 4-1 所示。

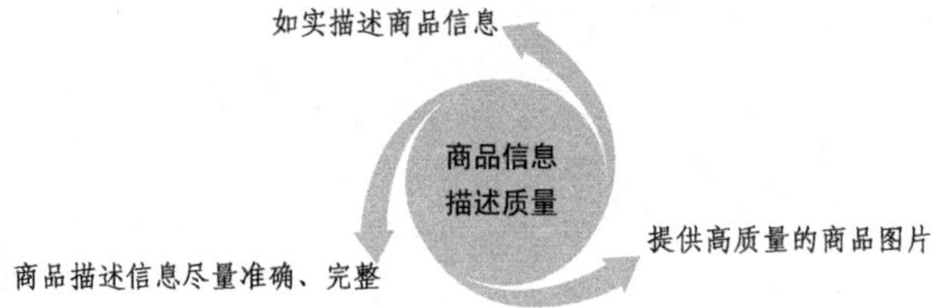

图 4-1　提高商品信息描述质量的方法

1. 如实描述商品信息

卖家提供的商品描述信息要真实、可靠，如实地展示商品的各个方面，帮助买家快速地做出购买决策。如果卖家提供了虚假的商品描述，容易引起纠纷，进而影响自己商品的排名，甚至受到平台的处罚。

2. 商品描述信息尽量准确、完整

商品的标题、发布类目、属性、图片和详细描述对买家做出购买决策有着重要的影响，所以卖家一定要准确、详细地填写这些信息。

（1）商品标题

标题会对搜索排名产生直接的影响，卖家一定要在标题中清楚地描述出商品的名称、型号及一些关键特征或特性，让买家通过阅读标题就能清楚地知道卖家卖的商品是什么，从而吸引买家进入商品详情页进行进一步的查看，进而提高转化率。

（2）发布类目

一定要选择准确的发布类目，切忌将自己的商品放到不相关的类目之中。一旦将商品放错了类目，不但会降低商品被买家搜索到的概率，如果情况严重，卖家还会受到平台的处罚。

（3）商品属性

商品属性的填写一定要尽量完整、准确，因为这些属性将帮助买家快速地判断卖家的商品是不是他们想要的。

（4）详情描述

卖家要提供真实、准确的商品详情描述信息，最好采用图文并茂的形式向买家介绍商品的功能、特点与优势等信息，帮助买家快速、全面地了解商品的相关信息。此外，要设计美观、整洁、大方的页面排版，这样更容易吸引买家的眼球，并有效地提升商品的转化率。

3. 提供高质量的商品图片

商品图片是展示商品的重要载体。卖家要对自己所销售的商品进行实物拍摄，并对商品进行多角度、重点细节的展示，这样更有利于买家快速、全面地了解商品，促使买家做出购买决策。

卖家不可盗用其他卖家的图片，因为这样做容易引起纠纷，影响卖家的诚信度，情况严重的话还会受到平台的严厉处罚，进而对店铺的正常运营造成影响。

4.1.2　商品与买家搜索需求的相关性

相关性是搜索引擎技术中非常复杂的一套算法。一般来说，大多数买家会通过输入关键词的方法来搜索并浏览自己需要的商品，而相关性就是指通过判断买家在输入关键词搜索商品与进行类目浏览时，卖家的商品与买家实际需求的相关程度。相关性越高，商品在搜索结果中的排名就越靠前。

对商品与买家搜索需求的相关性造成影响的因素有很多，其中最主要的是商品的标题，其次是发布类目的选择，商品属性的填写及商品的详细描述等内容。因此，要想提高商品与买家搜索需求的相关性，让商品获得更多的曝光机会，卖家可以从标题、发布类目、商品属性的填写及详细描述等方面入手。

1. 商品标题

商品标题的设置是重中之重。首先，标题的拼写要符合国外买家的语法习惯，没有语法错误和错别字；其次，标题不能是关键词的堆砌，如将标题设置为“mp3, mp3 player, music mp3 player”，因为标题堆砌关键词不仅不能提高商品的搜索排名，反而会被搜索降权；再次，标题要真实、准确，不可有虚假描述，比如卖家销售的商品是 MP3，为了获取更多的曝光量，在标题中添加类似“mp4/mp5”之类的关键词，这样的行为就属于虚假描述。虚假描述行为一旦被速卖通平台监测到，卖家将会受到处罚。

2. 商品类目选择

商品发布类目的选择一定要准确。选择正确的类目有助于买家通过类目浏览或类目筛选快速定位到卖家的商品，而将商品放到错误的类目下将会降低商品曝光的机会，并且卖家可能会受到平台的处罚。

3. 商品属性填写及详细描述

商品属性的填写要完整、准确，详细描述要真实、准确，这样有助于买家通过使用关键词搜索、属性筛选快速地定位到卖家的商品。

4.1.3 商品的交易转化能力

符合国外买家需求、价格/运费合理且售后服务有保障的商品更受买家的欢迎。速卖通平台会通过综合考察一个商品的曝光次数及最终成交量来衡量该商品的交易转化能力。商品交易转化能力高，代表买家对该商品的需求度高，该商品具有市场竞争优势，在搜索结果中的排名就会靠前，而交易转化率低的商品在搜索结果中的排名会靠后，甚至因为没有曝光的机会而逐步被市场淘汰。

卖家要重视商品成交量的积累和好评量的积累。成交量和好评量能够帮助买家快速地做出购买决策，并让商品在搜索结果中的排名靠前。商品好评率的高低会严重影响商品在搜索结果中的排名。

4.1.4 卖家的服务能力

除了商品本身的质量以外，卖家的服务能力也是影响买家购物体验的重要因素。在搜索排名上，速卖通非常看重卖家的服务能力，服务能力强的卖家排名会靠前，服务能力差、买家投诉较多的卖家排名会严重靠后，甚至不能参与排名，还可能会受到平台的处罚。

在搜索排名机制中，速卖通对卖家服务能力的考察主要集中在以下四个方面，如图 4–2 所示。

1. 卖家的服务响应能力

对卖家服务响应能力的考察包括对卖家在阿里旺旺（Trade Manager）上的响应能力，以及在 Contact Now 邮件上的响应能力的考察。合理地保持旺旺在线，及时对买家的询问做出答复，都有助于提升卖家在服务响应能力上的评分。

图 4-2 搜索排名机制中对卖家服务能力考察的内容

2. 订单的执行情况

卖家发布商品进行销售，当买家付款之后，卖家应该及时地为买家发货。由于卖家原因而造成的无货空挂、拍而不卖的行为，将会对买家的购物体验造成严重的影响，也会对卖家所售商品的排名情况造成严重影响。情况严重时，卖家所有的商品都不能参与排名。此外，卖家如果为了规避拍而不卖而进行虚假发货，该行为将会被视为欺诈，卖家将会受到平台更加严厉的处罚。

3. 订单的纠纷、退款情况

卖家应该保证商品的质量，并如实描述商品的相关信息，向买家真实、准确地介绍自己的商品，避免买家收到货以后产生纠纷、退款的情况。如果遇到买家对商品有不满意的情况，卖家应该积极、主动地与买家进行沟通与协商，避免产生纠纷，特别是要避免纠纷上升到需要平台介入进行处理的情况。纠纷少的卖家会得到平台的鼓励，纠纷严重的卖家将会受到搜索排名严重靠后，甚至不能参与排名的处罚。当然，因非卖家责任引起的纠纷、退款不会被考虑在内。

4. 卖家的 DSR 评分情况

卖家的服务评级系统（Detail Seller Rating，DSR）评分是指交易结束后买家对商品和卖家服务能力的评价，是买家满意与否的最直接体现。速卖通平台会优先向买家推荐 DSR 评分高的商品和卖家，给予它们更多的曝光机会和推广资源；而对于 DSR 评分低的卖家，速卖通平台会给予大幅的排名靠后处理，甚至不让其参与排名的处罚。

在订单的执行、纠纷退款等几个维度上，平台会同时观察单个商品和卖家整体的表现情况。如果个别商品表现差，则只会影响个别商品的排名；如果卖家的整体表现差，则会影响该卖家销售的所有商品的排名。

4.1.5 搜索作弊的情况

速卖通平台禁止并大力打击卖家靠搜索作弊行为来骗取曝光机会、获取排名靠前的行为。平台会对搜索作弊行为进行日常的监控和处理，作弊的商品会被处理，处理手段包括商品的排名靠后、商品不参与排名和商品被隐藏。对于作弊行为情节严重或屡犯不改的卖家，平台会对其给予店铺一段时间内整体排名靠后或不参与排名的处罚；情节特别严重的，会给予关闭卖家账号、清退卖家的处罚。

常见的搜索作弊行为有以下几种。

1. 类目错放

类目错放是指卖家在发布商品时所选择的类目与商品实际所属类别不一致。例如，将手机壳错放到化妆包“Cosmetic Bags & Cases”中，正确的类目应该为：Phones & Telecommunications（电话和通信）>Mobile Phone Accessories & Parts（手机配件和零件）>Mobile Phone Bags & Cases（手机包/手机壳）。这类错误可能会导致商品在网站前台中展示在错误的类目下。

卖家可以参考以下方法来避免在商品发布过程中出现类目错放的情况。

（1）要对平台上各个行业、各层类目有所了解，知道自己所销售的商品从物理属性上来讲应该属于哪个大类目，如知道手机壳应该属于“手机”大类。

（2）卖家可以根据自己所要发布的商品逐层查看系统推荐的类目层级，也可以使用商品关键词搜索查看系统推荐类目，从而在类目推荐列表中选择最准确的类目。此外，在发布商品时，要正确地填写商品重要属性（发布表单中标星号“*”或绿色感叹号的属性）。

2. 属性错选

属性错选是指卖家在发布商品时商品所属类目选择正确，但选择的商品属性与商品的实际属性不一致的情形。例如，某款女士T恤，在商品标题中显示该商品为“short sleeve”（短袖），但发布商品时卖家在“sleeve length”（袖长）属性中选择了“full”属性值，那么在前台导航时，当买家选择了“full”时，该商品就会被展示出来。又如，某款女士T恤的领型为“圆领”，但卖家在发布商品时选择了“V领”这个属性值，导致买家在使用关键词“V领”进行搜索时在搜索结果中出现该商品。

属性错选的商品将会受到搜索排名靠后的平台处罚，并且该商品会被记录到搜索作弊违规商品总数中。当店铺搜索作弊违规商品累计达到一定数量后，平台将给予整个店铺不同程度的搜索排名靠后处理；情节严重的，将对店铺进行屏蔽；情节特别严重的，将冻结账户或直接关闭账户。

卖家可以参考以下方法来避免在商品发布过程中出现属性错选的情况。

（1）卖家要对平台上各个行业下所设的属性有所了解，知道自己所销售的商品存在哪些物理属性和营销属性。例如“T恤”，可能会有颜色、尺码、材质、袖长、领型等属性。

（2）卖家可以通过参考同类商品其他卖家的属性进行设置。

（3）卖家根据自己所销售的商品选择类目，并事先考虑好待选的商品属性，避免漏选，例如发布商品时忘记选择“领型”属性；还要避免多选，例如商品没有风格属性，却为商品选择了“波西米亚风格”。

3. 标题堆砌

标题堆砌是指在商品标题描述中出现关键词多次使用的行为，即商品标题使用多个相同或近似的关键词堆砌而成。例如，某款假发的标题为“Stock lace wig Remy Full lace wig straight wigs human lace wigs #1 Jet Black 16inch”（高级蕾丝假发 雷米全蕾丝假发 直假发 人体蕾丝假发 1号喷气黑色16英寸），标题中反复使用“lace wig”（蕾丝假发）这一关键词，标题基本上就是在“lace wig”（蕾丝假发）一词前面加上不同的修饰词组成的。

商品标题是吸引买家进入商品详情页的重要因素。商品标题的字数不宜太多，应尽量准确、完整、简洁，标题描述应该是一句完整、通顺的话。例如一款婚纱，可以将标题设置为“Plus Size Spaghetti Straps Chiffon Wedding Gowns”（加大码 细肩带 雪纺婚纱），该标题中包含了婚纱的尺码规格、肩带类型和服装材料，用“Wedding Gowns”（结婚礼服）来表达商品的核心关键词。

4. 标题类目不符

标题类目不符是指卖家在商品类目或标题中设置的部分关键词与实际所销售的商品不符。例如，某款婚纱的商品标题为"Wedding Dresses China Lace Flower Girl Dresses For Weddings Satin Sweetheart Strapless A-line Bridal Gowns"（结婚礼服 中国蕾丝 花童礼服 缎子 甜心 无肩带 新婚礼服），该商品的属性词应该是"Wedding Dresses"，但在商品标题中却出现了"Flower Girl Dresses"（花童礼服）一词。

在设置标题时，卖家应先检查商品的类目是否选择正确，其次要检查标题中是否出现了与实际所销售商品不符的关键词。

5. 黑五类商品错放

黑五类商品错放是指针对特定买家的特殊订单链接及补运费、补差价、补退款、赠品等专拍链接，没有按规定放置到指定的特殊发布类目中。

黑五类商品在速卖通平台上的正确发布类目为"special category"。卖家在发布黑五类商品时，应该将其放到"special category"这一特定类目中，这样才能让买家快速找到自己所需的商品，并顺利达成交易。

6. 重复铺货

不同商品之间必须要在标题、价格、图片、属性和详细描述等环节上有明显差异，以下几种情况会被视为重复铺货。

- 同一个卖家的同一件商品，商品主图完全相同，标题、属性、价格等信息也高度雷同。
- 同一个卖家的同一件商品，商品主图为商品不同角度的展示，但标题、属性、价格等信息高度雷同。
- 同一个卖家的同一件商品，商品主图分别为带包装与不带包装的图片，但标题、价格、属性等信息高度雷同。
- 同一个卖家的同一件商品，商品主图大小不同，但标题、价格、属性等信息高度雷同。
- 同一个卖家的同一件商品，商品主图为该商品不同颜色的展示，但标题、属性、价格等信息高度雷同。
- 同一个卖家的不同商品，商品主图不同，但标题、价格、属性等信息高度雷同。
- 同一个卖家的不同商品，商品主图、标题相同，但商品属性等信息不同。

卖家在发布商品的过程中，切勿多次发布同一商品；对于不同的商品，在发布时不要直接引用已有商品的主图，或者直接使用已有商品的标题和属性；不同的商品，除了要在主图上体现出差异外，还要同时在标题、属性、详细描述等关键信息上体现出差异，以使商品得以区分。

7. 描述不符

描述不符是指商品的标题、图片、属性、详细描述等信息之间明显不符。具体来说，描述不符主要有以下几种表现。

（1）商品主图与详情描述中的图片不符，如某款包装袋，其商品主图如图 4-3 所示，而在商品详情描述中如图 4-4 所示。

（2）标题最小起订量与设置的最小起订量不符，商品标题中显示的最小起订量为 10 美元，而卖家设置的最小起订量为"1 件"，如图 4-5 所示。

图4-3　商品主图

图4-4　商品详情描述图

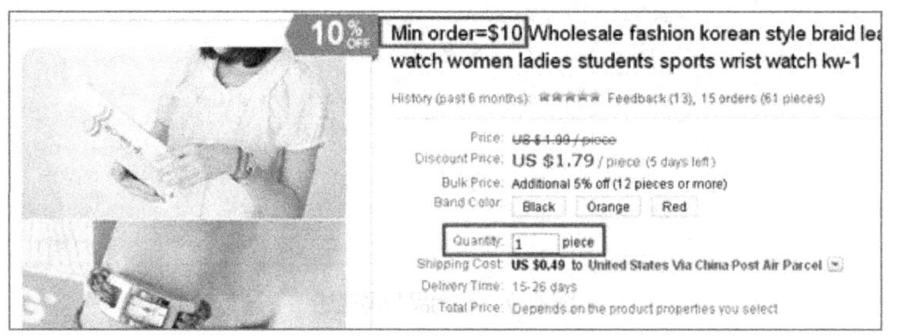

图4-5　标题最小起订量与设置的最小起订量不符

（3）实际销售商品在属性描述中有误。例如，某款女士 T 恤的实际款式是短款，但在“Item specifics”（商品规格）的“Clothing Length”（衣服长度）中设置的是“Regular”（常规），与实际商品的衣服长度属性不符，如图 4-6 所示。

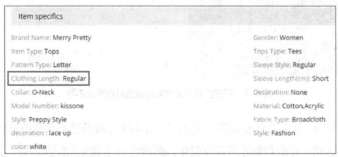

图4-6　实际销售商品在属性描述中有误

（4）滥用品牌词描述。滥用品牌词描述分为两种情况：第一种情况，如卖家在速卖通上通过了X品牌的商标资质申请及审核，在“Item specifics”（商品规格）的“Brand Name”（品牌名称）中填了X品牌，但在商品标题、商品图片中使用了未经速卖通许可的Y品牌，如图4-7所示。

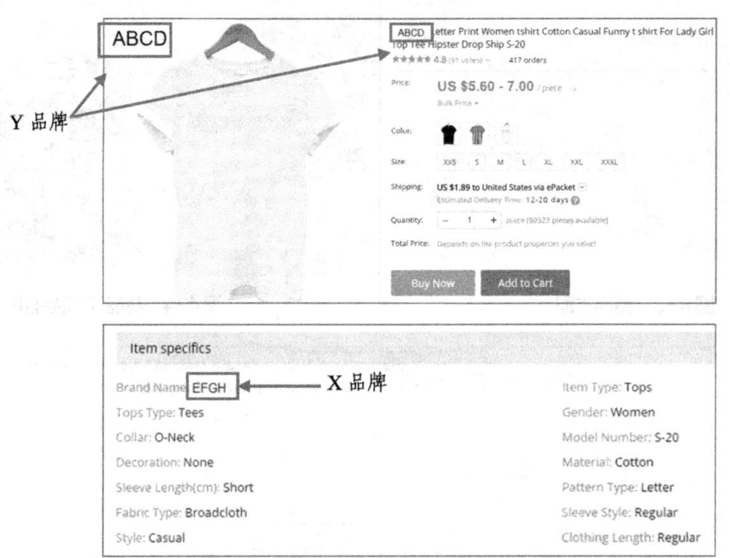

图4-7　滥用品牌词描述

第二种情况，卖家未通过任何品牌的商标资质申请，发布商品时却在商品标题、商品图片中滥用未经平台许可的品牌。

（5）标题设置的打包方式与实际设置的打包方式不符。例如，标题中设置的是100个一包，而实际设置的却是25个一包，如图4-8所示。

图4-8　标题打包方式与实际设置打包方式不符

（6）运费设置不符。卖家在运费设置中说明“通过中国邮政普通小包免费送货到美国”，但在详细描述中又强调要达到一定的数量才可以享受中国邮政普通小包免费配送服务，如图4-9所示。

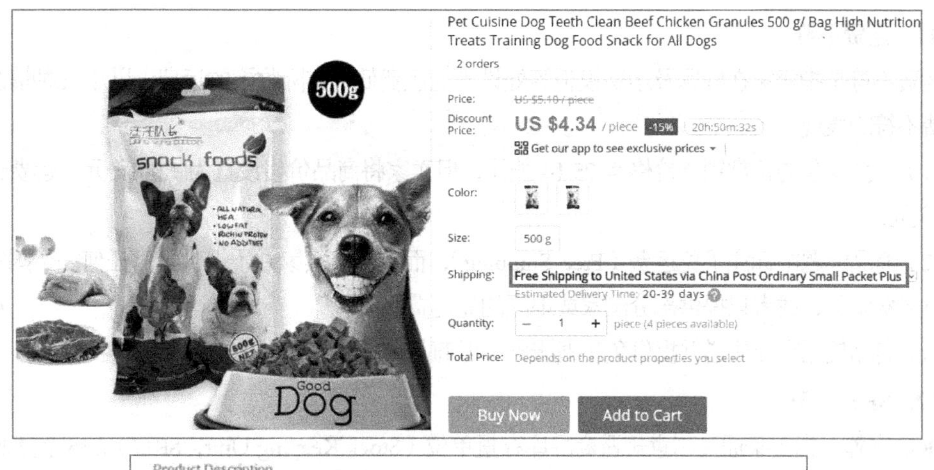

图 4-9 运费设置不符

8. 计量单位作弊

计量单位作弊包括以下两种情况。

一是卖家在发布商品时将计量单位设置为与商品常规销售方式明显不符的单位。例如，卖家展示出售 10 pieces of gloves（10 只手套）。依据常理，手套不按单只出售，那么买家会认为收到的是 10 pairs of gloves（10 双手套），但卖家发出的仅是 5 pairs of gloves（5 双手套），并声称写明的 10 pieces of gloves 就等于 5 pairs of gloves。

二是卖家在标题、描述中将商品包装物也作为销售数量计算，让买家误认为商品单价很低。例如某款数据线，卖家将其标题设置为"DHL free 2M 100pcs 8pin Lightning to USB Cable +100 Retail Box +100 poly bag =300PCS For Apple IPhone 5 IPod Touch 5 IPad Mini"，其中的"Retail Box"（零售包）"poly bag"（塑料袋）都是包装物。

9. 商品超低价

商品超低价是指卖家以较大偏离正常销售价格的低价发布商品，让商品在按价格排序时以超低价格吸引买家的注意，从而骗取曝光。以下几种情况都属于商品超低价的表现。

（1）卖家在店铺中以明显低于市场行情的价格发布了大量服饰类商品，部分商品已经产生了大量订单，但卖家可能未发货或实际未发货。

（2）卖家的店铺中存在大量非正常折扣力度的商品，商品折扣后的价格明显低于市场价格。

（3）卖家发布了一款移动电源，以价格为条件进行筛选，Free Shipping（免运费）状态下该商品的销售价格为 1.00 美元。

10. 商品超高价

商品超高价是指卖家以较大偏离正常销售价格的高价发布商品，让商品在按默认和价格排序时以超高价格吸引买家的注意，从而骗取曝光。

11. 运费不符

运费不符是指卖家在标题及运费模板等处设置的运费低于实际收取的运费。以下几种情况都属于运费不符的表现。

（1）一款女包的正常销售价格是 25.14 美元，但卖家将商品价格设置为 1.00 美元，运费设置为 24.14 美元。

（2）商品标题中标注了免运费（Free Shipping），而实际上卖家并不提供针对任何一个国家或地区的免运费服务，或者只提供部分国家或地区的免运费服务。

（3）商品使用商业快递并提供免运费服务，但商品的总售价低于快递最低标准收费。

12. SKU 作弊

SKU 作弊是指卖家通过刻意规避商品库存量单位（Stock Keeping Unit，SKU）的设置规则，滥用商品属性（如套餐、配件等），为商品设置过低或不真实的价格，使商品排名靠前（按价格排序）的行为；或者在同一个商品的属性选择区放置不同商品的行为。以下几种情况属于 SKU 作弊的表现。

（1）将不同的商品放在一个链接里进行销售，如将触摸笔和手机壳放在同一个链接里进行销售。

（2）将常规商品和商品配件放在一个链接里出售，例如将手表和表盒放在同一个链接里进行销售。

（3）将不同属性的商品捆绑成不同套餐或捆绑其他配件放在一个链接里进行销售，如将手机和手机壳捆绑成套餐进行销售。

（4）在手机整机类目中，为了让自己的商品排名靠前，卖家在发布商品时自定义买家极少购买的套餐，如裸机、不带任何附件（包含且不限于）等套餐，如图 4-10 所示。

图 4-10　卖家自定义不带任何附件的套餐

13. 更换商品

更换商品是指卖家对原有商品的标题、价格、图片、类目、详情描述等信息进行修改，并使用这些修改后的信息发布其他商品（含商品的更新换代，因为卖家发布新商品时应该重新发布），对买家的购买造成误导；但是，如果修改只涉及对原有商品信息的补充或更正，而不涉及商品更换，则不视为“更换商品”行为。

14. 信用及销量炒作

信用及销量炒作是指卖家通过非正常交易手段提高商品销量及信用的行为，借此获得更高的曝光，如卖家通过刷单提高商品的销量。

4.2 商品的发布

在速卖通店铺发布商品的具体操作方法如下。

进入“我的速卖通”后台，单击“产品管理”|“产品信息”|“发布产品”选项，即可进入发布产品页面，如图 4-11 所示。

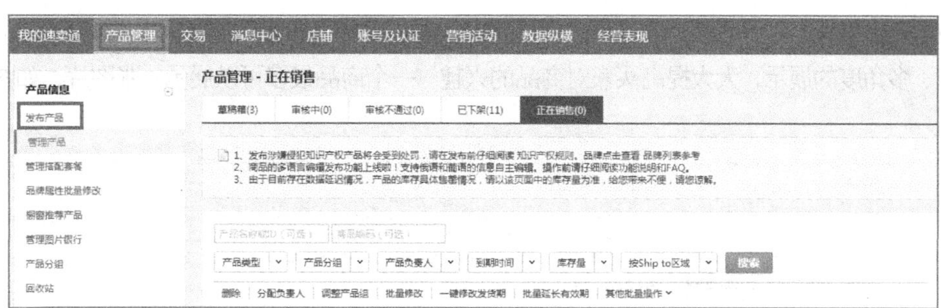

图 4-11　从卖家后台单击“发布产品”选项

进入类目选择页面，根据自己产品所属的实际类目进行选择，也可以在搜索框中直接输入产品名称进行搜索，如图 4-12 所示。

图 4-12　选择产品类目

进入产品设置页面，下面以发布“家居用品 > 宠物用品 > 养猫用品 > 猫笼子”为例，介绍产品发布的流程。发布产品需要设置的信息包括产品基本信息、包装信息、物流信息、服务设置及其他信息等。

1. 产品基本信息

设置产品属性：根据页面提示设置产品属性，如图 4-13 所示。

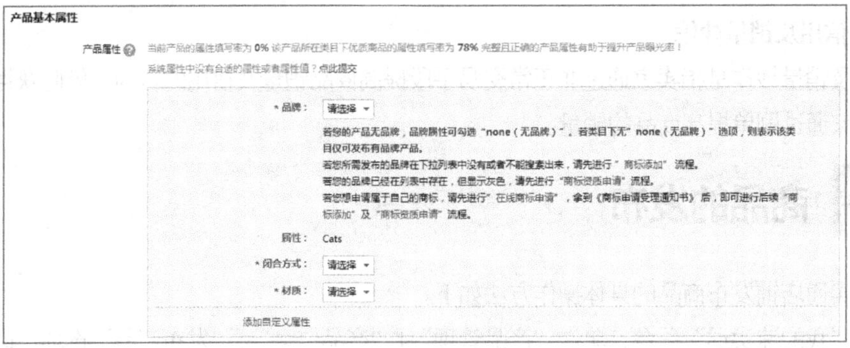

产品基本属性
产品属性 当前产品的属性填写率为 0% 该产品所在类目下优质商品的属性填写率为 78% 完整且正确的产品属性有助于提升产品曝光率！
系统属性中没有合适的属性或者属性值？点此提交
* 品牌： 请选择
若您的产品无品牌，品牌属性可勾选"none（无品牌）"。若类目下无"none（无品牌）"选项，则表示该类目仅可发布有品牌产品。
若您所需发布的品牌在下拉列表中没有或者不能搜索出来，请先进行"商标添加"流程。
若您的品牌已经在列表中存在，但显示灰色，请先进行"商标资质申请"流程。
若您想申请属于自己的商标，请先进行"在线商标申请"，拿到《商标申请受理通知书》后，即可进行后续"商标添加"及"商标资质申请"流程。
属性： Cats
* 闭合方式： 请选择
* 材质： 请选择
添加自定义属性

图 4-13 设置产品属性

设置产品标题、产品图片：在选择产品图片时，可以选择发布多图产品。多图能够使商品得到全方位、多角度的展示，大大提高买家对商品的兴趣。一个商品最多可以展示 6 张图片，如图 4-14 所示。

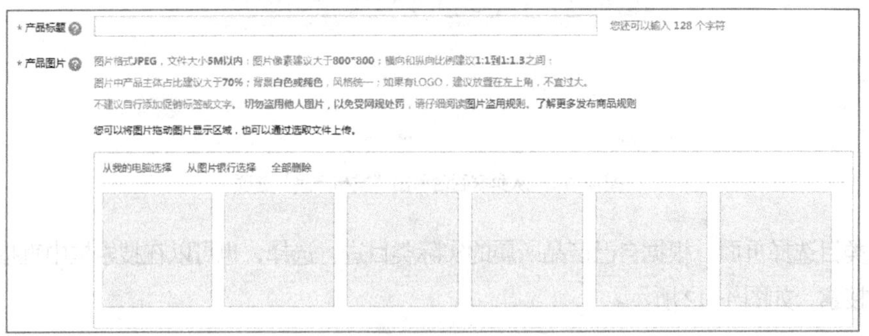

图 4-14 设置产品标题，上传产品图片

设置最小计量单位、销售方式、颜色、尺寸与零售价，如图 4-15 所示。产品价格可以按照不同的运送范围分别进行设置。

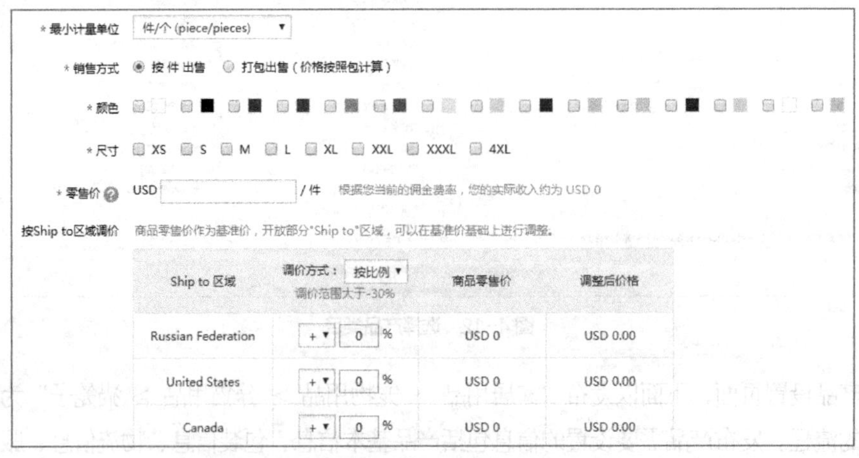

图 4-15 设置最小计量单位、销售方式、颜色、尺寸与零售价

同一款产品不同属性的设置：同一款产品，因为颜色不同，产品的价格可能不同，所备的库存也不同，可以分别对其进行设置，如图 4-16 所示。

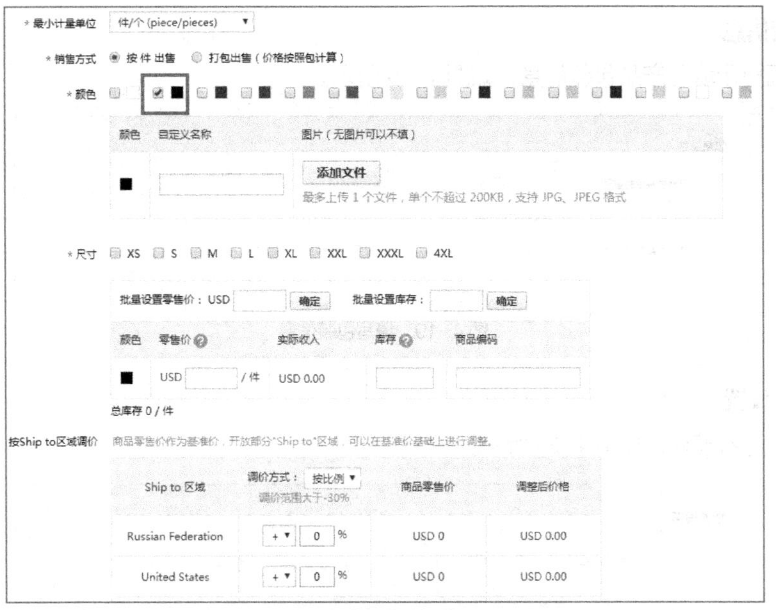

图 4-16　同一款产品不同颜色的设置

设置库存与发货期，如图 4-17 所示。

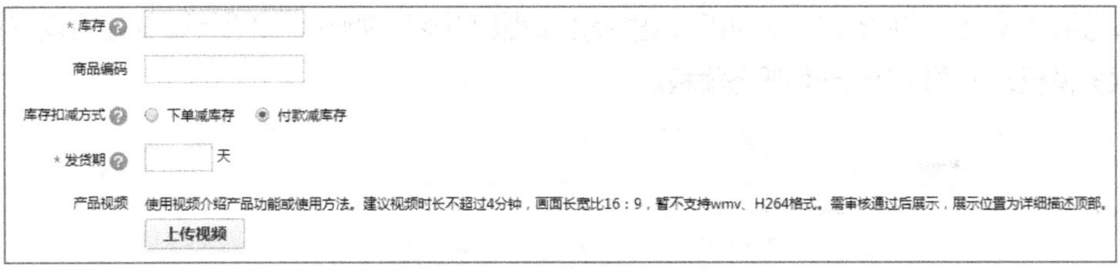

图 4-17　设置库存与发货期

在“产品详情描述”文本框中填写产品详情描述，如图 4-18 所示。

图 4-18　填写产品详情描述

2. 包装信息

根据页面提示填写产品包装信息，如图 4-19 所示。

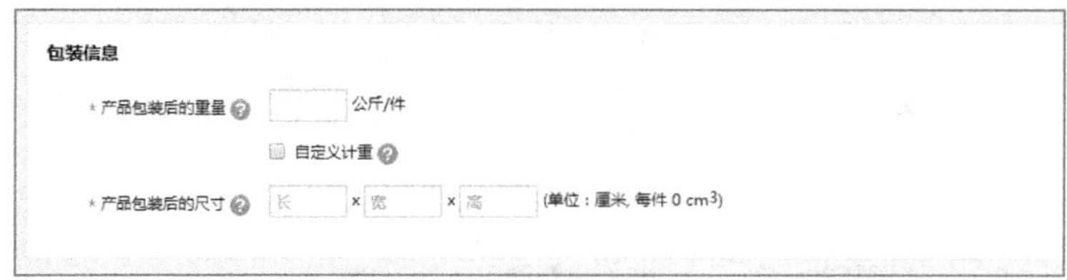

图 4-19　填写包装信息

3. 物流设置

设置产品运费模板，如图 4-20 所示。

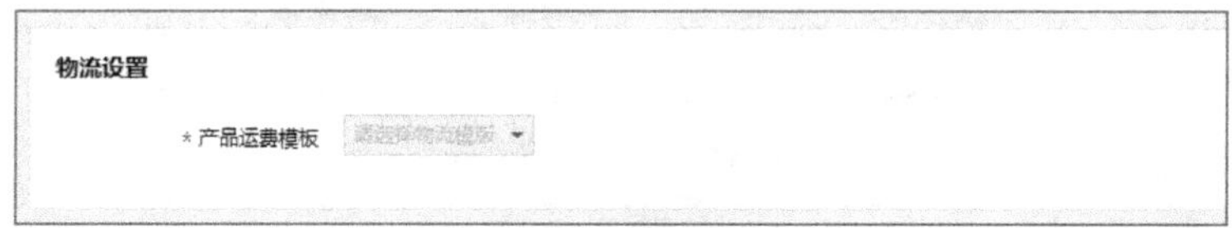

图 4-20　设置物流信息

4. 服务设置

设置服务模板，说明卖家可以为买家提供的售后服务内容，如图 4-21 所示。卖家可以直接使用新手服务模板，也可以自己新增服务模板。

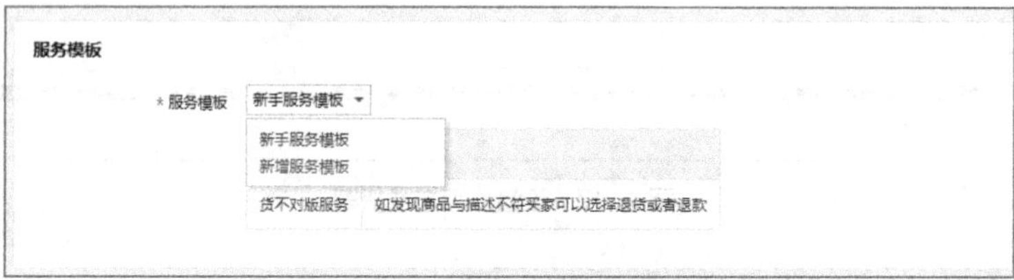

图 4-21　设置服务模板

5. 其他信息

设置其他信息，如设置产品组、产品有效期、是否支持支付宝等，以上所有信息确认无误后，单击“提交”按钮，如图 4-22 所示。

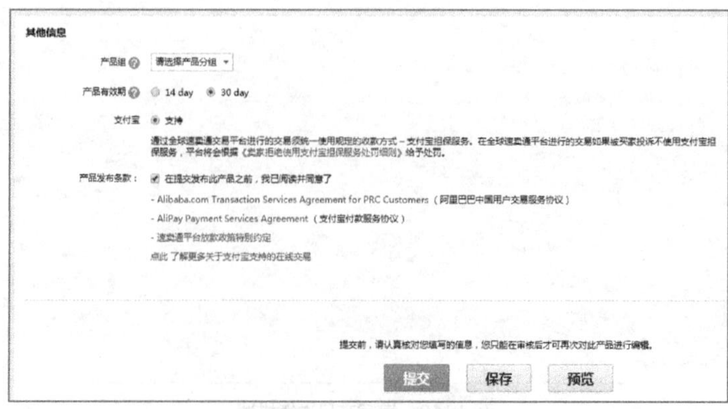

图 4-22　设置其他信息

4.3 商品标题的设置

对于 Listing 来说，商品标题的设置具有举足轻重的作用。一个好的标题能够有效地吸引买家的眼球，最大限度地为商品引流，提高商品的曝光量和转化率。要想设置出高质量的商品标题，卖家需要掌握以下一些设置技巧。

4.3.1 标题的组成

一般来说，标题主要由核心词、属性词与流量词组成，每类词具有不同的特点，如表 4-1 所示。

表 4-1 标题关键词的类型及其特点

关键词类型	特点	示例
核心词	行业热门词，接近于类目词，这类词属于速卖通的热搜词，也可以看成商品的名称	Boot（靴子），Trousers（裤子），Dress（连衣裙）
属性词	描述商品某个属性的词，如颜色、长度等。这类词针对的是商品某一细分类，针对性更强，能够更精准地满足搜索这些关键词的买家	Korean Style Short skirt（韩版短裙），repair the body T-shirt（修身 T 恤），collect waist dress（收腰长裙），pure color trousers（纯色长裤），O-neck party dresses（圆领礼服），V-neck dress party dresses（V 领礼服），wedding dress long sleeve（长袖婚纱）
流量词	不常用但恰好有一些特定群体会搜索的词语，它不属于热门词，但这类词带来的流量都是非常精准的，成交量也相当可观	如某明星的名字，某动漫的名字等

4.3.2 关键词的挖掘与搜集

商品标题是关键词的直接体现。关键词的好坏直接影响买家能否搜索到卖家的商品，其重要性不言而喻。卖家需要掌握挖掘与搜集关键词的方法，这样才能更好地了解市场，为标题的设置奠定数据基础，进而设置出高质量的商品标题。下面介绍几种挖掘与搜集关键词的方法。

1. 数据纵横—搜索词分析选词

借助“数据纵横”中的“搜索词分析”功能来搜索买家热搜的词是目前常用的一种选词方法，其中为卖家提供了三种词性的关键词分析：热搜词（见图 4-23）、飙升词（见图 4-24）和零少词（见图 4-25）。

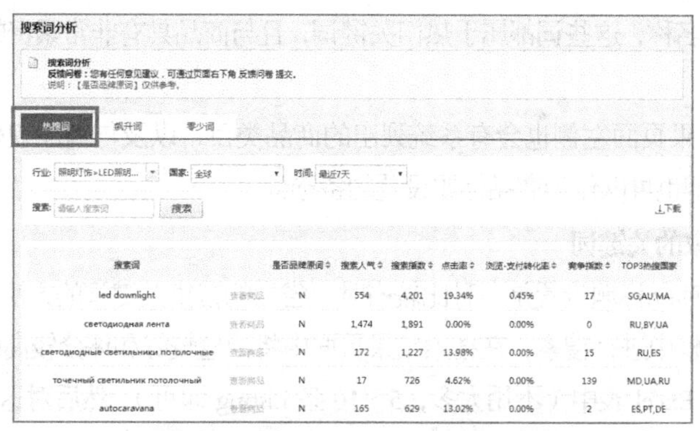

图 4-23 搜索词分析——热搜词分析

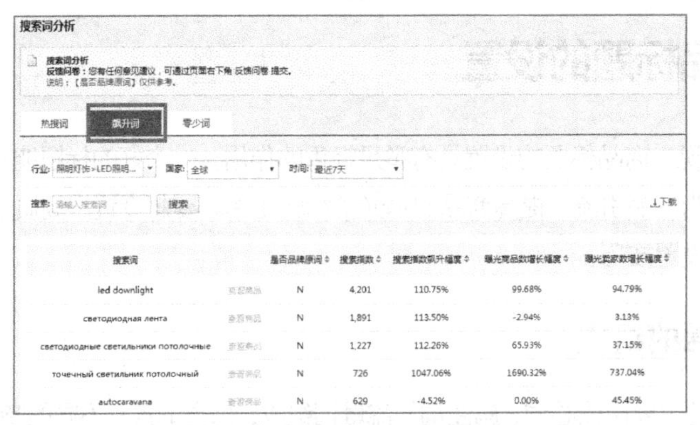

图 4-24　搜索词分析——飙升词分析

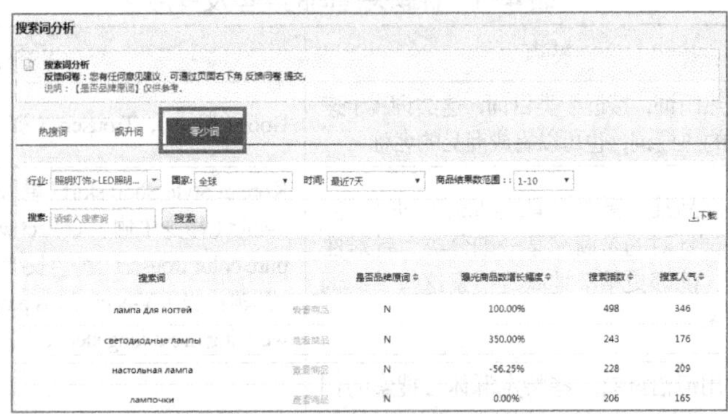

图 4-25　搜索词分析——零少词分析

热搜词，顾名思义就是热门的词汇；飙升词指在某个时间段搜索量突然提高的词汇；零少词指有一定的搜索量，但搜索结果数较少的词，即竞争度较低的词。

卖家可以通过设置行业类目、国家和地区、数据时间段三个分析维度获得相关关键词数据，还可以下载相关分析结果，在 Excel 中对数据进行排序与筛选，整理出有效的关键词词表。

2. 搜索框下拉列表中选词

一般搜索框下拉列表中的词具有很强的参考意义，它们是速卖通平台根据买家搜索习惯推荐的词。卖家可以将这些关键词进行整理与筛选，从中选择与自己商品相关性较高的关键词作为标题设置的备选关键词。

3. 商品所属的类目名称及规格设置

商品所属的类目名称，这些词都属于热门关键词，且与商品具有非常紧密的相关性，如图 4-26 所示。

此外，在搜索结果页面左侧也会有系统列出的商品类目，以及与商品规格相关的关键词，如图 4-27 所示，这些词也可以作为商品标题设置的备选词。

4. 参考其他卖家的关键词

参考竞争对手的商品标题设置是一种比较省时、省力的搜集关键词的方法。卖家可以使用商品的核心关键词在搜索框中进行搜索，在搜索结果页面中将销量较好和评分较高的 Listing 的标题搜集起来，并将其复制在 Excel 表中（不用太多，5～10 条 Listing 即可）。然后对这些标题进行观察和分析，通过直观地对比就可以发现哪些是重要信息，哪些是商品核心关键词，从中找出人气卖家经常使用的关键词，并逐层过滤筛选，最终选出适合自己商品的关键词。

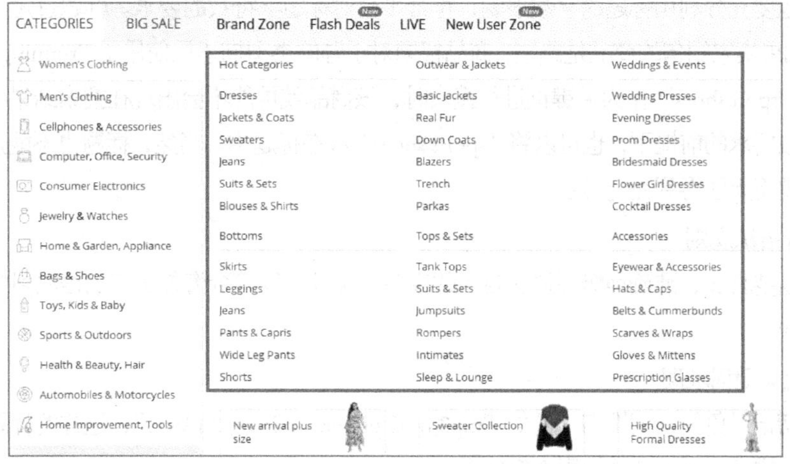

图 4-26　首页商品类目名称

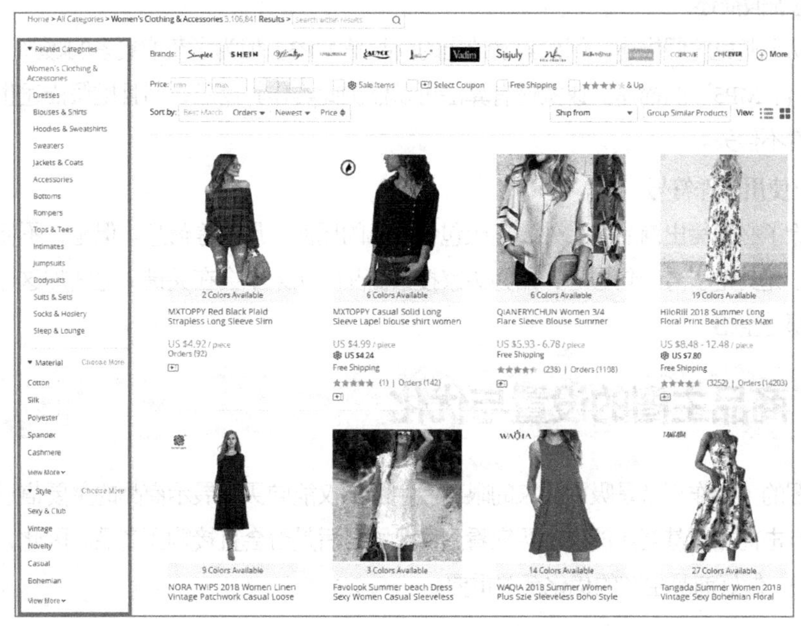

图 4-27　搜索结果页面商品类目及商品规格关键词

5. 借鉴其他平台同行人气卖家的商品标题

在 eBay、亚马逊、敦煌网、Wish 等同类平台上也有大量的同款商品，卖家能够找到很多与自己商品相关的关键词。通过用不同的关键词在搜索栏中进行搜索，可以得到很多有用的关键词，最后进行筛选，选择与自己商品相关性高的关键词即可。

4.3.3 设置商品标题的原则

商品标题是商品被买家搜索到和吸引买家进入商品详情页的重要因素。优质的商品标题应该包含买家最关注的商品属性，能够突出商品的卖点。

在设置商品标题时，卖家需要注意以下几点。

1. 充分利用标题字数限制

商品标题要充分利用标题的字数限制，符合平台对标题字符数的要求。标题过短不利于搜索覆盖，例如，如果卖家销售的商品是跑鞋，商品标题对于鞋的类型描述只使用了“running shoes”一词，当买家使用“sport shoes”作为关键词进行搜索时，该商品就可能不会出现在搜索结果中。因此，在符合标题字数要求的前提下，也可以将“sports shoes”放在标题中。当然，标题也不能过长，超出字数限制的标题将无法得到完全展示。

2. 符合语法规则

商品标题要真实、准确地概括描述自己的商品，标题书写符合海外买家的语法习惯，没有错别字及语法错误。

3. 避免关键词堆砌

标题中切记避免关键词堆砌，例如“mp3,mp3 player,music mp3 player”，这样的标题关键词堆砌不能帮助提升排名，反而会被搜索降权处罚。

4. 避免虚假描述

标题中切记避免虚假描述，例如卖家销售的商品是MP3，但为了获取更多的曝光，在标题中填写类似“MP4、MP5”的描述。速卖通有算法可以监测此类作弊商品，而且虚假描述也会影响商品的转化率，得不偿失。

5. 避免使用特殊符号

标题中除了必须写出商品名称外，还应包含商品的属性、尺寸等信息。但是，不要在标题中使用特殊符号，尤其是引号、句号等，因为买家搜索商品时从来不会在关键词之间加这样的符号，他们经常用的都是空格。

4.4 商品主图的设置与优化

商品主图的主要作用就是吸引买家的眼球。主图不仅能向买家展示商品的主要信息，还能决定买家是否会点击商品，甚至还能决定买家看到商品图片后是否会直接购买商品。因此，要制作一条优质的Listing，做好商品主图的优化至关重要。

4.4.1 商品主图的规范要求

卖家发布的商品主图要符合速卖通平台的规范要求，如果图片不符合要求，将会直接影响相应商品的曝光，以及商品参加平台营销活动的入选概率。速卖通平台对商品主图的统一规范要求如表4-2所示。

表4-2 商品主图统一规范要求

项目	具体要求	正确示例	错误示例
背景	图片背景简单（自然场景）或使用纯色背景	VOGUE	

续表

项目	具体要求	正确示例	错误示例
主体	图片重点展示商品主体（占据图片70%以上的空间），不能有水印，禁止拼图或出现多宫格（童装允许有两张拼图，左侧模特图右侧商品实物图，但不允许三张以上的拼图）	 	 
Logo	商品Logo统一放在图片左上角，且整店保持统一		
文字	图片上不能出现除Logo以外的多余文字，禁止出现汉字		
边框	不可添加边框		
比例	图片像素为800px×800px及以上，横向和纵向比例建议在1：1～1：3		
数量	建议主图5张以上，至少有1张细节图和1张实拍图	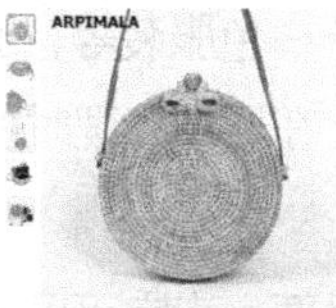	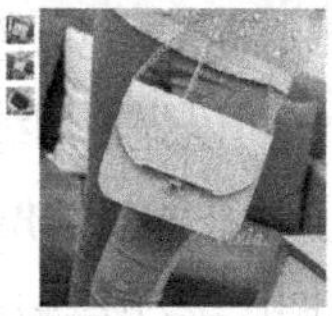

4.4.2 商品主图的拍摄

图片会说话，有时无须太多的文字，一张优质的图片往往就能吸引买家的注意，激发其购买的欲望。要想让主图最大限度地吸引买家的关注，在拍摄商品照片时需要讲究一些技巧。

1. 选择专业的拍摄设备

拍摄商品照片时，最好选择适合拍摄静物的相机，且相机最好有微距功能。为了避免相机发生晃动，在拍摄照片时可以使用三脚架来稳定相机，这样能更好地保证图片的清晰度。此外，还可以使用定时自动拍摄功能，以减少按快门或触摸相机所造成的相机晃动。让相机一直处于稳定的状态，才能拍摄出高清晰度的照片。

2. 有效使用自然光

使用自然光也能拍摄出高质量的商品照片，而使用人工打光反而讲究技巧，如果没有经验，操作起来就会比较困难。

卖家最好将拍摄地点选择在室内靠近窗户的地方，这样就可以利用自然光让商品呈现出最自然的照明效果。不要将拍摄地点选择在室外，因为室外容易导致照片出现曝光过度或阴影太强的情况。

选择靠近窗户的地方作为拍摄地点，不能让窗户处于相机的正前方或正后方的位置，应该让光源从侧面射向商品。通常来说，窗户的光源只能从一个方向射向商品。为了避免光线分布不均匀，可以在商品的另一侧放一个反光板，让光线发生反射，进而让光线均匀分布。

3. 使用白色背景

专业的商品照片通常选择使用白色背景，因为用白色做背景能让光线反射在商品上，从而让商品的光线更加饱和。

如果要拍摄的商品体积比较小，可以使用椅子和全开白卡纸自己搭建一个简易的小型拍摄台，如图 4-28 所示。如果要拍摄的商品体积比较大，可以制作一个布景架，或者用挂钩将布景固定在墙上，这样也方便长期拍摄，如图 4-29 所示。

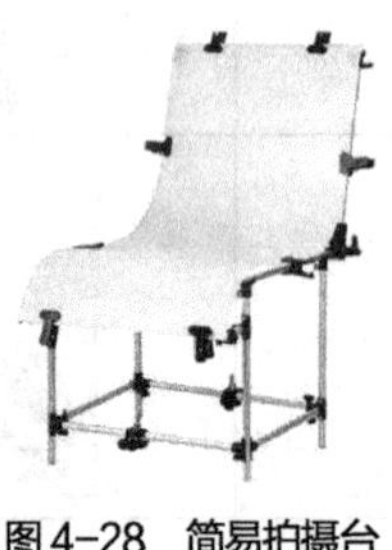

图 4-28　简易拍摄台

图 4-29　布景架

拍摄服装类商品时，拍摄之前要先将服装的褶皱整理好，然后将商品平铺在摄影台上进行拍摄；如果有模特，在模特穿戴好之后要再次检查并处理商品的褶皱，然后进行拍摄（此时可以将白卡纸贴在白墙上作为拍摄背景）。

如果商品是纯白色的，如婚纱、白色服装等，通过打光也不能完全避免出现阴影的情况，在拍摄照片时可以先使用纯蓝色的背景，在后期处理时使用图像编辑工具进行背景置换。

4. 优化商品图片

对照片进行编辑与优化也非常重要，卖家可以使用 Photoshop 之类的图像编辑工具对照片进行优化。但需要注意的是，不能过度编辑照片，卖家应该为买家提供最真实的商品图片，如果卖家对商品进行了过度的美化，买家收到货以后发现实物与商品图片不符，就容易引起纠纷。

4.5 商品详情页的设置与优化

商品详情页是全面展示商品的主要通道，是卖家和买家展开对话、影响并说服买家下单的地方。

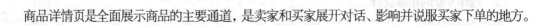

能否将访客变成自己的真实买家，提升商品转化率，关键就在于商品详情页中对商品的描述。

4.5.1 详情页的结构

在撰写商品详情页之前，卖家首先要了解买家的需求，要知道买家想从商品详情页中获得哪些信息。只有充分了解买家的关注点，卖家才能更好地“对症下药”，抓住买家的购买心理。通常来说，买家在详情页中关注的信息点主要有以下几个方面，如图4-30所示。

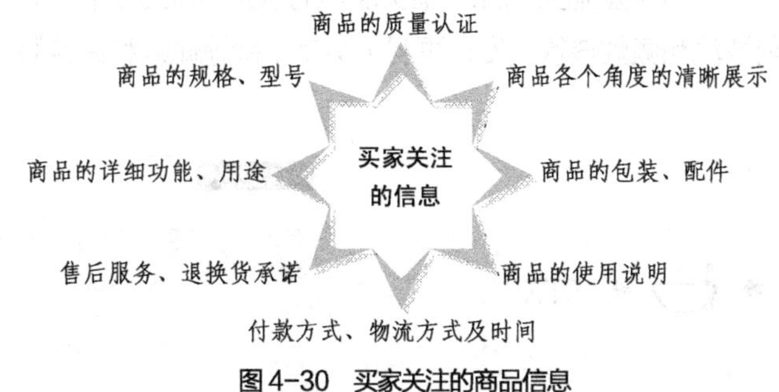

图4-30 买家关注的商品信息

一般来说，一个完整的商品详情页应该包括商品说明、实力展示、交易说明、促销说明、吸引购买等必要信息，如图4-31所示。

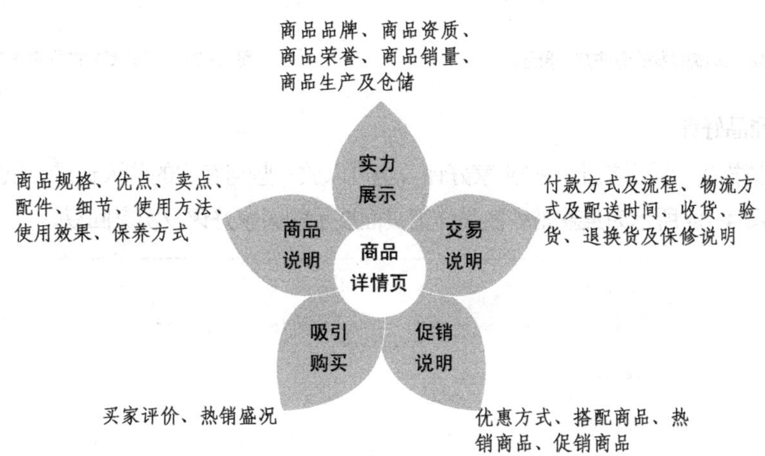

图4-31 商品详情页的主要构成部分

撰写一个优质的商品详情页面并不是随随便便将商品内容堆砌在一起就可以了，而是要讲究技巧的。

1. 设置精美的模板

为商品详情页设计一个精美的模板，不仅能为买家创造精美的视觉体验，也能显示出卖家的用心和专业。卖家既可以自己设计商品描述模板，更好地展现自己的风格，也可以从速卖通平台购买模板来使用。

2. 用图片展示商品详情

在无法看到商品实物的情况下，买家只能通过商品图片来了解商品的情况。因此，一张高质量的商品图片能向买家传递很多信息，如商品的规格、款式、颜色、材质、形状和大小等。商品图片质量的高低会对订单成交与否产生决定性的影响。

3. 详细说明商品使用方法、保养方法

对于一些使用起来比较复杂的商品来说，卖家最好在商品详情页中对商品的使用方法进行详细说明，以免买家频繁地向卖家咨询商品的使用方法，同时也避免出现因为买家不会使用或使用不当认为商品存在问题从而投诉卖家的情况发生。

图 4-32 和图 4-33 所示为某款假发商品详情页展示的假发清洗方法和佩戴方法，以图文并茂的方式向买家说明了如何清洗和佩戴该款假发，更利于买家正确地佩戴和保养假发，增强了买家对该卖家的信任度。

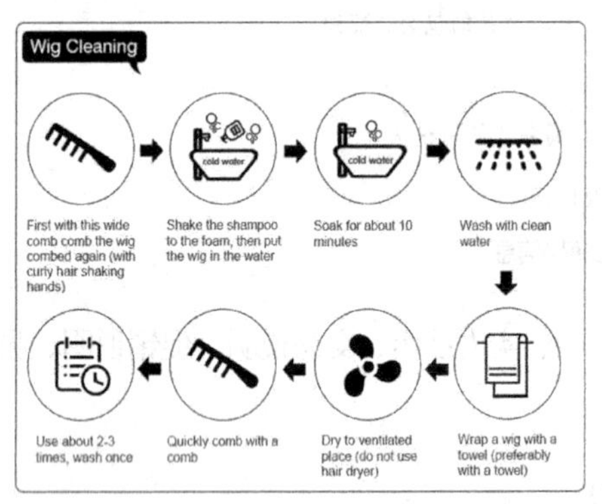

图 4-32 某款假发的清洗方法展示

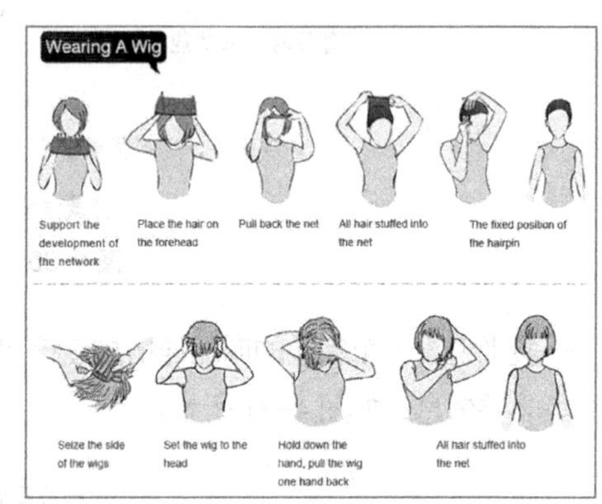

图 4-33 某款假发的佩戴方法展示

4. 展示商品好评

在商品详情描述中可以放上一些买家好评，也可以放一些与客户的聊天记录，以提升买家对商品的信任度。图 4-34 所示为某款婚纱商品详情页面展示的买家好评及卖家回复。

图 4-34 商品详情页买家好评展示

5. 商品实力展示

为了更好地展示商品的高品质，增加商品的说服力，卖家可以在商品详情页中展示商品所获得的荣誉、商品品牌影响、商品制作工艺等内容。图 4-35 所示为某款婚纱商品详情页展示的该款婚纱的制作过程，让买家清晰、直观地了解婚纱的制作方法，从而增强其对婚纱品质的认同感。

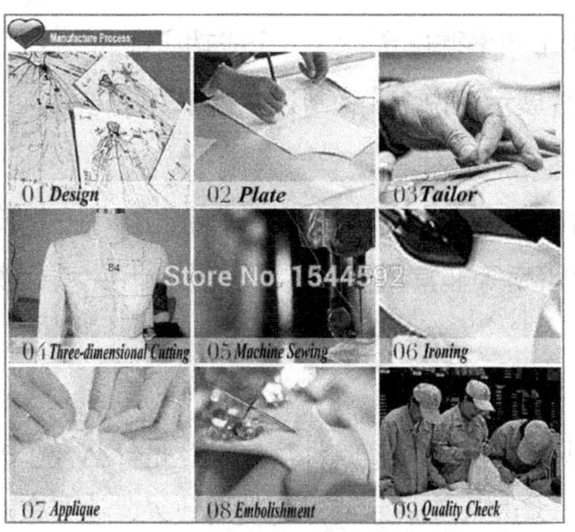

图 4-35 商品详情页的商品制作过程展示

6. 明确说明商品交易相关信息

商品交易相关信息是为了帮助买家解决一些已知或未知的问题，例如是否支持退换货、发什么快递、商品出现质量问题如何解决、发票问题等，如图 4-36 所示。做好这些工作能在很大程度上减轻客服人员的工作负担，增加买家静默下单的转化率。

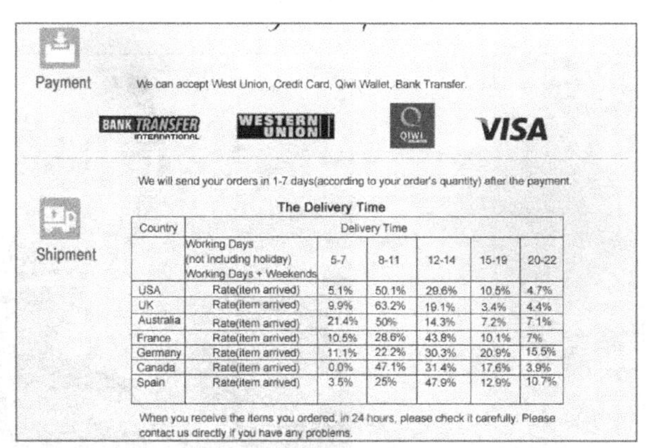

Payment

We can accept West Union, Credit Card, Qiwi Wallet, Bank Transfer.

BANK TRANSFER INTERNATIONAL　WESTERN UNION　QIWI　VISA

Shipment

We will send your orders in 1-7 days(according to your order's quantity) after the payment.

The Delivery Time

Country	Delivery Time					
	Working Days (not including holiday) Working Days + Weekends	5-7	8-11	12-14	15-19	20-22
USA	Rate(item arrived)	5.1%	50.1%	29.6%	10.5%	4.7%
UK	Rate(item arrived)	9.9%	63.2%	19.1%	3.4%	4.4%
Australia	Rate(item arrived)	21.4%	50%	14.3%	7.2%	7.1%
France	Rate(item arrived)	10.5%	28.6%	43.8%	10.1%	7%
Germany	Rate(item arrived)	11.1%	22.2%	30.3%	20.9%	15.5%
Canada	Rate(item arrived)	0.0%	47.1%	31.4%	17.6%	3.9%
Spain	Rate(item arrived)	3.5%	25%	47.9%	12.9%	10.7%

When you receive the items you ordered, in 24 hours, please check it carefully. Please contact us directly if you have any problems.

图 4-36 商品详情页的付款方式和物流方式说明

7. 合理设计商品推荐

商品详情页中的商品推荐分为同类商品推荐和搭配商品推荐两种。添加的同类商品推荐一定要突出同类商品中不同商品的优势，告诉买家怎样选择最适合自己的商品。此外，还可以在同类商品推荐中体现出购买咨询和导购信息。添加的搭配商品推荐要突出商品之间的搭配艺术，如商品之间的功能互补，不同搭配效果的视觉呈现等，让买家明白购买搭配推荐商品所能得到的不仅仅是价格上的优惠，更多的是附加价值。

在设计商品推荐时还要注意一点，即商品推荐模块的位置。很多卖家会将其放在商品描述的第一屏，买家容易产生反感，因为买家查看商品详情描述最想了解的是该商品的信息，而不是其他商品的信息。因此，卖家可以将商品推荐模块放在商品描述的中间或底部的位置。

4.5.2 详情页商品展示图片的设计

在网购中，买家主要是通过商品图片来了解并选择商品的，图片质量的好坏会直接影响买家的购买行为，进而对商品的销量产生影响。因此，一个成功店铺的卖家从来不会忽视商品图片的作用。

对于商品详情页中的图片展示来说，卖家可以从以下几个方面入手。

1. 展示商品全景图

商品全景图能让买家对商品产生全面的印象，对商品形成一个形象、真切的认识。展示商品全景的图片大小、颜色、分辨率等非常重要，要尽可能地让买家能够清晰地感受到商品的材料和质地等。

2. 模特场景展示

向买家展示商品全景图只能让买家知道这件商品究竟是什么样子的，要想进一步刺激买家的购买欲望，可以使用一些模特、场景图来展示商品的使用效果，让买家对商品的使用效果有切实的感受。例如服装类的商品，使用真人试穿的图片更能体现出其试穿效果，更能让买家放心地购买自己心仪的商品，如图 4-37 所示。

此外，还可以使用有场景的商品照片，这样的照片更具视觉冲击力，给买家以真实感，还能起到装饰店铺的作用，进一步吸引买家的眼球，增加买家对店铺的好感，如图 4-38 所示。除了模特展示图之外，卖家还可以展示一些已经购买过商品的买家的试穿效果图，这样更能增强说服力，如图 4-39 所示。

图 4-37　某款婚纱的模特展示图

图 4-38　某款婚纱的场景展示图

图 4-39　商品详情页的买家秀

3. 展示商品细节，透视卖点

买家不都是只看图片就能下定购买决心的，他们还会注重商品的细节，希望从各个方面、尽可能详尽地了解自己中意的商品。因此，卖家要尽可能多地展示商品的细节，让买家能够直观、清晰地看到商品各个部位的特点，增加其购买的信心。图 4-40 所示为某款女式单肩包的细节展示。

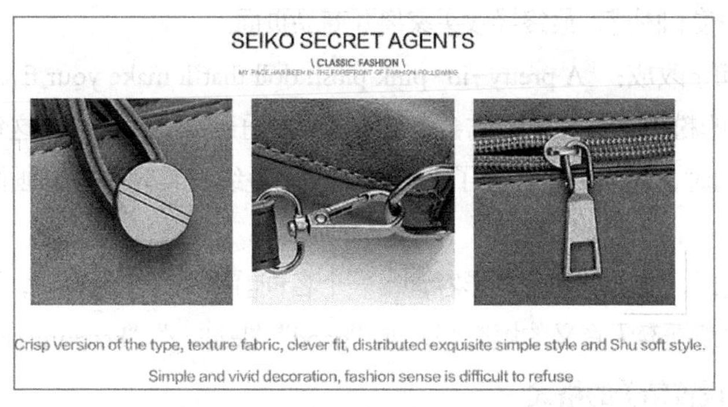

图 4-40　某款女式单肩包的细节展示

4.5.3　文字描述的撰写

一个精美的商品详情页是由图片和文案组成的，通过对图片和文案进行合理的排版，让它们对买家形成一种信息和视觉上的导向。在商品详情页中，除了图片能对买家造成视觉上的冲击外，文字描述能向买家传达更加完整的商品信息。因此，在商品详情页的设计过程中，卖家在重视商品图片设计的同时，也不能忽视文字描述的撰写，应该做到内容与视觉效果并重。

在撰写文字描述时，可以参考以下技巧。

1. 向买家展示商品能给他们带来的好处

在文字描述中介绍商品的各项功能是很多卖家常用的方法，但这并非是最佳的做法。买家在浏览商品详情页时，当然想知道商品的功能和规格，但他们更想知道的是商品的这些功能将会给他们的生活带来哪些好处和改变。例如，对于销售搅拌机的卖家来说，你需要向买家强调你卖的不只是一台高功率的搅拌机，而是一种更便捷、更健康的饮食方式；对于销售台灯的卖家来说，你要向买家强调你卖的不是在夜间能够提供照明的灯，而是在为刻苦学习的孩子带来维护视力健康的保障。

要想将沉闷无趣的商品功能描述变成生动、有价值的文案，卖家不能只是单纯地介绍商品的功能，更要突出商品给买家带来的好处。例如，如果卖家销售的是实木床，在描述商品时与其说"Maple wood frame"(床由枫木制成)，不如说"Maple wood frame so you wouldn't have to change your bed every three years"(床由枫木制成，这能让你省去每三年换一次床的麻烦)；与其简单地说"cushioned, waxed leather headboard with protective coat"(实木床有加了衬垫、上过蜡、带有保护层的皮革床头板)，不如说"generously cushioned, waxed leather headboard to rest your head in comfort without worrying about staining it"(加了衬垫、上过蜡的皮革床头板能让你的头部感到安稳、舒适，也不用担心会弄脏它)。

综上所述，一种更能刺激买家购买欲望的文字描述的写法就是：列出商品的每个功能，然后分别列出每个功能可以给买家带来的好处。

2. 合理地使用形容词和填充词

某个销售毛绒玩具的卖家在商品详情描述中这样介绍自己的一款毛绒玩具："This doll is an adorably, sweet, pink plush toy that'll make a great birthday present for your daughter or granddaughter."(这是一个可爱、甜美、粉色的毛绒玩具，是为你女儿或孙女准备的绝佳生日礼物)。虽然这句英文在语法上没有什么错误，但其中加了太多没有意义的形容词和填充词，让整个句子显得很啰唆。

在一个句子中添加太多没有实际意义的形容词和填充词，只会让赏心悦目的描述变得画蛇添足，让买家读起来感到啰唆和困惑，最终导致买家离开商品页面。

可以将上面的句子改成："A pretty-in-pink plush doll that'll make your five-year old squeal with delight."（一个漂亮的粉色毛绒娃娃，它会让你五岁的孩子高兴到尖叫）。这句话在准确地向买家传达了商品颜色的同时，还向买家描绘了一幅孩子收到毛绒玩具时兴奋的画面，刺激了买家的购买欲望。

在撰写文字描述时，要合理地使用形容词，一个名词前只用一个形容词，可以使用一些最能刺激感官的形容词，果断摒弃无意义的填充词，如"good""leading""best-in-class""nice"等。

3. 合理分段，设置精美的格式

在跨境电商交易中，商品文字描述都是用外文书写的，很多卖家在撰写过程中不注意分段，把大段大段的文字堆积在一起，要点中只列出了商品功能，没有展示商品的亮点，如图 4-41 所示。这种做法只会增加买家阅读的困难，降低买家的阅读体验，最终导致买家离开商品页面。

NOTE:For the color, there maybe some difference from the picture because of the light and screen.Pls allow 2-3cm error because of manual measurement. NOTE:Pls place order according the size information. If you can't choose the size or any other problems,pls contact us before payment,we will reply you as soon as possible.Thank you very much.

图 4-41 不注意分段的商品描述

商品文字描述的格式甚至比其本身的内容更加重要，因此卖家要注意合理分段，文本段落之间用空格隔开，为买家创造舒适的阅读体验，这样有利于延长买家在页面的停留时间，进而提升商品转化率，如图 4-42 所示。

PRODUCT DISCRIPTION

2018 Summer Long Dress Floral Print Boho Beach Dress Tunic Maxi Dress Women Evening Party Dress Sundress Vestidos de festa XXXL
Size: S M L XL XXL XXXL
Fabric: Cotton blend
Pattern: Floral print

About size:

1. Asian sizes are 1 to 2 sizes smaller than European and American people.
2. Please check the size chart carefully before you buy the item, if you don't know how to choose size, please contact our customer service.
3. Please allow 2-3cm differences due to manual measurement. **(1cm=0.39inch, 1 inch=2.54cm)**
4. Choose the larger size if your size between two sizes.

About color:

As youl know, the different computers display colors differently, the color of the actual item may vary slightly from the following images.

图 4-42 合理分段并设置精美格式的商品描述

1. 影响速卖通商品搜索排名的因素有哪些？
2. 挖掘商品标题关键词的方法有哪些？
3. 一个完整的商品详情页应该包括哪些部分？
4. 在速卖通平台搜索自己销售的某款商品，按 Best Match 排序，查看自己的 Listing 在搜索结果中的位置，对搜索结果排名第一的 Listing 进行分析，并对自己的 Listing 的标题、主图与商品详情介绍进行优化。

Item 5

第5章 站内营销：运用站内流量实现营销落地

【学习目标】

- 了解直通车商品的展示位置。
- 掌握新建直通车推广计划的流程。
- 掌握提高直通车转化率的方法。
- 掌握参加限时限量折扣、全店铺打折、店铺满立减、店铺优惠券、店铺互动活动的技巧。
- 掌握做好平台大促计划的技巧。

流量是店铺的生命线。没有高流量，店铺中的商品就很难有高销量。为了帮助卖家开展引流推广工作，速卖通提供了丰富的引流工具，如直通车、各类店铺自主营销工具及平台各类大促活动。速卖通卖家需要掌握站内各类营销工具的运用方法，最大限度地利用站内资源开展引流工作。

5.1 直通车推广

直通车是速卖通平台的会员通过自主设置多维度关键词免费展示商品信息，通过大量曝光商品来吸引潜在买家，并按照点击付费的推广方式。

5.1.1 直通车商品的展示位置

直通车的优势主要有关键词海量选择、多维度曝光商品、全面覆盖潜在买家三个方面。目前，直通车关键词推广广告位已经融入主搜区，速卖通搜索页面的展示形式为“4 列搜索结果”，并设置搜索页面（图库展示模式下）第一页的第 12、20、28、36、44 位为“中国好卖家”的直通车推广位，第二页起主搜第 8、16、24、32、40、48 位为一般卖家的直通车推广位，而底部设有 4 个直通车广告展示位。图 5–1 所示为直通车广告展示位置示意图。

搜索页底部智能推广区：在买家进行搜索或类目浏览时，每一页结果列表的下方区域同时展示最多 4 条直通车商品，如图 5–2 所示。

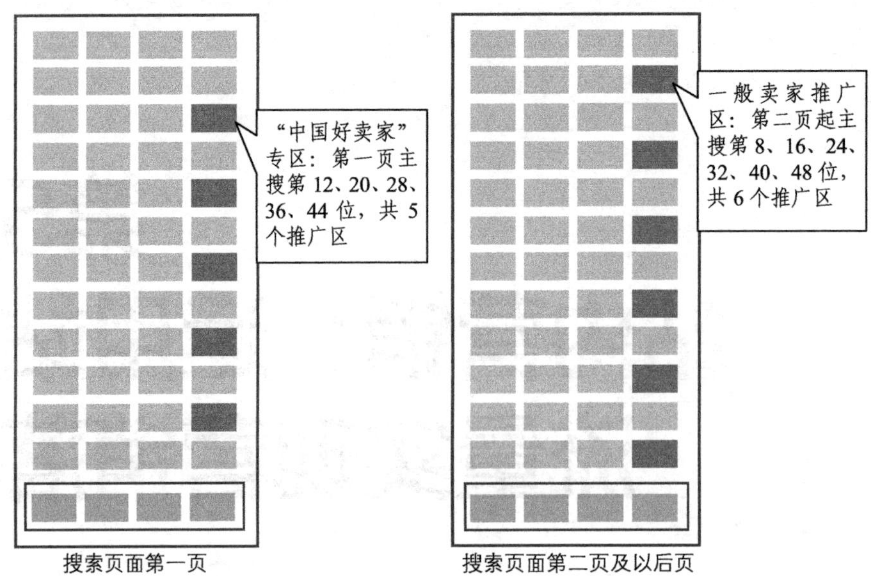

图5-1　直通车广告展示位置示意图

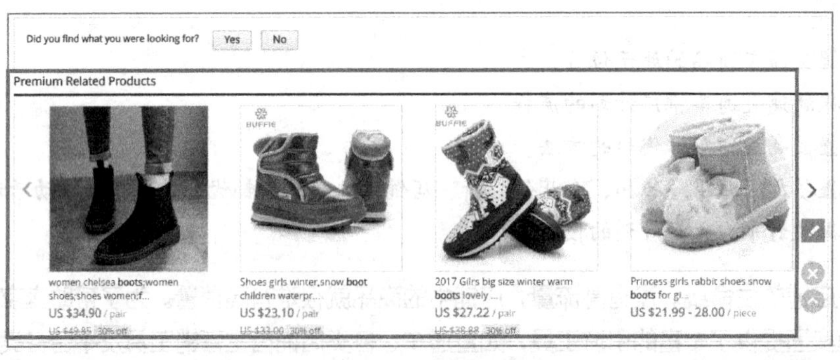

图5-2　直通车展示位——底部推广区

商品详情页下方推荐位置：在商品的详情页最下方可以同时展示5个直通车商品，如图5-3所示。

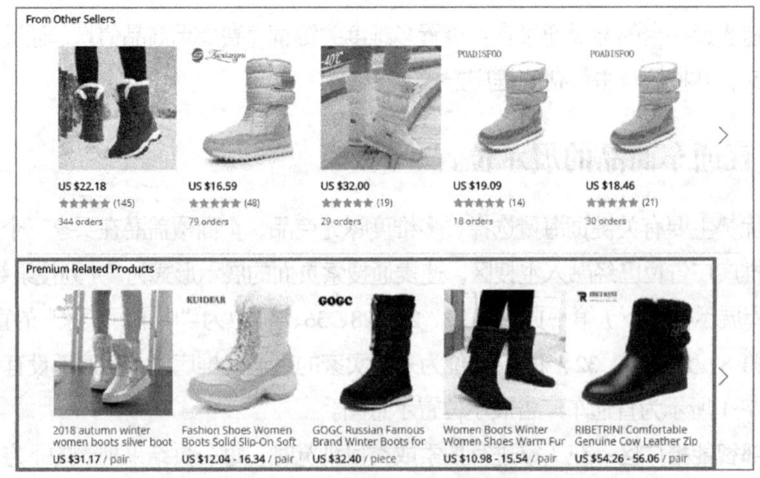

图5-3　直通车展示位——商品详情页下方

使用直通车推广商品时，卖家账户需要同时满足以下条件才能正常地将推广商品展现在买家面前。

- 账户状态正常，且当前账户的余额（现金+红包）大于0。
- 账户当日的实际花费在每日推广预算额之内。
- 推广商品本身及商品所属推广计划为“已激活”状态。
- 推广商品和关键词的推广评分满足要求，即推广评分至少达到“良”或“优”。

5.1.2 新建推广计划

直通车推广计划分为重点推广计划和快捷推广计划两种，两者的特点及适用的商品如表5-1所示。

表5-1 重点推广计划和快捷推广计划的对比

推广计划	特点	优势	适合的商品
重点推广计划	卖家最多可以创建10个重点计划，每个重点计划最多包含100个单元，每个单元可以选择1个商品	独有创意推广等功能，可以帮助卖家更好地打造爆款	适用于重点商品的推广管理，建议优先选择市场热销或自身有销量、价格有优势的商品进行推广（可参考商品分析中的成交转化率、购物车、搜索点击率等数据）
快捷推广计划	卖家最多可以创建30个快捷推广计划，每个计划最多容纳100个商品、20 000个关键词	批量选词、出价等功能，可以帮助卖家更加快速地创建自己的计划，捕捉更多流量	适用于普通商品的批量推广

下面以新建重点推广计划为例，介绍如何创建推广计划，具体操作方法如下。

进入“速卖通直通车”页面，单击左侧栏中的“我要推广”按钮，如图5-4所示。

图5-4 单击“我要推广”按钮

在弹出的对话框中选择“重点推广计划”，输入推广计划的名称，设置每日消耗上限，然后单击“开始新建”按钮，如图5-5所示。

在“选择商品”对话框中，系统会按照卖家的商品组列出所有可以推广的商品。选择想要推广的产品（重点推广计划的每个单元只允许添加一个商品），然后单击“下一步”按钮，如图5-6所示。

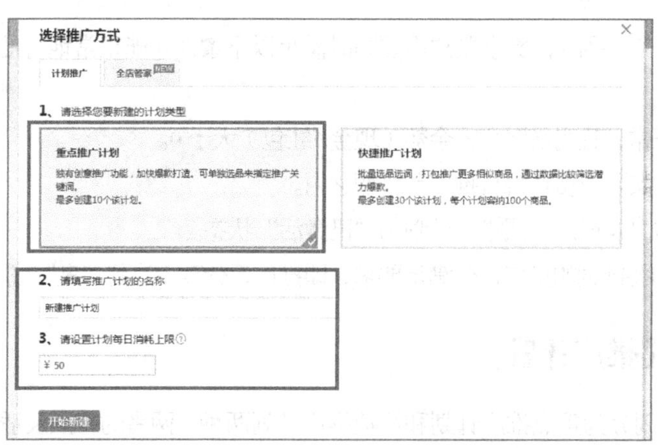

图 5-5　选择“重点推广计划”并设置相关信息

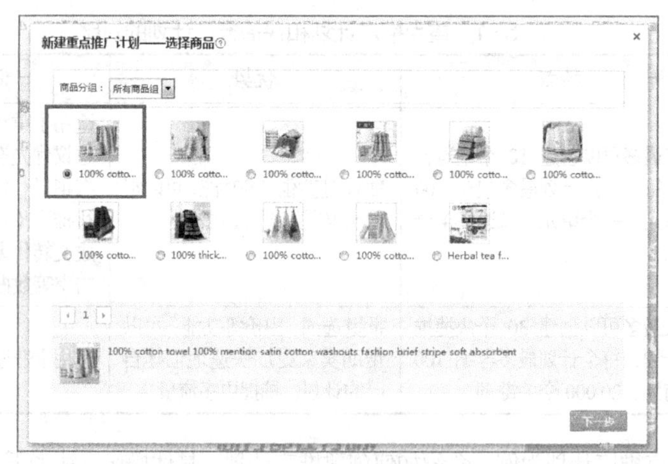

图 5-6　选择推广商品

系统会自动为卖家推荐一批适合推广的关键词，卖家可以将推广评分、搜索热度、竞争度三个指标作为挑选关键词的依据。单击“添加”按钮，即可成功添加关键词，然后设置价格，单击“下一步”按钮，如图 5-7 所示。

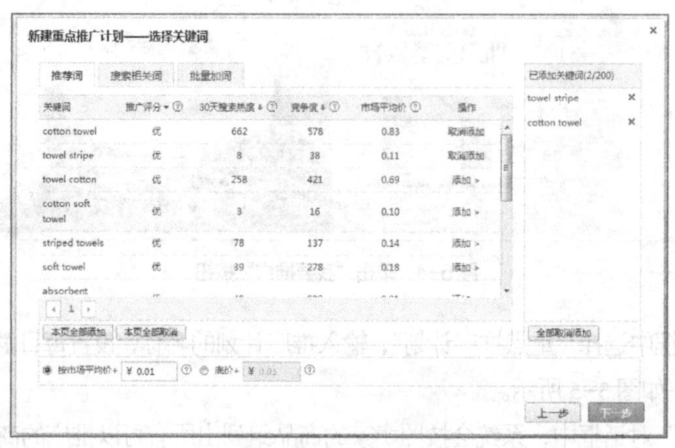

图 5-7　选择并添加关键词

此时，重点推广计划创建完成，如图 5-8 所示。建议卖家至少每周两次关注推广计划的各项数据表现，并及时调整自己的关键词和出价。

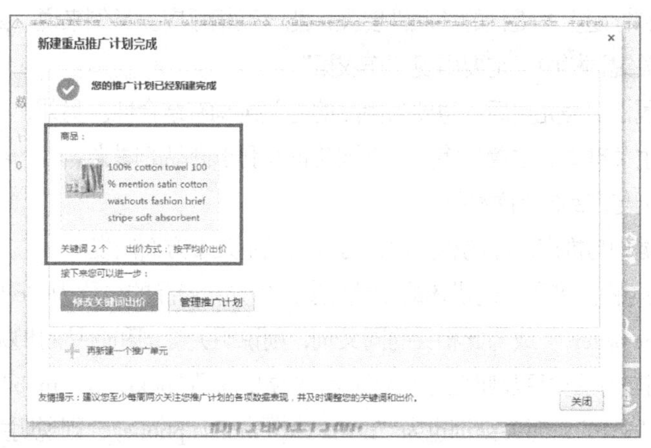

图 5-8 重点推广计划创建完成

5.1.3 如何提高直通车转化率

在直通车推广过程中，不少卖家会陷入收效甚微的困境：开通了直通车，但商品还是没有曝光量；有了曝光量，但商品的点击率很低；曝光量和点击率都有了，却没有转化率。如果出现这些现象，可能是因为卖家没有掌握直通车优化推广的技巧。要想做好直通车推广，就必须了解影响直通车转化率的因素，然后根据这些因素有针对性地进行重点优化。

1. 做好直通车选品

有优势的商品更容易获得买家的青睐，因此可以从以下几个方面考虑直通车选品。

- **销量（收藏量）大的商品：**有一定的销量（收藏量）积累，更容易获得买家的信任。
- **转换率高的商品：**店铺转换率高的商品更容易吸引买家的关注。
- **有充足货源的商品：**有充足的货源保证，以免因高销量造成缺货。
- **利润、价格相对有优势的商品：**因为价格和利润过低的商品，即使有不错的销量，也可能无法赚回直通车推广耗费的费用，因此要选择利润、价格相对有优势的商品。

2. 关键词的设置

关键词应该选择曝光度高、点击率高、匹配度高的词语，且关键词的选择需要分步进行。

（1）关键词全量覆盖

在第一阶段，可以广加词、多加词、勤更新。优词和良词都有利于商品获得更多的曝光机会，所以可以将系统能匹配上的、与自己商品相关的优词、良词都添加上。卖家可以通过直通车关键词工具（重点推荐）、直通车系统推荐词、数据纵横的搜索词分析、速卖通导航页面、速卖通搜索框引导、参考同行标题等渠道获得直通车关键词。

（2）关键词筛选，精准加词

在第二阶段，要进行精准加词，利用推荐重点选词加词工具、直通车中的关键词工具及数据纵横中的搜索词分析进行关键词效果分析。

在设置的众多关键词中，一定要注意观察，看一段时间之后哪些关键词与商品关系不大或点击量过少，可以删掉一部分，同时可以减少虽然点击量不少，但与商品关系不大的关键词。经过反复筛选，最终得出的关键词一定是最准确、最能吸引潜在买家，也最能反映商品特征的词语。

商品关键词栏和标题主关键词的关联性要强，能够互相呼应。举例来说，如果商品主关键词是“连衣裙”，在商品关键词栏中一定要出现“连衣裙”。

同样，自定义属性填写完整后，也要与商品的主关键词有结合性。另外，在按商品关键词设置好标题后，要注意主关键词的位置，将主关键词前置有利于商品的曝光。

（3）提升关键词与商品的相关性

要提升所选关键词与推广商品的相关性，可以从以下几个方面出发。

① 提升关键词与商品名称中的描述的相关程度。例如，商品的名称为“cell phone battery”，关键词也为“cell phone battery”或与此相关的同义词，则说明关键词和商品的相关度较好。

② 提升关键词与商品类目及属性的匹配程度。例如，商品“nokia 5310 mobile phone”在属性“型号”中的属性值为“5310”，而关键词也为“nokia 5310 mobile phone”，则说明关键词和商品的相关度较好。

3. 标题设置

准确、优质的标题能够提高关键词的推广评分，提升商品的点击率，所以在设置商品标题时要掌握以下技巧。

（1）符合语法规范

标题要符合英文语法规范，语法不要太复杂，以降低系统理解的难度。描述性的词要放在核心词前面，表示功能性特征的词要放在“with”的后面。

（2）标题和商品属性要连接紧密

卖家可以在后台的商品属性中看到自己商品属性的填写完整度，应尽量将商品属性填写完整。注意商品属性、自定义属性、标题、更多关键词要结合主关键词进行设置。

（3）标题长短适当

由于直通车展示位无法完整地展示整个标题，因此标题不能太长，也不能太短，表示重要属性、买家关注点和卖点的关键词尽量放在前面。

（4）谨慎使用“Free shipping”

如果店铺设置了全球免邮，可以在标题中出现“Free shipping”字样。但是，如果店铺只是对某些国家或地区免邮，最好不要在标题中出现“Free shipping”，以免被判定为“运费作弊”，导致在直通车推广时无法匹配。

4. 保证商品图片的质量

商品图片要清晰、美观，让买家一眼就能看清商品，这样才能激发买家的购买欲望。在直通车中，商品图片的设计要注意以下几点。

（1）商品图片要规整、简洁

最好一张图只放一张商品照片，力求让买家在看到图片的第一瞬间就被吸引并产生好感。放置太多的商品照片会让图片看起来很混乱，从而分散买家的注意力，让其找不到重点。

（2）完整、清晰地展示商品

要让商品图片充满整个展示区域，这样才能让买家在浏览时看清图片中商品的大致款式和效果。如果图片太小，商品就会模糊不清，买家无法看清商品的细节，就会失去兴趣，增加跳失率，从而增加直通车的推广费用。

（3）不要在图片中添加商品细节

直通车的图片展示区域相当有限，这个位置的图片要能够展现商品的整体形象，而不是要展现商品的细节。如果将商品的细节图片一起放进直通车的推广位，会让展示效果显得非常杂乱，没有美感。

（4）图片背景要简单，不能喧宾夺主

图片背景是为了衬托主图，所以背景颜色要与商品颜色有所差别，背景要简单一些，以免喧宾夺主，影响商品的展示效果。

（5）水印不能加得太明显

为了美观或避免被盗图，卖家可以在商品图片上添加水印，但水印不能加得太明显，以免使直通车展示位上的图片显得杂乱或模糊不清，影响图片的美感。

5.2 店铺自主营销活动

促销活动也是电商卖家经常使用的营销方式，有效的促销不仅能提高商品的曝光率，还能提高商品的订单量。速卖通平台为卖家提供了免费的营销活动资源，包括限时限量折扣、全店铺打折、店铺满立减、店铺优惠券等，有效地利用这些资源能够帮助店铺提升销量。

5.2.1 限时限量折扣

限时限量折扣活动是由卖家自主选择活动商品和活动时间，设置促销折扣及库存量的店铺营销工具。卖家可以通过设置不同的折扣力度来推新品、造爆品、清库存，它是活跃店铺气氛、增强店铺人气、调动买家购买欲望的利器。

通过选择“我的速卖通”|“营销活动”|“店铺活动”，即可进入“店铺活动”页面。单击“限时限量折扣”选项卡下方的“创建活动”按钮，如图 5-9 所示。

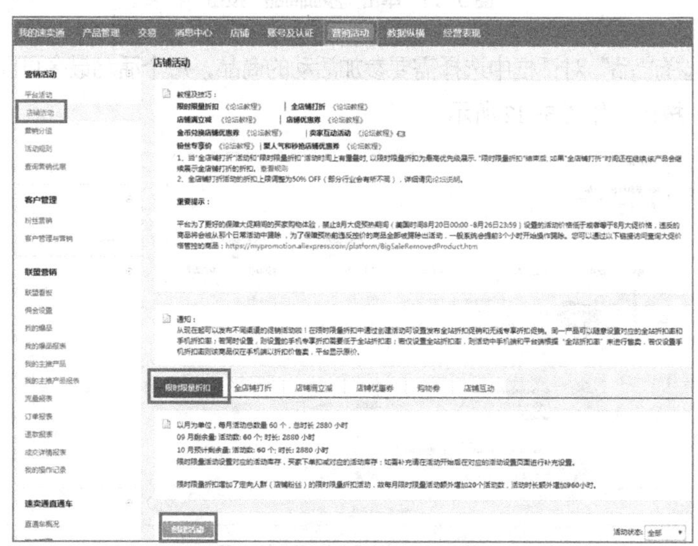

图 5-9 创建活动

进入创建店铺活动页面，填写活动的名称，设置活动开始和结束的时间，然后单击“确定”按钮，如图 5-10 所示。

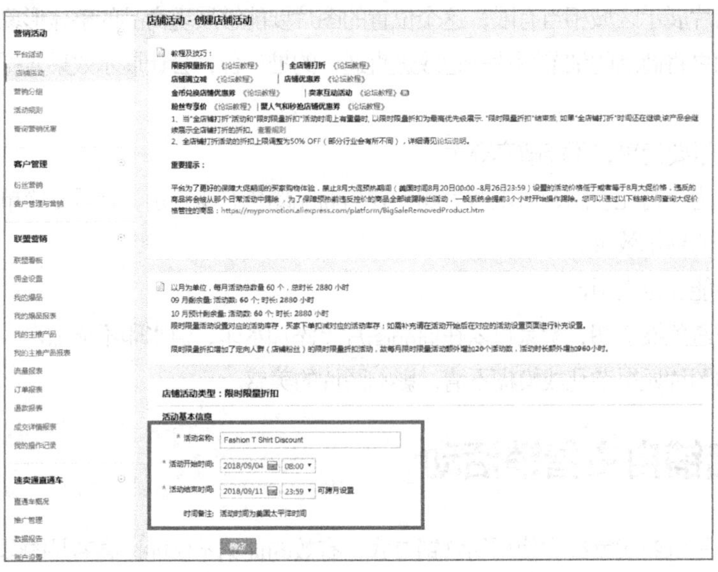

图 5-10　设置活动信息

基本信息设置完成后，在打开的页面中单击“添加商品”按钮，如图 5-11 所示。

图 5-11　单击“添加商品”按钮

在弹出的“选择产品”对话框中选择需要参加活动的商品，每个活动最多可以选择 40 个商品，然后单击“确定”按钮，如图 5-12 所示。

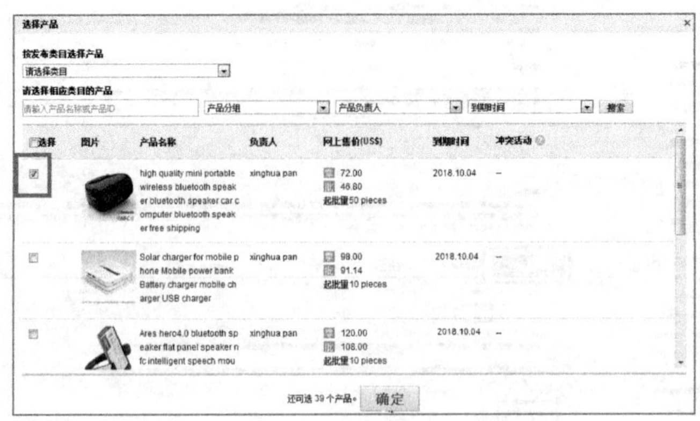

图 5-12　选择参加活动的商品

设置商品折扣率和库存数量，可以单独设置，也可以批量设置，然后单击“确定”按钮，如图 5-13 所示。

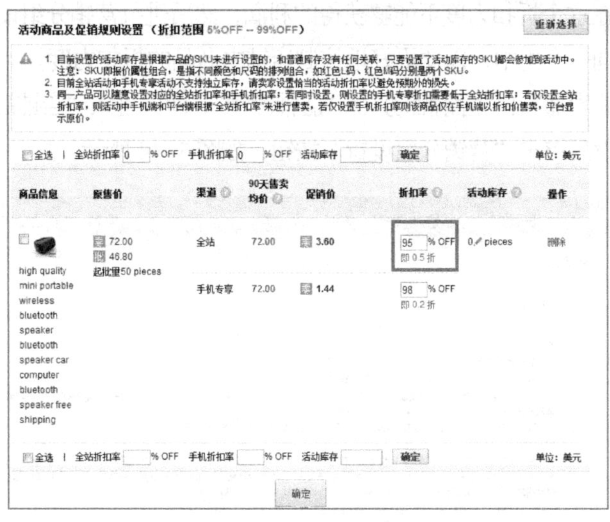

图 5-13　完成活动设置

完成以上设置后，活动将处于“未开始”状态，此时可以进行修改活动时间，增加和减少活动商品等操作。

在使用限时限量折扣工具时，卖家需要注意以下事项。

（1）活动时长

限时限量折扣是以“月”为单位的，每月的活动总数量为 60 个，总时长为 2 880 小时。对于限时限量活动，每次设置的最佳时间是 3～5 天，不要一次性设置一个月，否则很容易让买家觉得卖家做的是虚假折扣。

（2）活动开始时间

活动开始时间为美国太平洋时间（美国太平洋时间比北京时间慢 15 个小时）。设置完打折后，由于系统审核及服务器同步问题，买家最晚会在 12 小时之后看到打折后的商品。因此，如果卖家有重大活动，应该至少提前 12 小时完成工具设置，以免影响商品的正常销售。

（3）活动状态

活动开始前 6 小时将进入审核状态，活动状态将变成“等待展示”，活动开始后将处于“展示中”状态。“等待展示”和“展示中”的活动商品处于半锁定状态，活动不可以停止，从该阶段至活动结束都不可编辑商品价格和运费（即只能编辑商品属性、商品标题、商品关键词、商品图片、尺码表、库存扣减方式、商品详细描述、商品有效期等信息），商品可以下架，但不能删除。

（4）商品编辑

限时限量折扣活动一旦建立，商品即被锁定，无法编辑，只能下架。卖家也可以选择退出该活动，退出活动后可以编辑。因此，卖家在创建活动前，应该编辑好活动商品的信息。

5.2.2　全店铺打折

全店铺打折可以让卖家根据不同类目商品的利润率对全店商品批量设置不同的折扣，帮助店铺在短时间内快速提升流量和销量。

在使用全店铺打折工具时，卖家要先对每个商品的利润进行核算，清楚地掌握每个商品能够承受的最高折扣，以及在这个折扣力度下能够获得的利润，然后进行营销分组设置，可以将能承受相同折扣率的商品放在同一个组中，以便更好地控制店铺内商品的折扣力度。

通过选择“我的速卖通”|“营销活动”|“店铺活动”，即可进入“店铺活动”页面。选择“全店铺打折”选项卡，然后单击“营销分组设置”按钮，如图 5-14 所示。

图 5-14　全店铺打折页面

进入营销分组设置页面，设置营销分组，将折扣力度相同的商品放在同一个组里，如图 5-15 所示。单击“新建分组”按钮，可以创建新的营销分组。

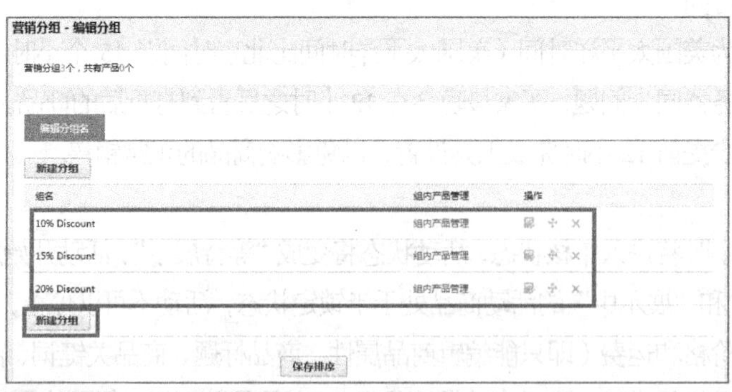

图 5-15　营销分组设置页面

在文本框中输入营销分组的名称，然后单击“保存”按钮，即可创建新的营销分组，如图 5-16 所示。

设置好营销分组后，即可创建全店铺打折活动。返回“全店铺打折”页面，单击“创建活动”按钮，进入活动信息设置页面，添加活动名称，设置活动开始和结束的时间，并设置活动商品及促销规则等，设置完成后单击“提交”按钮，如图 5-17 所示。

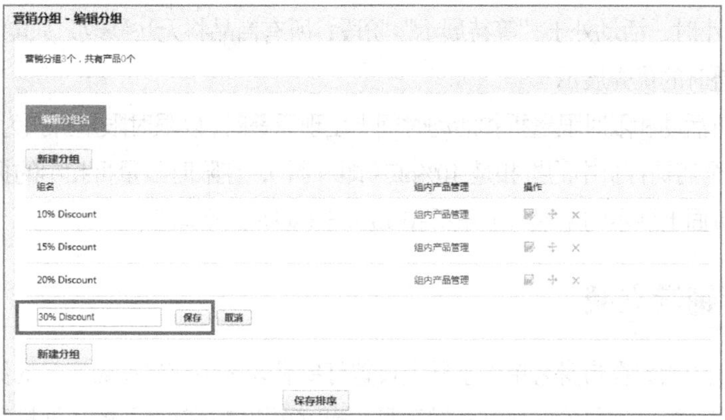

图5-16　设置营销分组名称

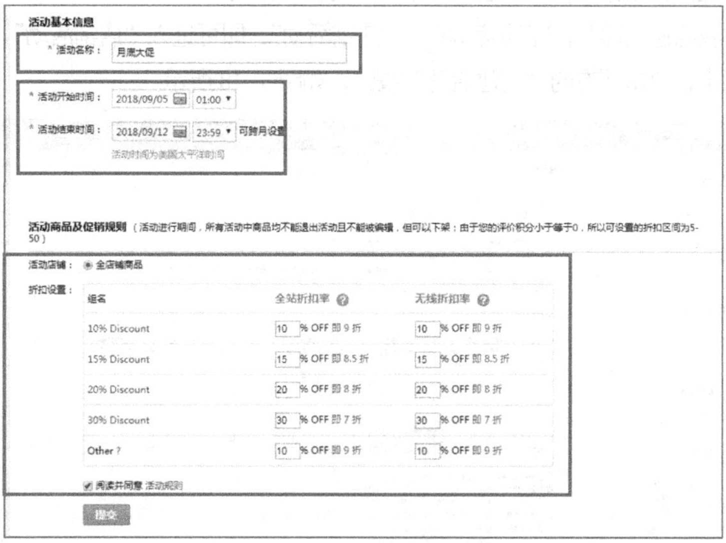

图5-17　设置活动信息

在使用全店铺打折工具时，卖家需要注意以下事项。

（1）选择合适的时机

使用全店铺打折工具要选择合适的时机，这样才能收到最佳效果。例如，在平台大促期间使用全店铺打折，借平台大量引流的力量提升自己店铺的竞争力；新品上市、换季时节使用全店铺打折，既可以提升新品销量，也可以对过季商品进行清仓。

（2）设置合理的折扣力度

全店铺打折可以分为爆款、引流款和利润款三种类型。可以设置1～2款商品为爆款商品，折扣力度在50%～60%；可以设置5款左右引流款，折扣力度在40%～50%；可以为利润款多设置几个折扣区间，如6折、7折或8折。

（3）设置合理的活动时长

全店铺打折活动持续时间不宜过长，一般7天之内结束较为合适。此外，卖家需要提前48小时创建活动，活动开始和结束时间必须在同一个月内，但可以提前创建下一个月的活动。

（4）商品编辑状态

当活动处于“等待展示”和“展示中”状态时，活动商品不能被编辑，折扣信息也不能被修改。

活动开始前的 24 小时，活动处于“等待展示”阶段，所有商品将无法修改，只能下架。

（5）活动重叠时的优先展示

当全店铺打折活动和限时限量折扣活动时间上出现重叠时，以限时限量折扣为最高优先级展示。例如，商品 A 在全店铺打折中的折扣是 10%off（即 9 折），在限时限量折扣中的折扣是 15%off（即 8.5 折），则买家页面上展示的是限时限量折扣 15%off（即 8.5 折）。

5.2.3 店铺满立减

店铺满立减是由卖家在自身客单价基础上设置订单满××系统自动减××的促销规则，是一款可以刺激买家多买、提升客单价的店铺营销工具。卖家可以在每款商品的下面搭配一些关联商品，这样当买家想凑足满减金额时，可以起到一个推荐的便利作用。

通过选择“我的速卖通”|“营销活动”|“店铺活动”，即可进入“店铺活动”页面。选择“店铺满立减”选项卡，单击下方的“创建活动”按钮，如图 5-18 所示。

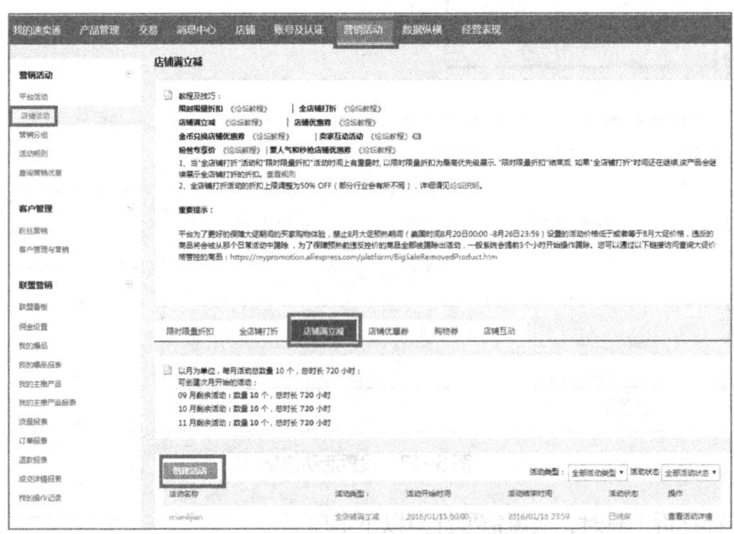

图 5-18 创建“店铺满立减”活动

设置满立减活动的基本信息，其中包括活动名称、活动时间、活动类型、活动内容及促销条件等，如图 5-19 所示。

在使用店铺满立减工具时，卖家需要注意以下事项。

（1）店铺满立减的类型

店铺满立减分为“全店铺满立减”和“商品满立减”两种类型，两者的区别在于参加满立减的商品数量，前者是全店铺的商品都参加活动，后者是部分商品参加活动。

在设置满立减活动信息时，选择“全店铺满立减”，系统默认选择全店商品参加活动；选择“商品满立减”，卖家可以选择参加活动的商品，每次最多可以选择 200 个商品。

（2）活动时间的设置

不能跨月设置满立减活动，其开始时间和结束时间只能在同一个月内。由于系统同步的原因，活动设置后 24 小时生效。满立减活动最好整个月都有，所以卖家最好在月底时就规划好下个月的满立减活动。

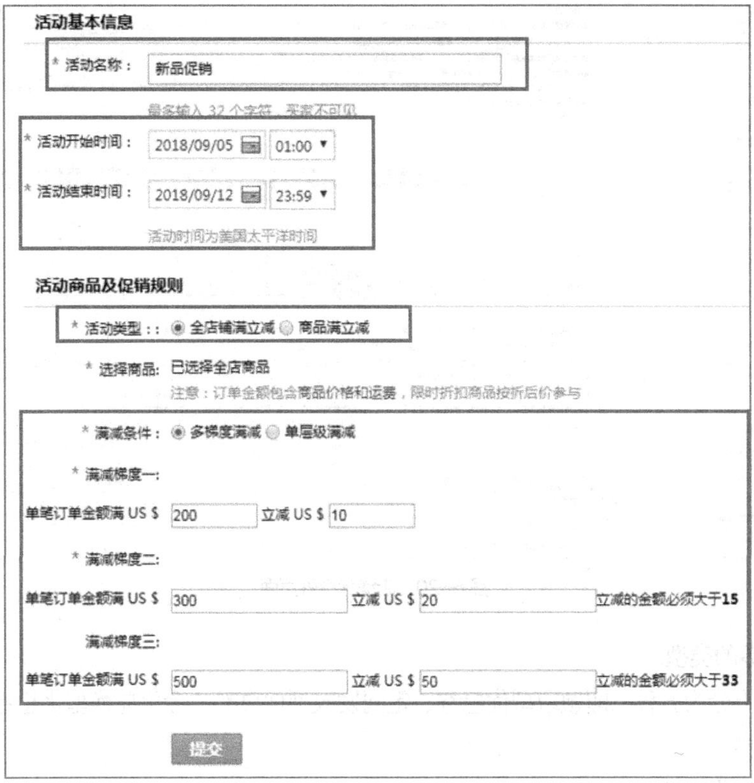

图 5-19 设置活动基本信息

（3）满立减梯度设置

卖家可以设置多梯度满立减。多梯度满立减指的是不同优惠比例的阶段性满立减活动，即设置时需要满足以下两个要求。

① 后一梯度的订单金额必须大于前一梯度的订单金额。

② 后一梯度的优惠力度必须大于前一梯度的优惠力度。

例如，满立减梯度一设置的为满 100 美元立减 10 美元（即 9 折），则满立减梯度二设置的单笔订单金额必须大于 100 美元，假设设置为 200 美元时，则设置对应的满立减金额必须≥21 美元（即最大为 8.95 折）。

5.2.4 店铺优惠券

店铺优惠券是由卖家自主设置优惠金额和使用条件，买家领取后在有效期内使用的优惠券。使用店铺优惠券可以刺激新买家下单和老买家回购，从而提高店铺的购买率及客单价。同一时间段可以设置多个店铺优惠券活动，以满足不同购买力买家的需求。

通过选择“我的速卖通”|“营销活动”|“店铺活动”，即可进入“店铺活动”页面。选择“店铺优惠券”选项卡，进入设置店铺优惠券页面，如图 5-20 所示。

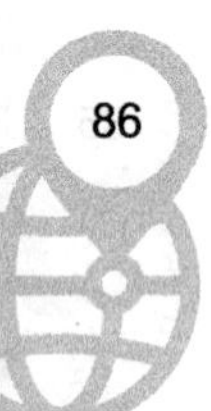

图 5-20　店铺优惠券页面

1. 优惠券的类型

店铺优惠券分为五种，即领取型优惠券、定向发放型优惠券、金币兑换型优惠券、秒抢优惠券和聚人气优惠券。

（1）领取型优惠券

领取型优惠券是公开面向所有买家的，主要用于进行变相降价促销，提升商品转化率和客单价。领取型优惠券展示在店铺首页、商品详情页的购物车下方，以及买家在购物车中进行结算的页面中。

在“店铺优惠券”页面中选择“领取型优惠券活动”选项卡，然后单击“添加优惠券”按钮，即可进入领取型优惠券活动设置页面，如图 5-21 所示。一般来说，优惠券活动最佳的活动周期为 7～10 天。

图 5-21　领取型优惠券活动设置

（2）定向发放型优惠券

定向发放型优惠券是通过特定的渠道向个别买家发放的，即它是非公开的，并非所有买家都可以领取。这种优惠券主要用于刺激新买家转化为老买家，以及唤醒老买家再次购物。凡是在店铺中加过购物车、产生过交易、将店铺内的商品添加过 Wish List 的买家，都可以作为定向发放型优惠券的目标。

在“店铺优惠券”页面中选择“定向发放型优惠券活动”选项卡，然后单击“添加优惠券”按钮，即可进入定向发放型优惠券活动设置页面，如图 5-22 所示。

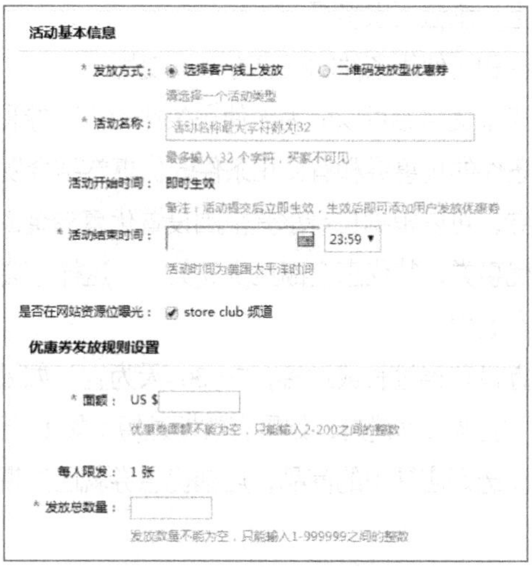

图 5-22　定向发放型优惠券活动设置

定向发放型优惠券主要有两种发放方式：一是选择买家线上发放，也就是对曾经浏览过店铺、收藏过店铺商品、加过购物车、在店铺下过订单的买家发放优惠券；二是二维码发放型优惠券，即通过线上或线下渠道传播的二维码向特定的买家发放优惠券，买家用客户端扫描二维码即可领取，这种优惠券发放方式更加灵活，可用于某种特定的线上线下推广活动。

（3）金币兑换型优惠券

这种优惠券的流量入口来自于手机端的金币频道，主要用于引流。如果卖家的商品在价格上具有足够的优势，借助这个流量渠道可以打造一个高性价比的小爆款。

（4）秒抢优惠券

秒抢优惠券就是通过无使用门槛的大额店铺优惠券来吸引买家到店，它可以帮助卖家维持店铺的买家活跃度。秒抢优惠券只能是不限使用条件的优惠券，且卖家必须报名参加了相关的平台活动才会在活动中展示这种优惠券，单独设置不会获得任何流量曝光。

秒抢优惠券的每个活动只有 10 分钟，优惠券面额必须为 5～200 美元，发放数量至少 50 张。

（5）聚人气优惠券

聚人气优惠券就是让买家互相传播，即只有让其他买家帮助其领取，买家才能获得此店铺的优惠券，以此让店铺获得新的流量。

聚人气优惠券的面额为 2～200 美元，发放数量至少 100 张，只能是不限使用条件的优惠券。卖家必须报名参加了某些平台活动，设置了这种优惠券后，活动中系统才会将优惠券展示给买家，单独设置此优惠券是无法获得任何曝光的。

2. 店铺优惠券工具使用注意事项

卖家在使用店铺优惠券工具时，需要注意以下事项。

（1）选择合适的发放时机

使用店铺优惠券要懂得选择合适的时机，这样才能更好地实现提高店铺销量的目的。店铺优惠券可以作为店铺常规活动长期存在，刺激买家多买，提高客单价。店铺优惠券必须配合使用“关联商品”工具，以方便买家快速找到关联商品。在做限时限量折扣或全店铺打折活动时，利用店铺优惠券吸引买家购买，通过折上折刺激买家多买。

（2）有使用条件的优惠券和无使用条件的优惠券搭配使用

按照使用条件来区分，店铺优惠券可以分为无使用条件的优惠券和有使用条件的优惠券。据速卖通平台数据显示，无使用条件的优惠券和有使用条件的优惠券结合发放，效果更佳。

对于无使用条件的优惠券，可以根据自身承受范围设置优惠券金额，金额越大，越容易刺激买家下单；对于有使用条件的优惠券，其优惠金额至少 5 美元，这样才会对买家产生吸引力。

（3）设置合理的优惠券有效期

店铺优惠券的有效期不宜设置得过长或过短，7～30 天为宜。如果有效期过长，店铺优惠券很难刺激买家尽快使用，极有可能被买家遗忘；如果有效期过短（如 1 天），除非是故意刺激买家当天消费，否则买家极有可能还没选好店铺中的商品，店铺优惠券就已过期，这样无法实现利用店铺优惠券活动提升订单量的目的。

5.2.5 店铺互动活动

店铺互动活动是速卖通新推出的店铺自主营销工具，卖家可以通过设置互动游戏来吸引买家持续地到店铺中进行互动，获取店铺的奖励，这些奖励可以让买家用于在店铺内购物消费。这样既能让买家获益，又能刺激买家持续地回访店铺，实现店铺后续的转化和成交，达到买卖双方互利双赢。

在店铺互动活动中，卖家可以设置“翻牌子”“打泡泡”和“收藏有礼”三种互动活动，其中活动时间、买家互动次数和奖品都是由卖家自行设置的，设置后装修到对应的店铺装修页面或粉丝趴帖子中即可快速吸引流量到店。下面对前两种互动方式进行简单介绍。

翻牌子：一种九宫格互动活动（见图 5-23），有 8 张牌对应 8 个不同的奖励，买家可以通过点击不同的牌获取不同的奖品，其中的奖励由卖家自行设置（可以有空奖），一个买家一次只能点击一张牌。一个买家一天可以玩的次数由卖家自行设置。

打泡泡：一种买家射箭击破泡泡的互动活动（见图 5-24），每个游戏有 18 个泡泡，其中的奖励由卖家自行设置（可以有空奖），买家一局游戏只能互动一次。一个买家一天可以玩的次数由卖家自行设置。

通过选择“我的速卖通”|“营销活动”|“店铺活动”，即可进入“店铺活动”页面。选择“店铺互动”选项卡，单击下方的“创建活动”按钮，如图 5-25 所示。

进入创建活动页面，设置活动条件，包括活动名称、活动开始时间和结束时间、互动次数、互动类型、互动背景图及奖励设置等，如图 5-26 所示。以上信息设置完成后，单击“创建活动”按钮。

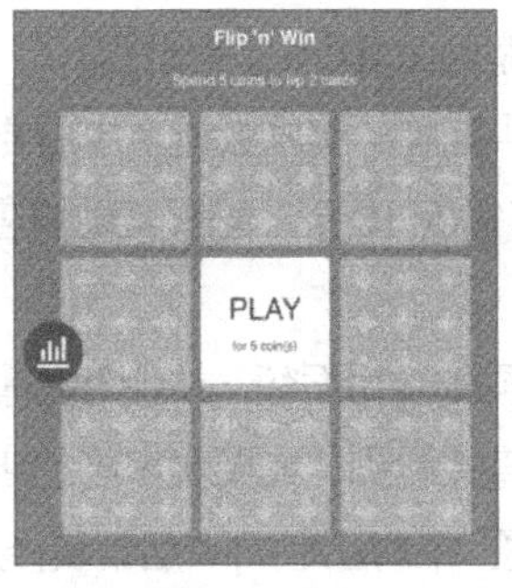

图 5-23　翻牌子

图 5-24　打泡泡

图 5-25　创建店铺互动页面

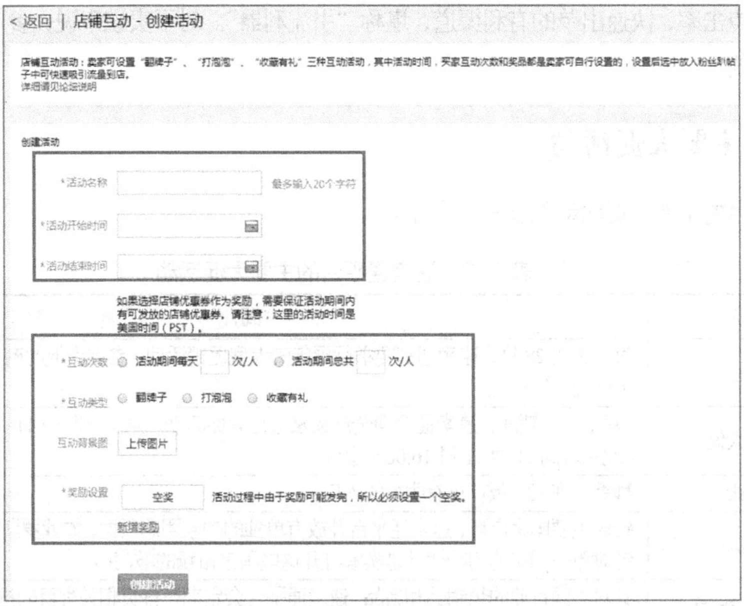

< 返回 | 店铺互动 - 创建活动

店铺互动活动：卖家可设置"翻牌子"、"打泡泡"、"收藏有礼"三种互动活动，其中活动时间，买家互动次数和奖品都是卖家可自行设置的，设置后选中放入粉丝趴帖子中可快速吸引流量到店。
详细请见论坛说明

创建活动

*活动名称　最多输入20个字符

*活动开始时间

*活动结束时间

如果选择店铺优惠券作为奖励，需要保证活动期间内有可发放的店铺优惠券。请注意，这里的活动时间是美国时间（PST）。

*互动次数　活动期间每天　次/人　活动期间总共　次/人

*互动类型　翻牌子　打泡泡　收藏有礼

互动背景图　上传图片

*奖励设置　空奖　活动过程中由于奖励可能发完，所以必须设置一个空奖。

新增奖励

创建活动

图 5-26　设置活动条件

卖家使用店铺互动营销工具时，需要注意以下事项。

（1）互动背景图可以上传店铺品牌 Logo，它会成为牌面和泡泡的背景图。

（2）创建互动活动时，卖家可以添加多个奖励，其中翻牌子奖励数量至少需要 2 个（包含是否空奖），最多 8 个；打泡泡奖励数量至少需要 2 个，最多需要 18 个。配置奖励的店铺优惠券必须是定向发放型优惠券。

（3）如果卖家设置的奖励是发放金币，则可以设定不同的金币面额，并且明确总的金币发放数量。

（4）互动活动创建完成后，买家并不会在浏览页面直接看到，需要卖家将“店铺互动”装修到店铺内或设置到粉丝趴的帖子中。通过选择“我的速卖通”|“店铺”|“店铺装修及管理”|“店铺装修”|“互动活动”，即可进入店铺装修模块；通过选择“我的速卖通”|“营销活动”|“客户管理”|“粉丝营销”|“互动游戏”，即可设置到粉丝趴发帖，如图 5-27 所示。

图 5-27　粉丝趴发帖

5.3　平台活动推广

平台活动是指由平台组织、卖家参与的主题营销活动，是一个帮助卖家快速提高商品曝光度、快速增加商品点击率、快速出单的有利渠道，堪称“引流利器”。对于卖家来说，参加速卖通平台活动是非常必要的。

5.3.1　主要大促活动

速卖通平台的主要大促活动如表 5-2 所示。

表 5-2　速卖通平台的主要大促活动

活动名称	简介
328 大促	每年 3 月 28 日，速卖通都要举行周年庆大型促销活动，参加大促的商品会被打上“328 大促商品”标志
“双十一”大促	“双十一”期间，速卖通会向全球买家进行大促活动，从美国时间 11 月 11 日 0 点开始（北京时间 11 月 11 日 16:00 开始）
Fresh Deals	秒杀，在买家版首页有明显的入口
国家站团购	针对主要国家市场，速卖通平台开放有单独的国家团购页面，如俄罗斯团购、巴西团购。针对单一国家的团购活动是卖家打开这些国家市场的敲门砖
行业热销品和新品	针对不同行业的热销品和新品，速卖通平台会定期在首页相关类目的推广模块中投放资源。热销品和新品可以在搜索结果页面以专辑的形式进行显示
应季主题活动	对于情人节、万圣节等各类节日和活动庆典，速卖通平台都会推出相应主题的促销活动，且在买家版首页上占据的推广位置非常明显

5.3.2 平台活动报名流程

每一期的平台活动招商中，卖家都可以在卖家后台的“营销活动”版块下的“平台活动”栏目中找到报名入口。平台活动报名的基本流程如图 5-28 所示。

第一步：找到对应想要报名的平台活动
可以通过筛选栏找到符合自己要求的平台活动

第二步：了解报名要求
查看活动报名要求，找到符合要求的活动进行报名，未达到活动报名门槛的卖家无法报名

第三步：设置活动信息
选择符合要求的商品，设置对应的活动折扣和库存要求。目前，根据 SKU 维度设置活动折扣和活动库存，设置好对应的信息后即可报名

图 5-28 报名参加平台活动的基本流程

5.3.3 如何做好大促计划

对于卖家来说，平台大促是一个绝佳的销售机会。卖家要想抓住大促机会，让店铺营业额实现跨越式的增长，需要做好以下几个方面的工作。

（1）清楚活动要求

不同的活动，参加的条件会略有不同。卖家可以登录平台活动报名的详情页面查看对应的活动要求，如渠道要求、价格门槛、支付时限、商品销售量及图片要求等。

（2）确定活动审核时间

清楚活动的审核时间，在审核时间截止之前完成报名。建议在招商开始时间一个星期内完成报名，以方便平台工作人员审核。

（3）做好商品优化

商品图片要清晰、美观，商品详情页的描述要详细。

1. 要提高直通车商品转化率，应做好哪几个方面的工作？在自己的店铺中选择一款商品，并为其开通直通车推广。

2. 速卖通平台店铺自主营销活动有哪些？如何参加店铺满立减活动？

3. 如何做好速卖通平台的大促计划？

Item 6

第6章 站外营销：借助站外流量挖掘商机

【学习目标】

➢ 掌握做好Facebook营销的技巧。

➢ 掌握做好Twitter营销的技巧。

➢ 掌握做好YouTube营销的技巧。

➢ 掌握做好VK营销的技巧。

在速卖通店铺的运营过程中，优质的商品是保证销量的基础，但在跨境电商爆发式发展的今天，光有优质的商品是远远不够的，卖家需要不断地引流，扩大商品和店铺的曝光量与知名度，进而冲击销量，打出品牌。而借助站外营销工具来引流进而提高转化率正是速卖通卖家生存的必备营销手段之一。

6.1 Facebook 营销

Facebook 作为全球最大的社交网络之一，拥有几十亿的用户量。这个平台上有着无数潜在买家，因此 Facebook 已经成为跨境电商卖家获取站外流量不可或缺的营销平台。

6.1.1 如何积累粉丝

Facebook 是全球流行的社交网站，在 Facebook 上做推广营销，除了要为访问者、粉丝提供优质的服务外，还要与访问者建立紧密、牢固的沟通关系，下面分享几个获得粉丝的技巧。

1. 创建“可亲”的页面

要想让别人喜欢自己，首先要让自己看起来比较“可亲”，一个杂乱无章的页面很可能会引起访问者的反感。要想让自己的 Facebook 账号给访问者留下好印象，就要从以下几个方面来进行完善：优质的商品服务，更新及时的商品信息，内容优质的帖子，与粉丝之间的活跃互动。

2. 忠诚粉丝要感谢

如果你的商品品牌在市场上已经有了一定的影响力，积累了一定的客户群，并刚刚建立了自己的 Facebook 页面，此时可以鼓励自己的忠诚客户加入 Facebook 支持自己。要知道，一个忠诚客户的宣传就是最好的广告，而且能吸引更多的访问者为你打上“like”的标签。对于支持自己的忠诚客户，建议卖家也不要吝啬，可以用一些自设的徽章或标签对其表示感谢，或者在他们购买商品时给他们一定的优惠。

3. 不要过度推广商品，遵守 80/20 法则

在 Facebook 中推广商品应该遵守“80/20 法则”，要避免过度推广。要确保 Facebook 中有 20% 的内容属于“硬推销”，而剩下 80%是有趣、对访问者有价值的文章和其他非推销的内容。如果你一周发五条内容，那么其中一条应该是和自己商品相关的内容，另外四条应该是有价值或有趣的内容。

4. 利用现有的社会化网络

除了 Facebook 外，其他站外引流还可以借助 Pinterest、YouTube、Slideshare、Twitter、Lifehacker 等网站，这些网站上都可以展示自己的商品。这些网站也可以形成一个推广营销网络，如果卖家在其他网站（如 Twitter）上已经形成了一个颇具规模的业务圈子，可以利用它来推广自己的 Facebook 页面，这样就能同时在两个社交平台上宣传自己的商品，让自己的商品吸引更多访问者的关注。

5. 整合 Facebook 的社交插件

同时利用多个社交网站展开社会化营销推广是一种有效的推广方式，但在利用社会化媒体营销的过程中，需要有一个网络枢纽将所有的社会化媒体活动连接起来，以便更好地控制推广内容和品牌管理。

在 Facebook 网站中，可以添加 Facebook 的社交插件，如 likebox、like button 和 comment stream，以此来提高各个社交平台之间的联系。随着 Facebook 页面访问量的提高，你的页面也会更频繁地出现在粉丝及其朋友的“推送”中，让更多的访问者看到，进而提高页面的访问量。

6. 利用论坛签名与合作网站

如果你在论坛中表现活跃，或者有合作的网站，可以在论坛或合作网站的签名档中添加你的 Facebook 页面的链接。但是，在链接组中一定要经常发表一些实用的文章，只要你的参与获得了认可，就会有更多机会让别人看到你和你的商品。

7. 主动向朋友寻求帮助

卖家刚刚建立 fan page 时，可能很少有互动，所以在初级阶段可以主动向自己的朋友发送互动信息，让他们参与一些话题讨论，以调动气氛。不过要保证让他们讨论的话题具有足够的趣味性。

8. 参与高人气的 Facebook 页面

借助 Facebook Directory 和 Facebook Search 搜索与自己商品相关的 Facebook 页面，或搜索一些与自己业务相关的讨论，同时向这些 Facebook 页面提供一些有价值的信息，并与它们的管理员和会员建立一种信任关系，然后让他们访问你的 Facebook 页面。

9. 联合其他 Facebook 页面管理员组织社交活动

与其他 Facebook 页面管理员联合，共同开展一个能让双方粉丝都有获利的社交活动，这样既能加深彼此之间的了解，还能达到宣传推广的效果。在组织活动前，一定要进行适当的规划，以保证让每个人的专业目标都能实现。

6.1.2 提高帖文互动率

现在很多外贸企业已经将 Facebook 作为打进海外市场的必备平台，但大部分企业并没有真正掌握运营 Facebook 的技巧。一味地模仿其他大品牌的做法，却很难达到理想的效果。

下面分享几个 Facebook 内容运营的技巧，帮助卖家提升 Facebook 主页帖文的互动性。

1. 选择最佳的帖文形式

在 Facebook 主页上发布帖文的方式多种多样，如提出问题、发布链接、发布图片、免费赠送礼物、发布视频、发布折价券或折扣优惠等。

据统计，以提出问题和发布图片的形式发布帖文会比发布视频、发布链接等其他方式发布帖文更能吸引读者的关注，获得更多的互动。

2. 使用 Instagram 发布图文并茂的帖文

Instagram（照片墙）是一款运行在移动端上的社交应用，它可以让用户以一种快速、美妙和有趣的方式将自己随时抓拍下的图片分享给朋友。如果你的营销策略是以图片为主来吸引访问者的关注，那么 Instagram 绝对是一款利器，使用它能让你在 Facebook 上发布图文并茂的精美帖文，进而获得更广泛的回响。

3. 内容富有创意

如果企业只是一味地在 Facebook 上介绍商品，如商品的功能、价格与商品特色等，很容易引起粉丝的反感。粉丝更喜欢关注富有创意的内容，所以卖家在发布信息时最好加入自己的创意，这样才能获得更多的关注。

4. 呼唤粉丝互动

要想增加社交媒体的互动性，卖家可以在 Facebook 主页上主动发起一些活动，激发粉丝参与，如呼唤粉丝参与投票。通常内容新颖、能够调动粉丝热情的帖子更容易成为热帖。

5. 善用留白

留白就是提出一个问题，然后留一个空白让粉丝来填空。如果问题问得比较好，就能引起粉丝的热烈评论，然后卖家进行及时的回复与互动，也能调动粉丝的热情。

6. 选择发布帖文的最佳时间

卖家在 Facebook 上发布帖文都希望获得最大的互动率。据调查，周六、周日用户在 Facebook 上的互动率要比周一至周五的互动率高很多，因为用户在假日往往会有更多的时间使用 Facebook，同时 Facebook 营销人员也很少在周末推送帖文，帖文的竞争度相对较少。因此，卖家可以选择在周末发送自己的帖文，这样有利于获得更有效率的互动。

此外，卖家还要注意发布帖文的时间段，要对自己的目标受众分布的时区及每个时区的差别有所了解。在不了解目标受众 Facebook 浏览高峰时间的情况下，卖家可以在不同时间段发帖进行测试，最后总结出互动率最高的时间段，并在此时间段内发帖。

6.1.3 Facebook 广告引流

Facebook 已经成为跨境电商卖家最大的流量来源之一。Facebook 广告能够帮助卖家吸引更多的访客，对提升销量有很大的作用。但是，随着越来越多的卖家开始在 Facebook 上投放付费广告，同时 Facebook 算法也在不断调整，导致同行之间的竞争不断加剧，所以卖家在投放 Facebook 广告时需要讲究技巧，让广告的每一分支出都发挥最大的效用，以提高商品的转化率。

1. 开展广告投放的逻辑

在开展 Facebook 广告投放之前，首先要对广告投放有一个宏观的布局，这样在具体操作过程才能做到有的放矢，让广告投放更具操作性。

（1）明确投放广告的目标

创建 Facebook 广告的第一步就是要明确投放广告的目标，问问自己希望通过投放广告实现什么目的，是建立品牌的知名度还是吸引流量？确定好目标之后，投放广告时就应以这个目标为指导开展广告投放的运作。

① 建立品牌知名度。如果投放广告是为了向更多的人推广自己的品牌，那么在广告运作中，可以专注于向用户讲述自己的品牌故事，如介绍品牌建立的初衷、介绍自己的品牌文化等。

② 吸引流量。卖家如果想通过广告吸引用户到自己的店铺内消费，首先需要给他们一个进店的理由，如新品上架、减价促销、季节性活动、换季清仓等都是不错的理由。卖家可以在 Facebook 广告文案中说明店铺网址，以此来提高广告的相关性。

（2）了解目标受众

卖家投放的广告要能直接切中目标受众的需求，或消除妨碍受众成为自己客户的障碍，这样才能真正发挥广告的作用。让受众通过广告知道自己的商品或服务具有什么功效，能够满足他们的哪些需求。针对不同的受众，卖家应该使用不同的广告创意，以准确抓住不同受众群的不同需求。

例如，对于一个销售精品女装的店铺来说，它的目标受众有全职宝妈和职场女性，她们对服装的需求有所不同：全职宝妈喜欢舒适、时尚、耐脏且方便活动的服装，而职场女性需要紧跟潮流，既适合职场又适合休闲场合穿的服装。因此，卖家应该为自己的两类受众群体分别量身制作不同的广告创意，以更加有效地吸引具有不同需求的受众群的关注。

（3）确立风格统一的广告主题

卖家在明确自己想要向受众传达的信息之后，可以考虑建立一个风格统一的广告主题或概念，将所有的广告串联起来，使它们形成一个广告系列，这样有利于卖家以一种独特的视角向受众宣传自己的品牌理念或阐述自己品牌的独特之处。

图 6-1 所示为一本儿童读物在 Facebook 上做的一个主题广告。在该书中，每个角色都有一个字母做代表，这些角色正好又是形象的插图风格，于是卖家直接将书中的角色形象作为广告的主题，从而营造出极具创意的视觉效果。

图6-1　某儿童读物的主题广告

2. 选择合适的广告形式

Facebook 的广告形式很丰富，按不同维度可以分为多种类型。例如，按投放位置划分，可以分为信息流广告、侧边栏广告；按广告的表现形式划分，可以分为视频广告、全屏广告、轮播广告、图片广告和精品栏广告。不同的广告类型具有不同的特点，下面以广告表现形式的维度来分析 Facebook 的广告特征。

（1）单张图片广告

单张图片广告，顾名思义，就是只需完成一张图片即可，如图 6-2 所示。广告每次只显示一张图片，用户最多可以添加六张不同的图片，以便在展示广告时循环展示。

单张图片广告要求图片大小为 1200px×628px，图片比例为 1.9：1，广告图片中的文本内容不得超过图片面积的 20%。

（2）单一视频广告

与单一图片广告类似，单一视频广告能让用户展示单个视频。视频广告最长可达 60 分钟，最大容量为 2.3GB，最小分辨率为 720 像素，视频缩略图中的文字比例不得超过 20%。根据经验，投放 Facebook 视频广告时，最好将广告时长控制在 3 分钟左右，广告时长为 1 分钟的效果最好。当然，如果能在前 15 秒之内迅速地抓住读者的眼球，将精华的内容部分呈现在读者眼前是最好不过的。

（3）轮播广告

轮播广告允许读者在阅读时滚动浏览两个或多个不同的图片或视频，就如同在浏览画廊一样，所以卖家可以在轮播广告中添加比单个图片广告更多的创意内容。

借助轮播广告，卖家可以在一个广告单元中展示多个商品，展示不同的商品角度，或说明商品细节，从而向读者提供所需的信息，如图 6-3 所示。卖家也可以利用一张轮播广告图片讲述一个故事。

轮播广告要求图片形式必须为正方形，推荐的大小为 1080px×1080px、600px×600px 或 800px×800px 也较为常见，广告中文本内容的比例不得超过 20%。

（4）幻灯片广告

与轮播广告类似，幻灯片广告可以让读者循环浏览多个广告和图片。不同的是，幻灯片广告可以自动滚动，无须读者操作。每个幻灯片广告最多可以添加 10 个视频或图像，广告最多只能展示 50 秒。

图 6-2 单张图片广告

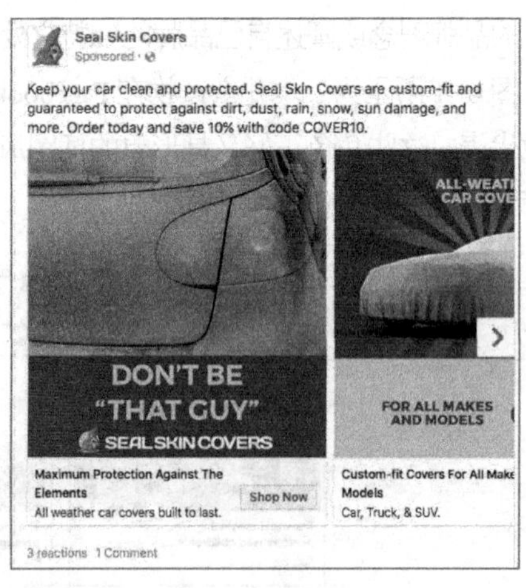

图 6-3 轮播广告

（5）全屏广告格式

全屏广告指的是“图片+视频+按钮+文本块+商品系列”的组合形式。与传统视频相比，全屏广告最大的特点就是广告可以全屏展现，能给读者带来更好的视觉效果。

需要注意的是，这种广告形式仅支持 Facebook 移动端使用，且一个广告至少需要使用两张轮播图或视频。此外，广告时长建议控制在 15 秒以内。

（6）精品栏广告

精品栏广告通常会显示一张图片、一段视频或一张幻灯片，同时，图片或视频的下方还可以显示图片、视频或幻灯片中的商品详情链接，如图 6-4 所示。简单来说，精品栏广告就是“图片/视频/幻灯片+商品目录”的形式。

读者点击精品栏广告时，Facebook 会将读者引导至全屏广告，让其享受全屏幕浏览体验。这种广告增加了读者浏览商品的便利性，读者无须离开 Facebook 到 App 中即可浏览商品详情。精品栏广告最适合电商卖家展示商品的视频和图片素材，尤其适合做过动态商品广告（DPA）、有商品目录的卖家。需要注意的是，精品栏广告只适用于移动端。

精品栏广告的图片尺寸要求为 1200px×628px，宽高比为 1.9：1。推荐视频宽高比为 16：9 或 1：1。

3. 广告图片的获得与选择

卖家通过投放 Facebook 广告可以向更多的读者展示自己的商品和店铺，而在广告中，图片是必不可少的元素。图片会说话，一张精彩的图片往往能传达文字无法传达的信息。

（1）广告图片的获取方式

在向读者展示图片之前，首先需要准备图片素材，卖家可以采取以下几种方式获得图片素材。

① 使用库存照片。Facebook 为卖家提供了综合性 Shutterstock 图库，图库中的图片都已经获得了商用许可，并且可以用于所有 Facebook 广告格式，所以卖家创建广告时可以从图库中挑选与自己商品相关的图片来使用，且不用支付费用。

② 请专业摄影师拍摄照片。为了彰显专业性，卖家可以聘请专业的摄影师来拍摄照片，以获得高质量的广告图片。当然，在请专业摄影师拍摄照片时，应尽量让拍摄的照片与自己商品相关。

③ 自己拍摄照片。如果没有聘请专业摄影师拍摄照片的预算，也不想使用不能很好地彰显自己商品特色的库存照片，卖家可以尝试自己拍照。在拍摄照片时，要注意拍摄角度和光线，可以尝试使用滤镜或图片处理软件对照片进行合理的美化。

（2）如何提高图片的创意性

要想让自己的图片在众多广告中脱颖而出，卖家首先要保证图片的高质量及趣味性，这样才能更好地吸引读者驻足观看。卖家不妨借鉴以下技巧，以提高图片的创意性。

① 保证图片单一焦点。确保每张图片仅向读者展示一个主题，如果想用图片展示多个主题，可以使用轮播广告或视频广告。

② 确保图片视觉效果的一致性。确保同一个广告系列下的所有图片在视觉效果上保持一致，这样才能让读者更容易识别出你的广告，进而停下来查看你要传达的其他信息。

③ 将品牌融入图片中。要与读者建立联系，让他们记住你的广告，为广告图片打上品牌烙印非常重要。但是，并不建议卖家将品牌 Logo 直接粘贴在广告图片上，而是以一种更巧妙的方法将品牌

元素，如 Logo、店铺网址等融入图片中，这样显得更自然、更真实。图 6–5 所示为在 Sona Med Spa 制作的广告图片，它以一名女性为前景，以贴有品牌 Logo 的水疗中心墙壁为背景，精心又巧妙地将品牌元素融入广告图片中。

图 6–4 精品栏广告

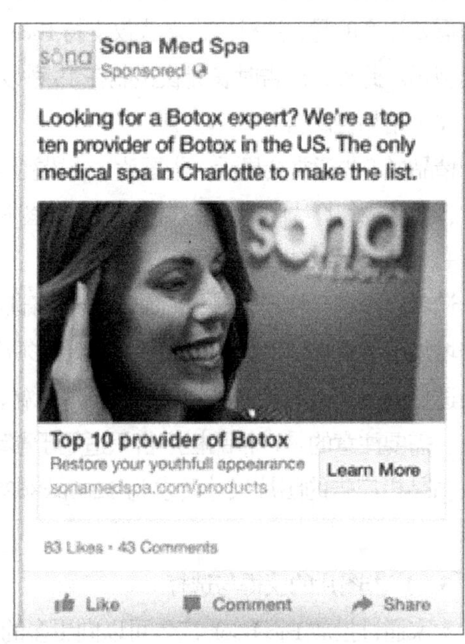

图 6–5 将品牌 Logo 融入图片中

（3）挑选广告图片的原则

在 Facebook 上投放广告，制作并挑选合适、精彩的广告图片，对营销效果有着至关重要的影响。在挑选图片时，要注意以下两点。

① 根据目标受众选择图片。在挑选图片时，要对广告目标受众的特点进行分析，如按照性别、年龄或其他人口统计特征对目标受众进行定位，尽量选择那些能引起目标受众共鸣的图片。

② 对图片所产生的效果进行测试。无论通过何种形式获得广告图片，在挑选图片时要先对不同方式获取的图片进行效果测试，从中找到反响最佳的图片，再将其大范围地用于广告中。

4. Facebook 广告文案的撰写

在 Facebook 广告中，如果说图片是第一重要元素，那么文案就是第二重要元素。广告文案要能引起读者的兴趣，然后说服他们采取行动，如购买商品等。

在撰写广告文案时，卖家可以参考以下方法。

（1）重点突出

带有误导性或容易让人感到困惑的广告文案都会减少点击量，因为读者翻阅 Facebook 的速度很快，几乎没有人会花时间去思考你到底想要传达什么信息以及你的商品是什么。人的大脑都有惰性，越简单、越熟悉的信息，越能快速地被人注意与识别。因此，文案一定要言简意赅，让人一眼就能明白你所有想要表达的意思。

有时直截了当地说出商品的卖点是让 Facebook 用户注意到广告最有效的方法。图 6–6 所示即直接展示商品信息，让用户不必多加思考就能明确地理解广告的信息。

（2）直击“好处”，忽略“特色”

很多人喜欢在Facebook的文案中描述所推广商品的特色，却忽略了商品能够带给受众怎样的好处。从受众的角度来说，他们往往更加看重商品为自己带来的好处，而不是商品本身的功能和作用。因此，广告文案要站在受众的角度，从受众的需求出发进行构思，尽量突出商品能给受众带来哪些好处。

（3）使用疑问句，激发好奇心

一个很好的问题能够激发对方的好奇心，并且能够很好地抓住读者的注意力，吸引他们去探寻相应的答案。但要做到这一点，提出的问题必须能够触及受众的关注点。图 6-7 所示为某个销售汽车的商家以提出问题的形式发布的广告。

（4）使用命令句式

使用命令句式是告诉读者到底该怎么做的强硬方式，具有较为强烈的行动要求。在确定文案内容之前，首先要明确你希望读者做出怎样的反应，如联系我们、要求点击、立即索取、参加活动、观看影片等。使用这种广告文案要求你的提议有足够的说服力、定位要足够清楚，否则再怎么命令也是徒劳无功的。

（5）让客户替你做广告

与其自己说，不如让别人帮你说，将曾经购买过商品的客户对商品的评价作为广告文案，往往更能增加广告的说服力，因为购买过商品的客户所说的话在潜在客户心中往往更具影响力和可信度，如图 6-8 所示。

图6-6　直接展示商品信息

图6-7　文案中使用疑问句

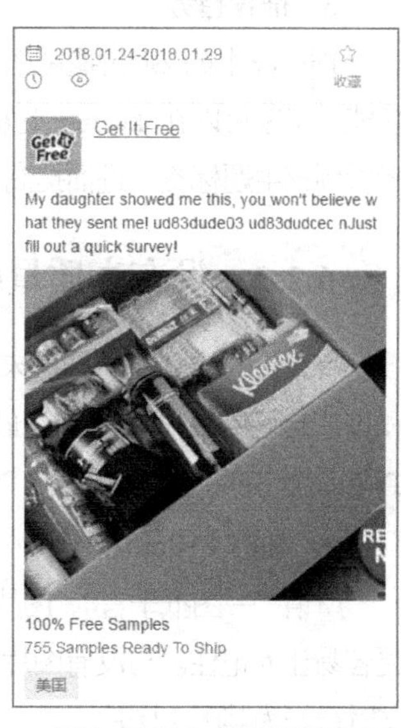

图6-8　将客户感受作为文案

6.2 Twitter 营销

Twitter 是全球互联网上访问量最大的网站之一，是一个对海外营销推广有着很大影响力的社交媒体平台。对于众多跨境电商卖家来说，Twitter 是一个不得不重视的传播平台，也是卖家进军国际市场的重要平台。

6.2.1 选择正确的广告形式

Twitter 为用户提供了三种广告类型：推荐推文、推荐账号和推荐趋势。每种广告具有不同的优势，卖家可以根据自己的营销目标来选择最适合自己的广告形式。

1. 推荐推文

推荐推文就是用户在 Twitter 上购买普通推文，这个推文会被标上“推荐”标志，这种推文可以被转发、回复、点赞等。推荐推文的最大作用就是能让购买推文的卖家接触到更广泛的用户群体，或者在现有关注者中引发更多的参与。

如果卖家想宣传推广店铺的某个活动，可以选择使用推荐推文。卖家可以通过吸引读者点击推文来驱动自己店铺内的流量，也可以在推文中提供优惠券，以提高店铺的转化率。

2. 推荐账号

推荐账号就是将某个账号推荐给尚未关注该账号的用户。使用推荐账号功能可以有效地提高账号的粉丝增长率。只有让更多的粉丝关注自己的 Twitter 账号，才有可能向粉丝更深入地宣传自己的商品；当在 Twitter 上发布有价值的内容时，才能让更多的粉丝通过转发分享扩大自己品牌的覆盖范围。因此，如果卖家希望有更多人关注自己的品牌和商品，可以选择使用此类广告。推荐账号会显示在 Twitter 平台上的主页时间线、关注谁和搜索结果等多个位置。

3. 推荐趋势

Twitter 上的热门话题往往是社交网络上最受关注的话题，有着非常高的点击率。使用推荐趋势功能的卖家可以在 Twitter 上发布一个主题标签，并让其展示在页面的左侧。这样就可以让更多的读者看到该主题标签，进而提高自己的曝光量，增加广告系列的覆盖面。

6.2.2 发布高质量的推文

有大量的粉丝并不是意味着 Twitter 营销已经大获成功，这只是迈出的一小步。要想成功地推销和推广自己的品牌和店铺，最好的方式就是在 Twitter 上发布高质量的内容。下面介绍八个提升 Twitter 营销的技巧。

1. 在推文中添加图片

所谓“一图抵千言”，图片、图形、图表往往更容易传递复杂的思想与创意，同时它们也比文字更容易让人记住。与没有图片的推文相比，配有图片的推文更容易引起读者的关注，所以在发布推文时最好为其配上图片。

卖家可以选择上传单个商品的图片，如图 6−9 所示；也可以使用多宫格的图片形式发推文，如图 6−10 所示；还可以在图片中添加文字，以便宣传促销信息，如图 6−11 所示。

2. 使用相关的“#”（话题标签）

如果想让自己的 Twitter 获得更多的关注，可以使用“#”（话题标签），这样有助于加强和粉丝的联系和互动。图 6−12 所示为某销售宠物用品的卖家使用“#CincoDeMayo”标签发布的推文。

然而，“#”的使用次数也是有讲究的，不可为了增强吸引力而滥用“#”标签。每篇推文使用的话题标签不要超过三个，且话题标签与商品的联系越紧密越好。

图6-9　单个商品图片推文

图6-10　多宫格图片推文

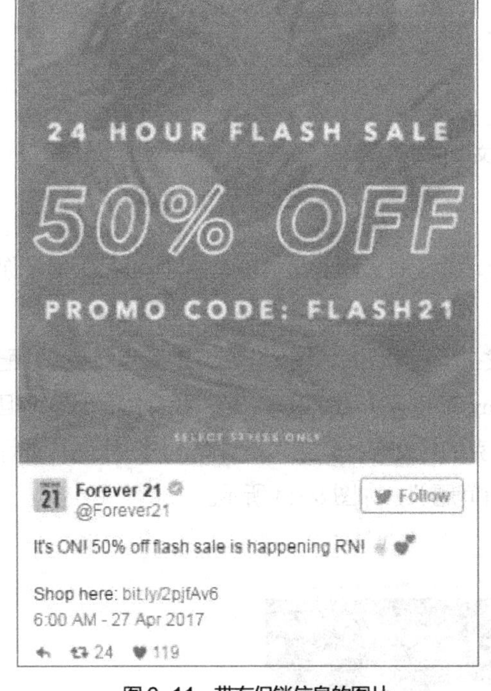

图6-11　带有促销信息的图片

图6-12　使用“#”标签发布的推文

3. 减少推文中的链接数量

有研究表明，不包含链接的推文更容易让粉丝产生互动，所以并不是说发布的每一条推文中都要包含链接，链接的精妙之处在于精而不在于杂。在发布推文时，要懂得合理地减少包含链接的推文数量，这样更有利于加强粉丝之间的互动。

4. 添加号召性用语

每条推文通过多次转发能够不断地接触到全新的受众，所以在推文中可以添加一些鼓励用户进行转发的词语，如“帮助”“转发”“请”“跟随”等。

5. 经常转发和点赞推文

转发一些有趣的推文和浏览热门话题标签，能够帮助卖家更快地融入粉丝互动中。当卖家转发别人的推文或为别人的推文点赞时，对方也可以知道你的转发或点赞形为，然后他可能就会考虑关注你，并通过间接的互动吸引更多的潜在粉丝。

当然，转发并非只是简单地点击按钮或简单地附上一个表情与几个文字就可以了，而要讲究一定的技巧，这样才能利用他人的推文为自己谋取流量。

Twitter 的“quote tweet”（引用推文）允许在转发推文时添加 116 个文字，卖家完全可以在这里添加一些能体现自己思想或提供有价值的信息。最有效的做法就是在转发他人的推文时，从转发的推文中选取一些最具代表性和有价值的文字，这样更能激发粉丝的阅读兴趣。图 6–13 所示为某 Twitter 用户转发推文时选取的原文章中最具代表性的文字。

图 6–13 引用原推文中的文字

6. 积极与粉丝进行互动

Twitter 也是卖家为粉丝提供服务、与粉丝进行互动的工具，因此，当粉丝在 Twitter 上提及你的商品或公司时，要及时对此做出回应。

例如，一位购买过耐克服装的客户在 Twitter 上发布了一张图片，图片上是几件耐克服装，并配文：“Yes, I have a problem but at least I’m encouraging myself to go to the gym（是，我身体有问题，但至少我鼓励自己去健身房）”，并@了 Nike。于是，耐克的社交媒体营销人员对此也用一张图片进行了回应，并配文：“We see no problem.（我们看来没有问题）”，如图 6–14 所示。

图 6–14 耐克回复粉丝的推文

7. 定期发布优质内容

要坚持定期发布推文，不要三天打鱼两天晒网，每天坚持发布 2~3 条推文，这样才能吸引读者的关注，避免被读者遗忘。

8. 提高推文的趣味性

Twitter 的本质是社交，所以在 Twitter 上发布的一些商品推广信息可以具有一定的趣味性，带有轻松、惬意的风格。亚马逊就充分利用了 Twitter 的社交性。为了拉近与粉丝的心理距离，亚马逊在发布推文时往往采用聊天的语气及非正式内容的陈述风格，让粉丝感觉不到自己是在看一条商品广告。

图 6-15 所示为亚马逊为了迎合万圣节所发布的一篇推文，推文中写道："Dogs in costumes. Repeat：dogs in costumes.（穿着戏服的狗狗。重复：穿着戏服的狗狗）。"在这篇推文中，穿着衣服的狗狗成为亚马逊制造话题和销售机会的工具，在富有趣味性的氛围中向粉丝传达了商品信息。

图 6-15　亚马逊极具娱乐性的推文

6.3 YouTube 营销

YouTube 是世界范围内的视频网站，全球拥有 10 亿活跃用户，其用户涵盖了全球主流的消费群体。买家通过视频获得商品的操作方式、运行过程和效果展示，甚至可以从不同的角度观察所需的商品。通过多角度的动态视频展示，满足了大部分买家需要通过实体商店或展会才可以获得的体验。加上其他买家或评论者的互动留言和口碑分享，使 YouTube 变成了一个高质量的多行业营销平台。目前，YouTube 营销已经成为跨境电商卖家必须掌握的营销手段之一。

6.3.1 做好 YouTube 营销的规划

所谓"谋定而后动"，在开展 YouTube 营销之前，首先要有一个全面的营销规划，提升 YouTube 营销的策略性，这样才能让后续的营销工作有条不紊。

1. 明确定位视频功能

对视频功能有明确的定位，有助于卖家有效地控制视频营销的成本，预测用户反馈，并估算视频营销推广的效果。

一般来说，在线视频的功能主要有四种，如图 6-16 所示。

影响买家的购买决策

建立买家的品牌意识

在线视频

刺激线上或线下的商品销量

培养买家的品牌忠诚度

图 6-16　在线视频的主要功能

2. 精准定位目标用户

精准定位目标用户能让 YouTube 视频营销更有针对性，目标用户群体越细化，他们对于特定主题的视频所产生的反应可能会越强烈，视频营销的效果也就越好。因此，卖家需要对视频营销的目标用户有精准的定位。卖家需要做好以下三个方面的工作，如图 6-17 所示。

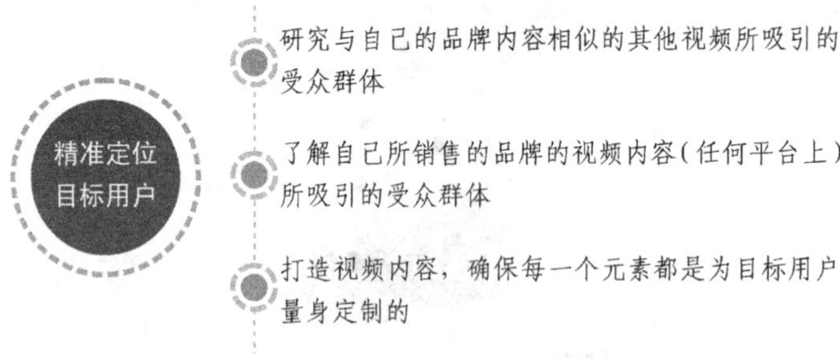

精准定位
目标用户
研究与自己的品牌内容相似的其他视频所吸引的受众群体
了解自己所销售的品牌的视频内容（任何平台上）所吸引的受众群体
打造视频内容，确保每一个元素都是为目标用户量身定制的

图 6-17　精准定位目标用户的方法

3. 了解目标用户使用 YouTube 的习惯

当确定了 YouTube 营销的目标用户群体之后，还要研究他们使用 YouTube 的习惯。例如，目标受众群喜欢观看哪种类型的视频，目标受众群是否会在社交平台上分享视频，目标受众群是否会用手机观看视频等。

卖家可以使用 Google 的“YouTube Trends Dashboard”工具来研究分析目标人群分享及观看视频的习惯。

4. 分析竞争对手的 YouTube 营销情况

“知己知彼，百战不殆。”卖家可以花费一定的时间和精力来调查和研究主要竞争对手的 YouTube 品牌频道，了解他们的状况和业绩，并从竞争者的成功中汲取经验，从他们的失败中总结教训，寻找新的机遇。

5. 积极进行客观自评

卖家可以通过 YouTube 账户中的 YouTube Analytics 了解自己 YouTube 营销视频的点阅数、分享量、转化率等相关数据，掌握品牌与现有粉丝的互动效果，及时评估自己在 YouTube 上的表现。

6.3.2　如何创建优质的视频

正所谓“内容为王”，要想让自己发布的视频在 YouTube 上获得好的排名，视频一定要绝对优质。

1. 使用合适的关键字

在 YouTube 中，开头带有关键字的视频往往表现得更好。与 Google 的搜索引擎优化一样，在产出内容前，卖家必须知道这个视频所对应的关键字是什么，并将其贯穿于视频制作的始终。

2. 创建引人注目的标题

标题是 YouTube 判断视频排序的重要因素之一，也是影响用户是否点击该视频的关键因素。好标题的标准是：用户看到标题，就会对视频内容感到好奇，或者清楚该视频能帮助他们解决什么问题。

关于标题的设置，卖家需要注意以下几个方面。

（1）标题简洁且精准

如果标题太长，就无法得到完整的展示，也就无法精准地阐述该视频的主题。由于用户无法从标题中获得有用的信息，就很可能不会点击视频，这样就会降低视频的点击率。

（2）标题中要包含关键字，且尽量将关键字放在前面

标题中包含关键字可以帮助 YouTube 了解该视频的主题，进而让视频获得更多的曝光机会。一般来说，关键词在标题中的位置越靠前，视频的排名就会越靠前。例如，一个视频的关键词是“make a potato cake（制作土豆饼）”，有两种标题形式：

第一种：Three ways to make a potato cake（制作土豆饼的三种方法）；

第二种：Make a potato cake：Three ways you need to know（制作土豆饼：你需要了解的三种方法）。

第二种标题的开头有关键字，它精确地向观众描述了视频的内容是什么，这种标题往往在 YouTube 搜索结果中表现良好。

（3）可以尝试使用不同的括号来增加点击率

在视频标题中使用不同的括号，如“< >”“（ ）”“「 」”，可以让自己的视频与有类似标题的其他视频有明显的区分，进而增加视频的点击率。例如，在讲述营销趋势的视频标题后面加上“（2018 版）”，可以明显地突显出该视频的新鲜度；或者使用如“<免费索取>”或“「首次曝光」”等突显视频的独特之处，都有可能增加视频的点击率。

3. 添加详细的视频描述

为视频添加详细的描述，有助于 YouTube 算法查找卖家的视频内容，以及 Google 搜索结果查找卖家的视频内容。此外，除了标题外，视频描述也是用户了解该视频主题内容的渠道，为用户提供精准的视频描述有助于增加视频的点击率。

YouTube 会显示视频描述的前 18～20 个单词，这就意味着视频描述必须要简洁，要用尽量简单的句子抓住用户的注意力。视频描述中可以包含视频中难以呈现的内容，如关于商品更详细的规格与描述，也可以是自己店铺的链接地址或 Facebook 页面的链接。

4. 使用精准的标签

标签有助于 YouTube 算法了解视频的内容，同时还能将卖家的视频与类似视频相关联，从而扩大视频的发布范围和曝光量。

视频所使用的标签一定要精准，要与视频内容高度匹配。一般来说，可以将商品关键字、与商品使用场景相关的短语、商品所属的行业泛词作为标签。以雪地靴为例，可以将视频标签设置为“雪

地靴（商品关键词）、雪地（使用场景）、鞋子（行业泛词）”。此外，还可以参考竞争对手在视频中所使用的标签，适当地使用竞争对手的视频中的标签，可以让自己的视频出现在竞争对手的相关视频中。

5. 做好缩略图设计

视频缩略图是用户在视频列表中看到的主要图像。优质的缩略图可以让人一眼就明白视频的主题，并且带有一定的号召性。可以这样说，缩略图的好坏在一定程度上决定了视频的成败与否。

缩略图可以自定义，卖家在设计缩略图时可以参考几个方法。

一是在缩略图中使用比较吸睛的文字，如图 6-18 所示；二是多尝试几种不同形式的缩略图，如露脸的照片、商品的图片、视频的截图、制作的插图等，然后分析哪种形式的缩略图点击率较高。无论使用哪种缩略图，都要保证缩略图与视频的主题密切相关。

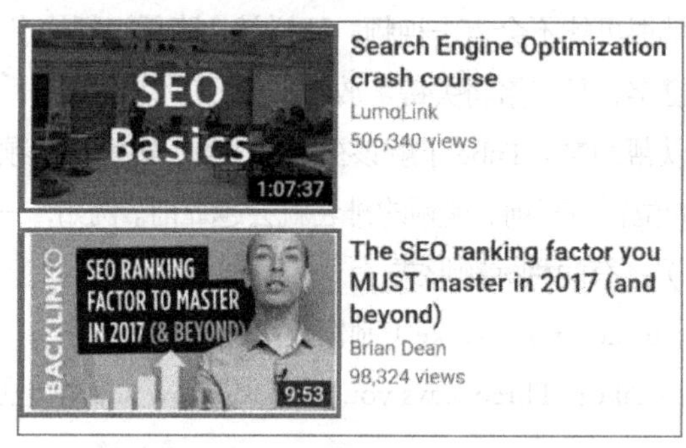

图 6-18　带有吸睛文字的缩略图

6. 为视频添加字幕

为视频添加字幕不仅可以帮助用户更好地理解视频内容，还可以通过突出关键字来提高视频的搜索排名。此外，带字幕的视频可以让用户在吵闹的环境下及不可以开声音的环境下通过观看字幕来浏览视频，增加视频的受众群体和被浏览的机会。

7. 提供真实可信的视频内容

保证视频的真实性既能让商品或品牌更贴近用户，还能将被动观看的用户转化为长期的忠实用户。增加视频可信度的方法有以下几种，如图 6-19 所示。

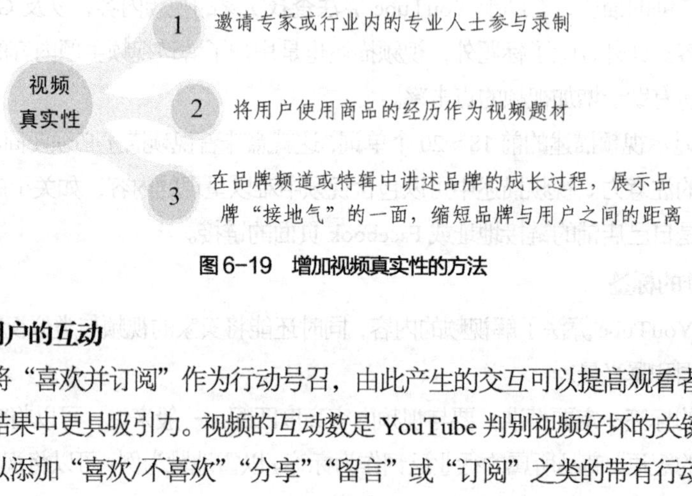

视频真实性

1　邀请专家或行业内的专业人士参与录制

2　将用户使用商品的经历作为视频题材

3　在品牌频道或特辑中讲述品牌的成长过程，展示品牌“接地气”的一面，缩短品牌与用户之间的距离

图 6-19　增加视频真实性的方法

8. 增加与用户的互动

有些卖家会将“喜欢并订阅”作为行动号召，由此产生的交互可以提高观看者对频道的认识，并使视频在搜索结果中更具吸引力。视频的互动数是 YouTube 判别视频好坏的关键指标之一，在视频的结尾部分可以添加“喜欢/不喜欢”“分享”“留言”或“订阅”之类的带有行动号召的词语，鼓

励用户与该视频进行互动。

视频的结束语不要过于笼统，视频在行动号召中的独特性和参与性越强，人们就越有可能对这个建议做出回应。结束语不要太花哨，提出一些最简单的请求可能是最有效的。例如，与其使用“欢迎大家来留言或点赞”，不如使用“告诉我们你会怎么选”，因为后者能够更明确地体现出需要执行的动作。

6.3.3 YouTube 视频关键词的设置与优化

在 YouTube 平台上，平均每分钟会有 35 小时长度的视频内容上传，由此可见 YouTube 视频营销的竞争是异常激烈的。如果卖家上传的视频所设置的关键词不精准，即使视频的内容很好，这个视频也会被淹没在成千上万的视频中，根本无法进入受众的视线。因此，卖家在发布视频时，只有设置有效的 YouTube 关键词，才能让自己的视频营销进入更多受众的视线。

在设置关键词时，卖家需要明确两个目的（见图 6-20），这需要卖家在视频的标题、摘要及详细描述等环节都能设置合理的关键词。只有合理设置关键词，才能让视频有机会获得排名和曝光，进而实现引流的效果。

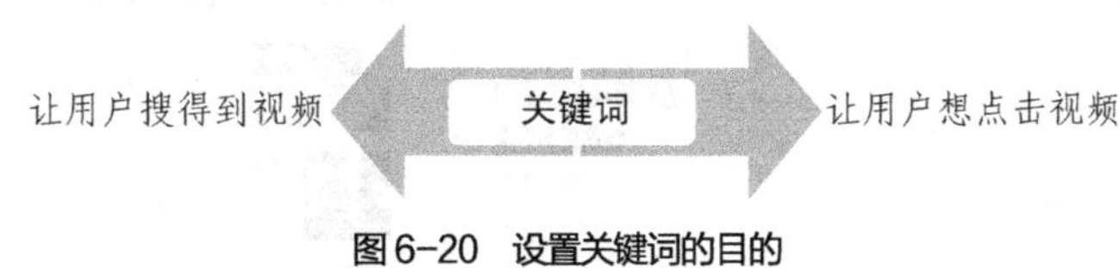

图 6-20 设置关键词的目的

卖家可以参考以下几种方法来寻找关键词。

1. 使用 YouTube Suggest

在 YouTube 视频平台上，发布内容最强大的推荐来源于它自身的搜索引擎。YouTube Suggest 所给出的关键词都是用户确确实实在搜的、爱搜的。卖家只需在 YouTube 首页搜索框中输入一个关键词，在弹出的下拉列表中会自动显示 YouTube 给出的关键词建议，如图 6-21 所示。

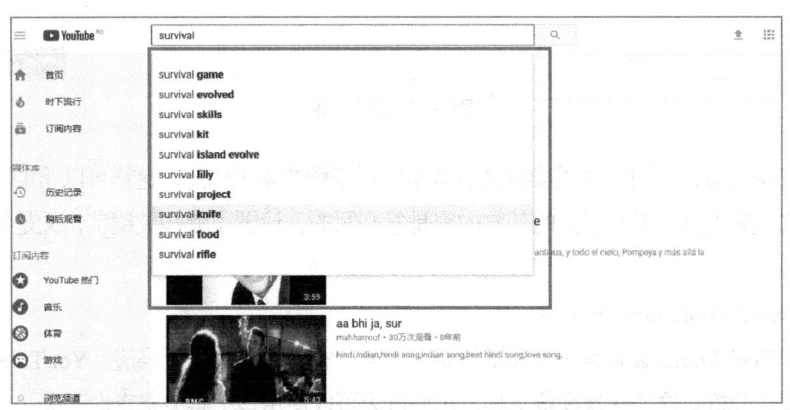

图 6-21 YouTube Suggest 推荐的关键词

2. 使用第三方工具来获取 YouTube 的搜索数据

卖家可以使用第三方工具来获取有效、精准的 YouTube 关键词，这些工具包括 Tube Buddy、Keyword Tool Dominator 和 YT Cockpit 等。

（1）Tube Buddy

Tube Buddy 是一个免费的浏览器扩展工具，可以在 Chrome 或火狐浏览器中安装，安装后注册账号并选择一种合适的套餐即可使用。

对于 YouTube 营销来说，Tube Buddy 中必用的一个工具就是 Tag Explorer。该工具主要用于查询分析热门关键词，帮助卖家选择判断 Tags（标签），可以让更多的用户精准地找到卖家所上传的视频。

例如，要查询 high-end watches（高端手表），可单击 Tube Buddy 图标，打开 Tag Explorer 扩展工具，输入 high-end watches 进行查询，得到图 6-22 所示的查询结果。在 Trending 中，可以查询哪些关键词搜索量上升得很快；在 Auto-Suggested 中，可以看到在 YouTube 和 Google 上用户搜索时会使用的与相关 high-end watches 相关的关键词，这次词都是用户经常用于搜索的词，是比较精准的。

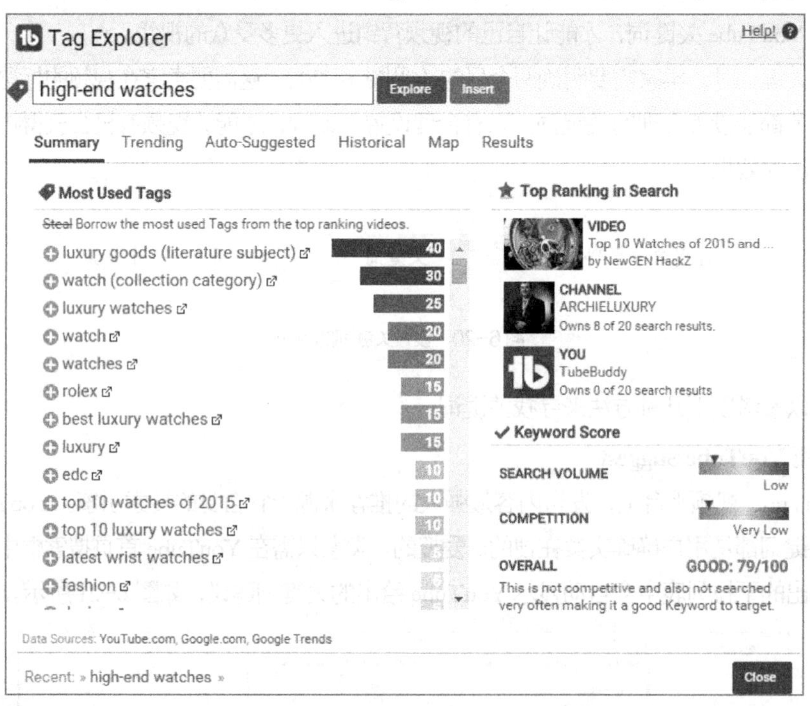

图 6-22　查询结果

此外，Tube Buddy 还可以帮助卖家查看竞争对手视频的相关信息。这样可以帮助卖家了解和借鉴竞争对手的视频内容，看看别人的基本内容是怎么写的，设置了哪些关键字，又是怎么布局到标题和描述中的。

（2）Keyword Tool Dominator

Keyword Tool Dominator 是一款关键词研究工具，它支持谷歌、亚马逊、YouTube、eBay 等多个平台的关键词分析。这是一款收费工具，用户每天可以使用该工具免费查询三次。

登录 Keyword Tool Dominator 官网，单击首页中 “YouTube Keyword Tool” 下方的 “Try it Free”（免费试用）按钮，如图 6-23 所示。

在搜索框中输入想要查询的关键词，如 “lamp”（灯），然后单击按钮，即可查看搜索结果，如图 6-24 所示。

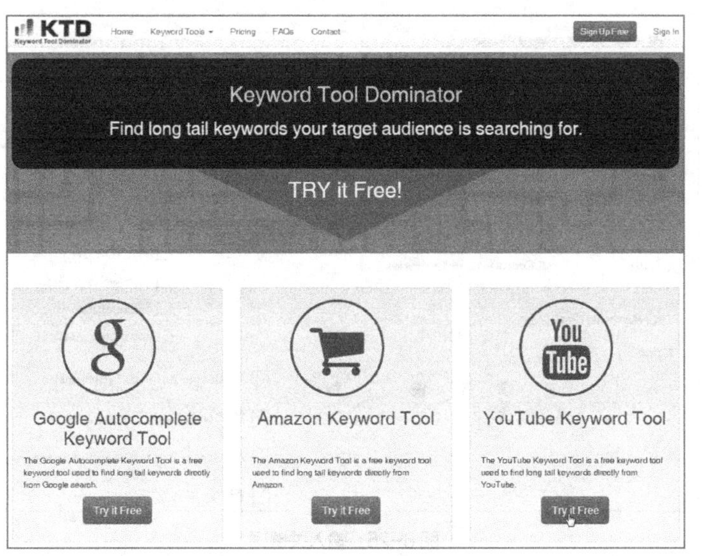

图 6-23 单击“免费试用”按钮

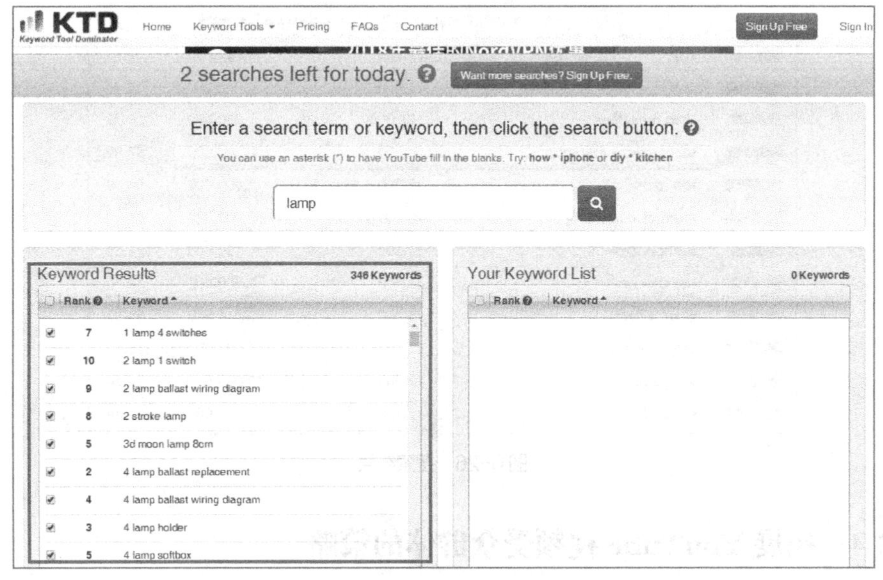

图 6-24 输入关键词并查看搜索结果

在“Keyword Results”(关键词结果)中，Rank(排名)从 1～10，1 代表这个关键词在 YouTube 上面的搜索频率较高，也是比较流行的；而 10 表示较少有人搜索这个关键词。从用户角度来说，卖家应该尽量使用用户搜索量偏多的关键词，这样才能提高视频被展现的机会。

(3)YT Cockpit

YT Cockpit 是一款专门针对 YouTube 的关键词研究工具。注册账号后登录，在搜索框中输入想要查询的关键词，如“video seo”，如图 6-25 所示。

YT Cockpit 会给出一些与“video seo”相关的关键词建议和相应关键词的重要指标，如某个关键词的月搜索量和按点击计费(Cost Per Click，CPC)，如图 6-26 所示。其中，“Monthly Searches”是指该关键词在谷歌上的每月搜索量；“Impressions Per Week”是指每周在 Google Ad networks(包括 YouTube)中观看与该关键词相关视频的人数。

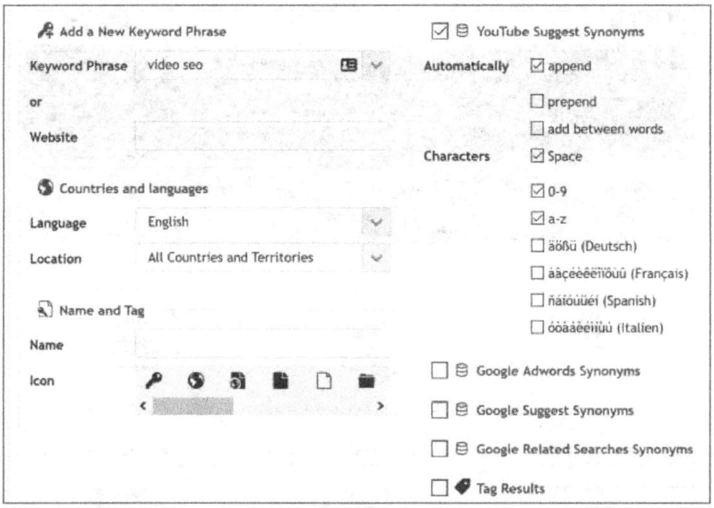

Add a New Keyword Phrase
Keyword Phrase video seo
or
Website
Countries and languages
Language English
Location All Countries and Territories
Name and Tag
Name
Icon
YouTube Suggest Synonyms
Automatically append
prepend
add between words
Characters Space
0-9
a-z
äößü (Deutsch)
àâçéèêëîïôûù (Français)
ñáíóúüéí (Spanish)
óòàáèéìíùú (Italien)
Google Adwords Synonyms
Google Suggest Synonyms
Google Related Searches Synonyms
Tag Results

图 6-25 输入关键词

Keyword		AdWords		
Score	Phrase	Monthly Searches...	Impressions Per Week	CPC
	seo	673,000	10,000,000	$4.69
	sem	368,000	45,000	$3.39
	search engines	368,000	250,000	$0.71
	social media market...	90,500	100,000,000	$7.95
	seo tools	49,500	2,000,000	$4.59
	internet marketing	40,500	450,000,000	$3.59
	seo services	33,100	150,000	$12.86
	seo checker	33,100	1,500,000	$4.20
	what is seo	33,100	1,500	$3.99
	seo company	22,200	1,000,000	$16.81
	google seo	22,200	10,000,000	$3.74
	seo tutorial	12,100	2,000	$1.84

图 6-26 搜索结果

6.3.4 拓展 YouTube 视频受众群体的策略

无论卖家使用 YouTube 频道是进行营销还是分享一些有趣的事，都希望有很大的受众群体。下面介绍的这些方法可以帮助其拓展受众群体。

1. 与其他具有类似受众群的 YouTube 视频发布者合作

YouTube 视频发布者之间相互合作是吸引全新受众的绝佳方式。最常见的一种做法就是视频发布者相互出现在对方的视频中，这样双方都有在其他创作者的受众面前获得认可的机会。

此外，还可以在 YouTube 众多频道中选择与自己的商品或品牌相关的已经具有一定用户积累量的人气频道进行双向合作。

2. 给用户一个转发的理由

借社交网络之力发掘并培养新用户已经不算是新思路，要想拓展视频的受众群体，就要让观看到视频的用户与更多的人分享视频，但什么样的视频最能刺激用户的分享行为呢？这就需要为视频设置一个刺激用户分享视频的“转发点”。有效的“转发点”主要有以下几种。

（1）与热门事件攀关系：把握 YouTube 的热门大势，让品牌的视频关键词尽量贴近热门关键词，提高分享的概率。

（2）打好感情牌：用户更容易分享能让其产生强烈情感共鸣的视频，因此，无论是走搞笑风格还是怀旧路线，视频都要能刺激用户产生共鸣。

（3）为分享人加分：用户分享搞笑视频会显得自己很有趣，分享知识类视频会显得自己有文化，分享流行话题视频会显得自己紧跟潮流。因此，要能让分享者感受到视频的价值，让其觉得自己分享这个视频会给自身带来某种价值，如会让自身显得有内涵。

3. 借助热点获取关注

借助热点是推广 YouTube 视频的策略之一。卖家可以考虑制作一些与热点新闻、名人、流行趋势相关的视频，因为这些新闻已经有了一定的受众，与之相关的内容也能吸引一定的受众群。

常见的借助热点制作视频的方法有以下几种，如图 6-27 所示。

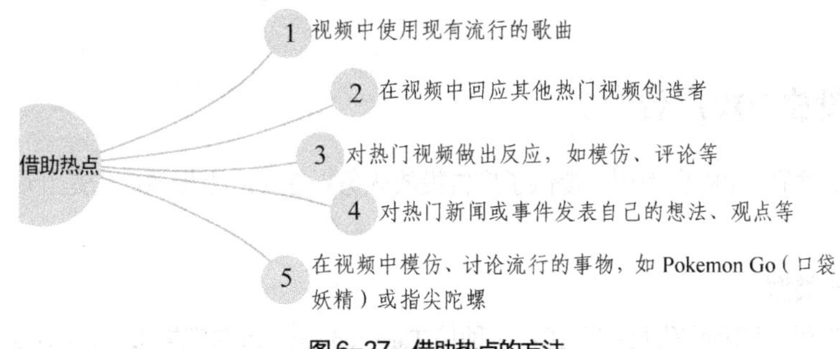

图 6-27 借助热点的方法

在合适的时间发表这类视频，能够接触到一些原本不关注你的视频的受众，并将其引导到自己的频道。

4. 在其他网络社区分享视频

卖家可以将 YouTube 视频分享到 Facebook、Twitter、Reddit 等社区，因为这些网站上都有可能存在欣赏这些视频的受众。由于社区用户比较重视社区讨论主题的一致性，所以在其他网络社区上的版块或群组上发布视频时，要确保视频内容与这些社区的版块或群组所讨论的主题具有相关性。

6.4 VK 营销

VK 的全称是 Vkontakte.ru，是俄罗斯最大的社交网站。目前，VK 总共有超过 2.5 亿验证用户，月均活跃用户数超过 1 亿人，基本覆盖了整个东欧地区的互联网用户，是跨境电商打入俄罗斯市场的重要流量入口。

6.4.1 如何增加 VK 粉丝

对于社交媒体来说，没有粉丝就没有灵魂。粉丝基数决定着社交媒体的流量，有了流量才能有转化，有了转化才能提高卖家的运营利润。因此，开展 VK 营销，为自己的 VK 账号吸引更多的粉丝是一个不可忽视的关键环节。下面分享几个增加 VK 粉丝的技巧。

1. 与其他粉丝交换免费帖子

当自己的 VK 粉丝页面或小组中的粉丝达到一定数量时，可以尝试与 VK 上的其他粉丝交换帖子，这样能让双方分享彼此的粉丝，从而实现共赢。

2. 创建专门主题的粉丝页面

卖家可以创建一个专注于某个主题的粉丝专页，将目标受众聚集在一个地方，然后定期向他们推荐自己的商品。例如，销售婴儿商品的卖家可以创建一个“家长和儿童”专页，在其中发布或讨论一些与育儿有关的内容，然后在适当的时候推荐自己的商品。如果卖家发布的内容能让粉丝感觉有趣、有价值，自然会吸引更多的粉丝。

3. 举办活动

卖家可以通过举办一些有奖活动来吸引粉丝的关注，例如，随机向关注者赠送礼品或折扣券，以换取关注者的某些行为，如点赞、分享帖子等。所提供奖品的价值越高，就越有利于吸引粉丝的关注。

6.4.2 投放 VK 广告

与 Facebook 类似，VK 也为用户提供了广告投放服务。在 VK 上投放广告是开展 VK 营销的有效方法。

1. VK 广告类型

VK 为用户提供了两种广告推广形式：一种是 Targeted ads（定向广告），可以对受众进行筛选的精准广告；另一种是 Market Platform（社团广告）。

（1）定向广告

投放 VK 定向广告，卖家可以按性别、年龄、职务、兴趣爱好或婚姻状况等设置筛选条件来选择目标受众，这样可以精准地定位自己的目标受众。该广告可以覆盖到任何城市，甚至可以精确到区或街道。

定向广告可以以消息的形式展示在目标受众群 VK 账号的新闻动态中，也可以以小图片和文字的形式展示在目标受众群 VK 账号页面左侧显示的公告中。

定向广告按展示或点击数计费，这意味着卖家不需要按广告展示时长付费，而是按用户互动次数来付费。按展示计费，即广告每展示 1 000 名用户收取一次费用；按点击计费，即用户点击广告或链接一次收取一次费用。

创建广告时，VK 会显示一个推荐价格。为了控制广告成本，卖家可以在每条广告中设置费用上限，达到上限后广告就会停止投放。

（2）社团广告

社团广告就是在 VK 的社团中发布广告，广告主要展示在各类社团群组中。VK 中有上千个百万粉丝级的公共主页，即社团。每天社团中会发布新闻、照片、视频和音乐，从而让粉丝获取新闻动态，并与好友进行分享。卖家可以按照社团类型、粉丝数量或广告价格来选择社团，并在社团中进行广告投放。

社团管理员自行决定是否发布广告及社团广告的价格。广告价格及社团的统计数据（如受众群体、粉丝数等）均可在广告中心进行查询。

2. 创建广告账号

在 VK 投放广告需要创建广告账号，具体操作方法如下。

（1）登录 VK 账号，单击页面左侧的“关于公司”超链接，如图 6-28 所示。

图 6-28　单击“关于公司”超链接

（2）进入 VK 公司介绍页面，选择“产品”选项卡，进入广告产品列表页面，然后单击“广告”超链接，如图 6-29 所示。

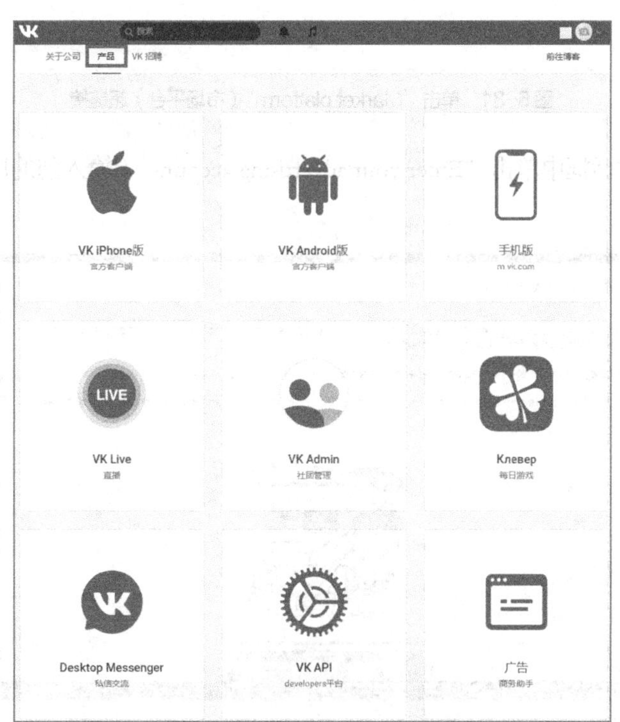

图 6-29　广告产品列表页面

（3）进入广告页面，单击页面右上角的“广告账号”超链接，如图 6-30 所示。

图 6-30　单击“广告账号”超链接

（4）进入广告平台，初次使用广告平台时需要对广告账号进行相关设置，单击“Market platform”（市场平台）超链接，如图 6-31 所示。

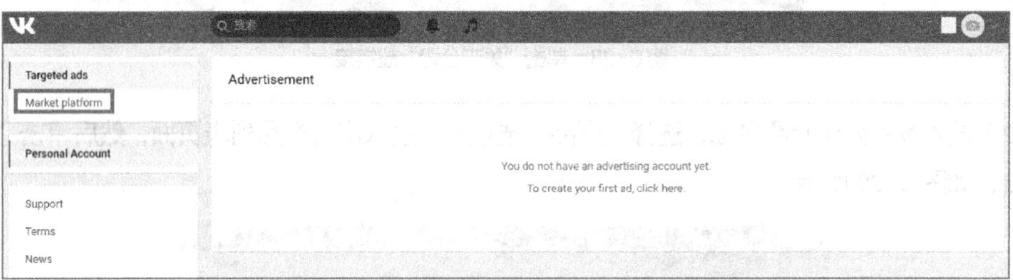

图 6-31　单击“Market platform”（市场平台）超链接

（5）在弹出的对话框中单击“Enter your advertising account”（输入您的广告账户）按钮，如图 6-32 所示。

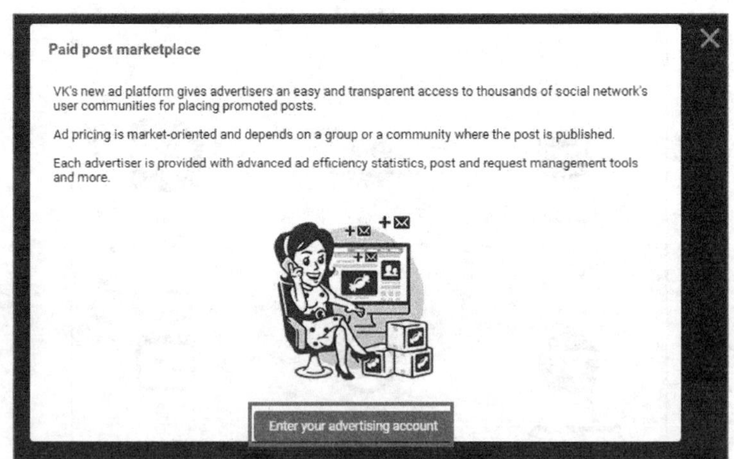

图 6-32　单击输入广告账户按钮

（6）系统自动跳转回广告平台，并显示出“Market platform”（市场平台）功能模块，如图 6-33 所示。

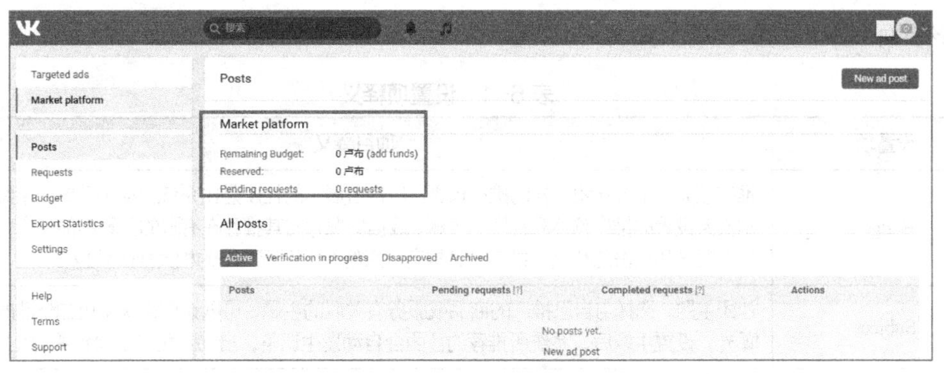

图 6-33 显示市场平台功能模块

（7）开通广告平台账户后，在 VK 个人中心左侧栏就会自动出现广告平台的快捷入口模块，如图 6-34 所示。

图 6-34 广告平台快捷入口

3. 社团广告的投放

在 VK 上投放广告之前，需要先制作 Post（推广帖）并提交 VK 审核。审核比较严格，需要符合 VK 的网站规定和俄罗斯的广告法。

推广帖审核成功后，单击推广帖进入图 6-35 所示的页面，设置筛选社团的条件，在下方的推荐列表中选择自己想要在哪些社团群组中进行推广。

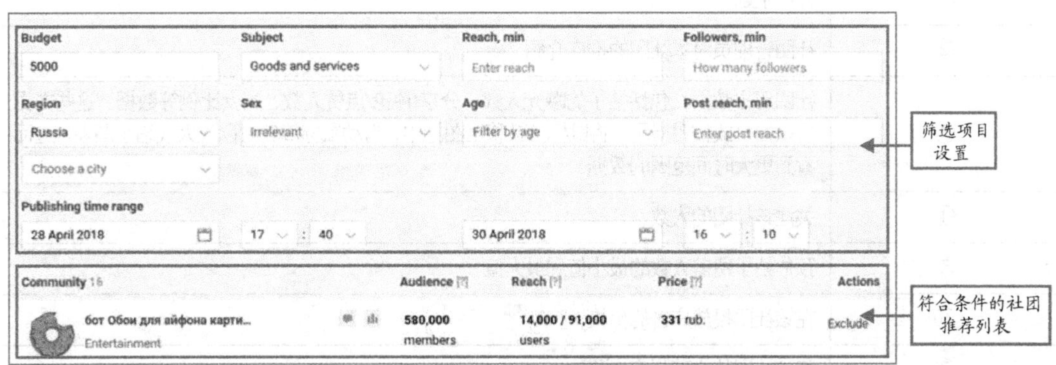

图 6-35 设置筛选条件

该页面中各个设置项的释义如表 6-1 所示。

表 6-1　设置项释义

设置项	项目释义
Budget	推广预算，设置社团广告的推广预算。广告所展示的社团是由系统自动推荐的，系统会根据卖家设置的推广预算和社团的主题、数据情况等向其推荐在有限的预算中能让广告获得最大曝光和点击的社团。推广预算越高，系统在下面所匹配的相关社团就越多
Subject	社团主题，选择与自己推广的商品或服务有关联的主题，可以让广告获得更加精准的流量曝光。设置主题后，系统所推荐的社团会自动发生调整，自动匹配与主题相关的社团
Reach, min	输入社团最低覆盖人群数量。所输入的数值越高，可匹配的社团数量就越少
Followers, min	输入社团最低的关注人数。所输入的数值越高，可匹配的社团数量就越少
Region	选择社团所在的国家或地区
Sex	性别，有男性为主、女性为主、男女差不多三种选择，根据自己商品的目标客户进行选择，可以让广告的流量更加精准
Age	年龄，按年龄区间筛选社团
Post reach, min	平均每个广告帖的最低覆盖人群数量，即帖子在社团中最低会被多少人浏览
Publishing time range	广告帖刊登的起止时间

图 6-36 所示为系统根据筛选条件所推荐的社团，并显示了该社团的各项指标。

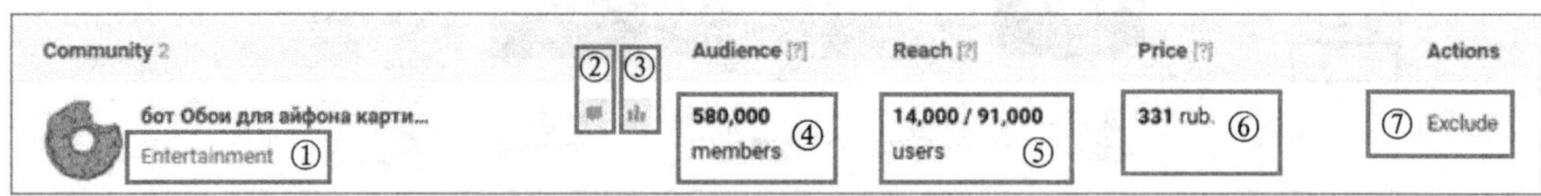

图 6-36　系统推荐社团

卖家可以根据自己的需求对该社团的各项指标进行分析，判断其是否符合自己的推广要求。各项指标的释义如表 6-2 所示。

表 6-2　系统推荐社团中各项指标解析

指标序号	指标释义
①	社团主题
②	社团管理员对本社团的推广介绍
③	社团历史数据，包括帖子的曝光人数，分享/评论/点赞人数、男女比例等数据。这些数据可以按日或按月展示，将鼠标指针移至图标中，滑动鼠标滚轮可以放大或缩小图表，进而看到更大时间范围的数据
④	关注该社团的人数
⑤	预估帖子覆盖人数的最小值和最大值
⑥	在该社团投放广告的价格
⑦	将该社团从推荐列表中移除

卖家可以将不符合自己要求的社团从推荐列表中移除，单击社团右侧的“Exclude”（移除）超链接即可，被移除的社团会变成浅灰色。

1. 简述提高 Facebook 帖文互动率的方法。
2. 简述提高 Twitter 推文质量的方法，并选择一款商品在 Twitter 上进行推广。
3. 简述如何拓展 YouTube 视频的受众群体。

Item 7

第7章 物流配送：高效配送让商品畅销全球

【学习目标】

- 了解速卖通线上发货的各类物流方案及其特点。
- 了解AliExpress无忧物流的物流方案类型、揽收范围和包装要求。
- 了解速卖通海外仓发货地范围以及申请海外仓的条件与流程。
- 掌握设置运费模板的步骤。
- 掌握商品线上发货的步骤。
- 掌握报关的基本流程。
- 掌握应对海关扣关的方法。

在跨境交易中，物流是连接国内卖家与国外买家的重要通道。选择高效、适合自己的物流方式能为卖家节约物流成本，提高收益。卖家熟练掌握发货流程，及时上传物流信息，可以让买家随时掌握物流动态，为其创造良好的购物体验。

7.1 速卖通线上发货物流方案

速卖通线上发货是由阿里巴巴全球速卖通、菜鸟联盟联合多家优质第三方物流商打造的物流服务体系。卖家使用线上发货可以直接在速卖通后台在线选择物流方案，物流商上门揽收（或卖家自寄至物流商仓库）然后发货到国外。卖家可以在线支付运费、在线发起物流维权，阿里巴巴作为第三方，会全程监督物流商的服务质量，为卖家的权益提供保障。

速卖通线上发货为卖家提供了多种物流方案，包括经济类物流方案、标准类物流方案及快速类物流方案。

7.1.1 经济类物流方案

经济类物流方案最大的特点就是运费成本低，适合运送货值低、重量轻的商品。经济类物流方案不提供目的地包裹妥投信息的查询，且仅允许使用线上发货。经济类物流方案所包括的物流方式如表 7–1 所示。

表 7–1　经济类物流方案的物流方式

物流方式	运送范围	订单金额限制	重量限制	是否接受带电商品	物流时效承诺	赔付标准（人民币）
菜鸟超级经济	目前暂仅支持俄罗斯	≤2 美元	<2 千克	不支持任何带电商品及化妆品	无时效承诺	上限为 14 元
中国邮政平常小包+	全球	≤5 美元	<2 千克	不接受任何带电商品	无时效承诺	国内段丢失赔付，赔付金额不超过可以使用平常小包的最大订单金额
4PX 新邮经济小包	全球	≤5 美元	<2 千克	不接受纯电池，英国、意大利、德国、老挝、埃及这五个国家不能运送任何带电商品	无时效承诺	国内段丢失赔付，赔付上限为 300 元
中外运-西邮经济小包	西班牙	≤5 美元	<2 千克	不接受纯电池，深圳、广州仓接受内置电池，北京、上海、杭州、义乌仓不接受任何带电商品	20 天内必达西班牙维多利亚，60 天内西班牙全境妥投	100～150 元
中外运-英邮经济小包	英国	≤5 美元	<2 千克	不接受纯电池，深圳、广州仓接受内置电池，北京、上海、杭州、义乌仓不接受任何带电商品	20 天到达英邮伦敦分拨中心，25 天内英国本土全境妥投	100～150 元
顺丰国际经济小包	俄罗斯、白俄罗斯、乌克兰、爱沙尼亚、拉脱维亚等 10 个国家及地区	≤5 美元	<2 千克	不接受纯电池，接受内置电池	无时效承诺	国内段丢失赔付，上限 300 元
顺友航空经济小包	全球主要国家及地区	≤5 美元	<2 千克	不接受纯电池，接受内置电池	无时效承诺	国内段丢失赔付，上限 300 元
燕文航空经济小包	美国等 36 个国家及地区	≤5 美元	<2 千克	不能寄送带电商品	无时效承诺	国内段丢失赔付，上限 300 元

7.1.2　标准类物流方案

标准类物流方案包含邮政挂号服务和专线类服务，全程物流追踪信息可查询（特殊国家或地区除外）。标准类物流方案所包括的物流方式如表 7–2 所示。

表 7–2 标准类物流方案的物流方式

物流方式	运送范围	订单金额限制	重量限制	是否接受带电商品	物流时效承诺	赔付上限
无忧集运	阿联酋、沙特阿拉伯	无	≤30 千克	不接受配套电池和纯电池，接受内置电池类带电商品	自揽收成功或签收成功起 25 天内必达	300 元（人民币）
Aramex 中东专线	阿联酋、印度、沙特阿拉伯等 20 个国家及地区	无	<30 千克	不接受带电商品	无承诺时效	无
DHL e-commerce 小包	全球 12 个地区	无	≤20 千克	不接受电池及带电商品	无时效承诺	100 美元
中国邮政挂号小包	全球 217 个国家及地区	无	<2 千克	不接受带电商品	60 天（巴西 90 天）	300 元（人民币）
e 邮宝	美国、俄罗斯、加拿大、澳大利亚、意大利等 35 个国家及地区	无	<2 千克	不接受带电商品	无时效承诺	无
中邮 e 邮宝	美国、俄罗斯、加拿大等 10 个国家及地区	无	<2 千克	不接受带电商品	无时效承诺	无
中外运-西邮标准小包	西班牙	≤23 美元	<30 千克	不接受纯电池类商品及任何含纽扣电池类商品	30 天内实现西班牙全境妥投	1 200 元（人民币）
速优宝芬邮挂号小包	爱沙尼亚、拉脱维亚、立陶宛等 7 个国家及地区	≤23 美元	<2 千克	不接受带电商品	35 天	300 元（人民币）
中俄航空 Ruston	俄罗斯	无	<2 千克	不接受带电商品	60 天	700 元（人民币）
4PX 新邮挂号小包	全球	无	<2 千克	不接受纯电池，英国、意大利、德国、老挝、埃及这五个国家不接受任何带电池商品	60 天（巴西 90 天）	300 元（人民币）
燕文航空挂号小包	巴西、墨西哥、智利等国家及地区	无	<2 千克	不接受带电商品	60 天（巴西 90 天）	700 元（人民币）

7.1.3 快速类物流方案

快速类物流方案包括商业快递和邮政提供的快递服务，具有时效快、全程物流追踪信息可查的特点，适合运送高货值商品。快速类物流方案包括的物流方式如表 7–3 所示。

表 7-3 快速类物流方式的物流方式

物流方式	运送范围	订单金额限制	重量限制	是否接受带电商品	物流时效承诺	赔付上限
DHL	全球	无	无	不能寄送带电商品	无时效承诺	100 美元
DPEX	澳大利亚、新加坡、马来西亚等 14 个国家及地区	无	<45 千克	不能寄送带电商品	无时效承诺	无
EMS	全球 98 个国家及地区	无	<30 千克	不能寄送带电商品	无时效承诺	无
e-EMS	15 个国家及地区	无	<30 千克	不能寄送带电商品	无时效承诺	无
GATI	印度	无	≤30 千克	不能寄送带电商品	无时效承诺	100 美元
中俄快递-SPSR	俄罗斯	无	≤31 千克	不接受带电商品	45 天	1 200 元（人民币）
顺丰国际标快	乌克兰	无	<30 千克	不能寄送带电商品	无时效承诺	无
TNT	英国、德国、法国等国家及地区	无	≤70 千克	不能寄送带电商品	无时效承诺	100 美元
UPS Expedited	全球	无	<70 千克	不能寄送带电商品	无时效承诺	无
UPS Express Saver	全球	无	<70 千克	不能寄送带电商品	无时效承诺	无
FedEx IE	全球	无	<68 千克	不能寄送带电商品	无时效承诺	无
FedEx IP	全球	无	<68 千克	不能寄送带电商品	无时效承诺	无

7.2 AliExpress 无忧物流

AliExpress 无忧物流是全球速卖通和菜鸟网络联合推出的速卖通官方物流服务，能够为速卖通卖家提供包括稳定的国内揽收、国际配送、物流详情追踪、物流纠纷处理、售后赔付在内的“一站式”物流解决方案，降低物流不可控因素对卖家造成的影响，让卖家放心地在速卖通平台上经营。

7.2.1 AliExpress 无忧物流与线上发货、货代发货的区别

AliExpress 无忧物流的发货流程和线上发货类似，都需要卖家在买家下单后先创建物流订单，再通过上门揽收或自寄交货到国内集货仓。但是，AliExpress 无忧物流具有渠道稳定、时效快、运费低、操作简单、平台承担售后和商品赔付等优势。与线上发货、货代发货相比，AliExpress 无忧物流能够大大减轻物流对卖家造成的困扰。

AliExpress 无忧物流与线上发货、货代发货的对比如表 7-4 所示。

表 7-4　AliExpress 无忧物流与线上发货、货代发货对比

对比项	AliExpress 无忧物流	线上发货	货代发货
物流服务	稳定：官方物流，由菜鸟搭建覆盖全球优质物流网络	稳定：由第三方优质物流商合作平台作为第三方监管	不确定：货代市场鱼龙混杂，提供的服务不可控
人力成本	节省：一旦产生物流纠纷，卖家无须响应，由平台介入进行全流程处理	耗费：需要由卖家自己花费大量的时间、精力和人力处理物流咨询、投诉	耗费：需要由卖家自己花费大量的时间、精力和人力来处理物流咨询、投诉
资金风险	低：若因物流原因导致订单超出限时达时间未妥投，由平台承担赔款	低：因物流问题导致的损失可在线向物流商发起索赔	高：因物流问题导致的损失由卖家自己承担，向物流商申请索赔困难
卖家保护	有：因物流原因导致的 DSR 低分、仲裁提起率、卖家责任率均不计入考核	有：因物流问题导致的纠纷、DSR 低分不计入考核	无：因物流问题导致的纠纷将会影响卖家服务等级的考核

7.2.2　无忧物流的物流方案类型

目前速卖通为卖家提供的 AliExpress 无忧物流——简易服务、标准服务、优先服务，都通过菜鸟网络与多家优质物流服务商合作搭建的全球物流网络进行配送，菜鸟智能分单系统会根据目的地、品类、重量选择最优物流方案。各个方案类型的特点如表 7-5 所示。

表 7-5　AliExpress 无忧物流方案类型及其特点

物流方案	预估时效	信息查询	赔付上限	品类限制
AliExpress 无忧物流—简易（AliExpress Saver Shipping）	15～20 天	可查询包含买家签收在内的关键环节物流追踪信息	因物流原因导致的纠纷退款由平台承担，赔付上限为 35 元人民币	只支持寄送普通商品，不支持寄送带电商品、纯电商品及化妆品
AliExpress 无忧物流—标准（AliExpress Standard Shipping）	重点国家及地区 15～35 天	全程可追踪（部分国家或地区除外）	因物流原因导致的纠纷退款由平台承担，赔付上限为 800 元人民币	可寄送普通商品、带电商品、非液体化妆品，不能寄送纯电商品、液体/粉末类商品
AliExpress 无忧物流—优先（AliExpress Premium Shipping）	重点国家及地区 4～10 天	全程可跟踪	因物流原因导致的纠纷退款由平台承担，赔付上限为 1 200 元人民币	只支持寄送普通商品，不支持寄送带电商品、纯电商品及化妆品

7.2.3　揽收范围与包装要求

AliExpress 无忧物流目前揽收服务已覆盖北京、深圳、广州、东莞、佛山、汕头、中山、珠海、江门、义乌、金华、杭州、宁波、温州乐清、上海、昆山、南京、苏州、无锡、福州、厦门、泉州、惠州、莆田、青岛、长沙、武汉、郑州、成都、葫芦岛兴城、保定白沟。揽收区域内，1 件起免费上门揽收；揽收区域外，需要卖家通过国内快递将包裹自行寄送至仓库（寄送至仓库的费用需卖家自行承担）。

为了保证包裹的完整与整洁，卖家在包装包裹时需要注意以下事项。

（1）打印发货标签

卖家必须打印发货标签并将其贴在包裹外包装上，如果发货方非卖家本人（例如，卖家需要从淘宝或供应商处直接将包裹发送至仓库，发货方为淘宝卖家或供应商，收货方为物流商仓库），卖家须要求发货方代打发货标签，并将其贴在包裹外包装上。

仓库不会替卖家代打发货标签，没有发货标签的包裹会被作为无主件处理。无主件从收货开始超过 6 个月会被做统一销毁处理。

（2）放置发货清单

在揽收人员上门揽收时，卖家需要用大包将所有待揽收的包裹装好，并在大包内附上小包裹清单，并将大包内小包裹的数量明确地标注出来。因卖家未放置清单而造成的大包中小包少件，物流商将不承担责任。

（3）包裹包装要求

在货物的包装过程中，为了提高包裹的操作效率和运输时效，包裹的包装需要符合相关要求。如果包装不合规格，可能会导致退货，因此产生的延误需要卖家自行承担。

① 包裹外表不能出现快递或运输公司字样或标识，商品表面不能直接贴快递单。

② 不能直接使用商品包装或裸装，即不能将商品装在透明的袋子中。

③ 必须使用标准发货标签，发货标签不能使用彩色打印，面单尺寸不能超过 10 厘米 × 10 厘米。

④ 不能把多个包裹捆绑在一起，要用一个大的包装箱或袋把同一批货物装在一起。

⑤ 对于发光的商品（如发光鞋子），里面必须使用纸盒包装，并确保外包装不会透光。

7.3 海外仓

2015 年 2 月 6 日，全球速卖通开通海外仓。卖家使用速卖通海外仓能够让商品获得更高的曝光及流量，增强买家购买信心，为商品带来更高的转化率及销量。使用海外仓，买家 2~7 天即可收到货，缩短了卖家的回款周期，降低了物流纠纷。

海外仓突破了航空禁运、重量、体积等物流限制，使卖家可以拓展电子商品、汽配、家居、运动等优势品类，且为卖家提供了更加灵活的退换货服务，完善售后服务环节，为买家提供高质量的购物体验。

7.3.1 海外仓发货地

卖家可以将海外仓发货地设置为美国、英国、德国、西班牙、法国、意大利、俄罗斯、澳大利亚和印度尼西亚。此外，每个发货地还有相应的辐射范围，也就是说，海外仓商品除了可以设置发货到海外仓所在地的本土范围外，还可以设置发货到这些国家相应的辐射范围，具体如表 7–6 所示。

表 7–6 海外仓发货地及其辐射范围

海外仓发货地	发货地辐射范围
美国	加拿大、墨西哥、巴西、智利
英国	西班牙、法国、捷克、土耳其、意大利、比利时、荷兰、波兰、拉脱维亚、瑞典、德国、爱尔兰、挪威、希腊、芬兰、丹麦、葡萄牙

续表

海外仓发货地	发货地辐射范围
德国	西班牙、法国、英国、捷克、土耳其、意大利、比利时、荷兰、波兰、拉脱维亚、瑞典、爱尔兰、挪威、希腊、芬兰、丹麦、葡萄牙
西班牙	法国、英国、捷克、土耳其、意大利、比利时、荷兰、波兰、拉脱维亚、瑞典、德国、爱尔兰、挪威、希腊、芬兰、丹麦、葡萄牙
法国	西班牙、英国、捷克、土耳其、意大利、比利时、荷兰、波兰、拉脱维亚、瑞典、德国、爱尔兰、挪威、希腊、芬兰、丹麦、葡萄牙
意大利	西班牙、法国、英国、捷克、土耳其、比利时、荷兰、波兰、拉脱维亚、瑞典、德国、爱尔兰、挪威、希腊、芬兰、丹麦、葡萄牙
俄罗斯	无
澳大利亚	无
印度尼西亚	无

7.3.2 海外仓的申请

海外发货地设置功能仅向通过审核的卖家开放，卖家需要先备货到海外，再提交申请，提供海外仓证明资料，通过审核后才能设置海外发货地。主账号和子账号都可以申请海外仓，申请成功后，系统会同时开通主账号及所属子账号的权限。

卖家申请海外仓的流程如图 7-1 所示。

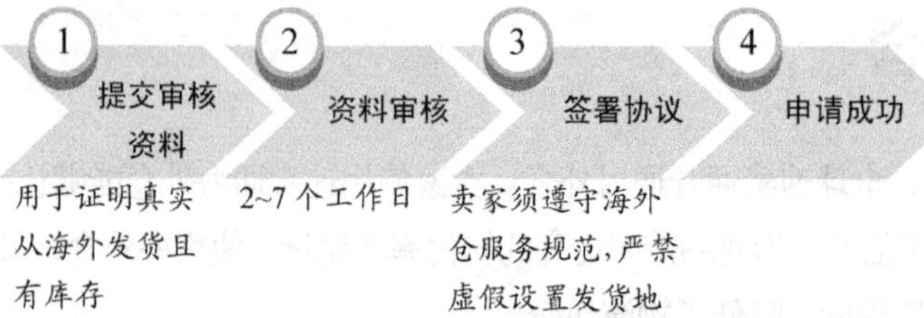

图 7-1 海外仓申请流程

卖家使用第三方海外仓或自营海外仓所提交的审核资料有所不同，具体如表 7-7 所示。

表 7-7 申请海外仓需要提交的资料

海外仓类型	需要提交的审核资料
第三方海外仓	① 合作物流商； ② 客户代码（物流商给客户用的代码）； ③ 与第三方物流商签订的合同照片； ④ 使用第三方物流系统的后台截图，如库存查询、订单管理页面
自营海外仓	① 海外仓地址； ② 中国发货证明，如发货底单、发货拍照、物流跟踪详情截图等； ③ 海外通关证明，如缴税证明等； ④ 仓库照片，将自己的报名 ID 写在小纸条上（或打印），并放在当地最近的报纸上拍照，照片背景可以看到门牌号或仓库实景

7.4 设置运费模板

运费模板是为避免卖家需要频繁修改运费而推出的一种运费工具。通过运费模板，卖家可以解决不同地区的买家购买商品时运费差异化的问题，还可以解决同一买家在店内购买多件商品时的运费合并问题。

7.4.1 新手运费模板

为了帮助卖家尽快在速卖通开店，速卖通平台为卖家提供了“新手运费模板”。卖家只需在发布商品时选择“新手运费模板”选项，即可轻松地完成运费设置，订单成交后实现便捷发货。

登录卖家后台，选择“产品管理”选项卡，单击页面左侧“模板管理”中的“运费模板”选项，如图7-2所示。

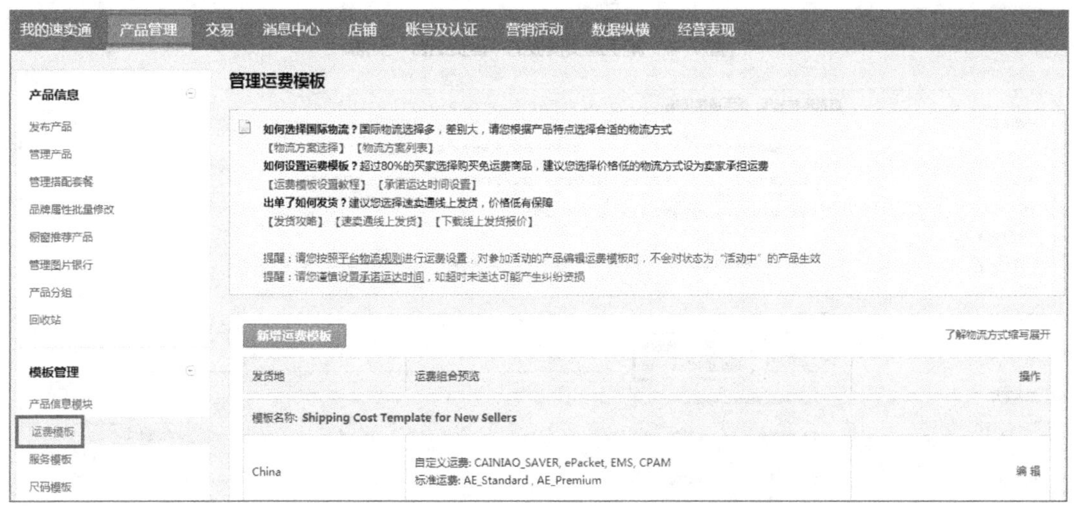

图7-2 单击“运费模板”选项

新手运费模板在后台显示为“Shipping Cost Template for New Sellers（新卖家运费模板）”，单击模板名称超链接，如图7-3所示。

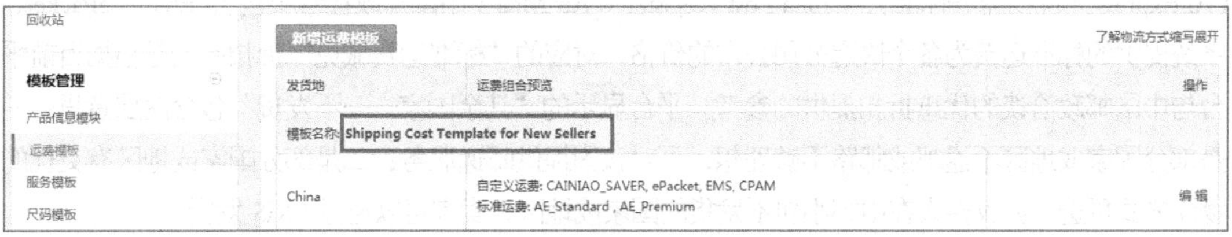

图7-3 单击模板名称超链接

进入新手运费模板页面，选择“运费组合”选项卡，可以查看各个物流方式的运费组合，如图7-4所示；选择“运达时间组合”选项卡，可以查看各个物流方式的运达时间组合，如图7-5所示。

图 7-4　新手运费模板的“运费组合”页面

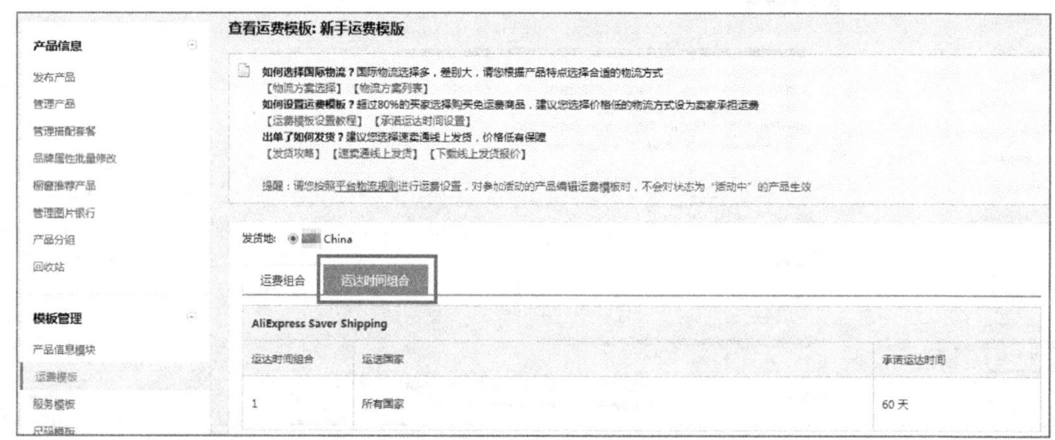

图 7-5　新手运费模板的“运达时间组合”页面

在“运费组合”中，平台默认的新手模板包含了 AliExpress Saver Shipping（AliExpress 无忧物流—简易）、AliExpress Premium Shipping（AliExpress 无忧物流—优先）、AliExpress Standard Shipping（AliExpress 无忧物流—标准）、China Post Registered Air Mail（中国邮政挂号小包）、EMS、ePacket，系统提供的标准运费为各个快递公司公布的价格，对应的“标准运费减免”折扣率则是根据目前平台与中国邮政洽谈的优惠折扣提供的参考。平台显示的“其余国家——不发货”包含两层意思：一是部分国家或地区不通邮或邮路不够理想，不对该国提供邮递服务；二是部分国家或地区有更优的物流方式可选，如收件人在中邮小包不发货的国家或地区，卖家可以通过 EMS 发货。

从“运达时间组合”上看，“承诺运达时间”为平台判断的包裹寄达至收件人所需的时间。

7.4.2　新建运费模板

对于大部分卖家来说，新手运费模板并不能满足他们的需求，在这种情况下，卖家就需要进行运费模板的自定义设置。

进入“我的速卖通”后台操作页面，选择“产品管理”选项卡，在左侧选择“模板管理”|“运费模板”选项，如图7-6所示。

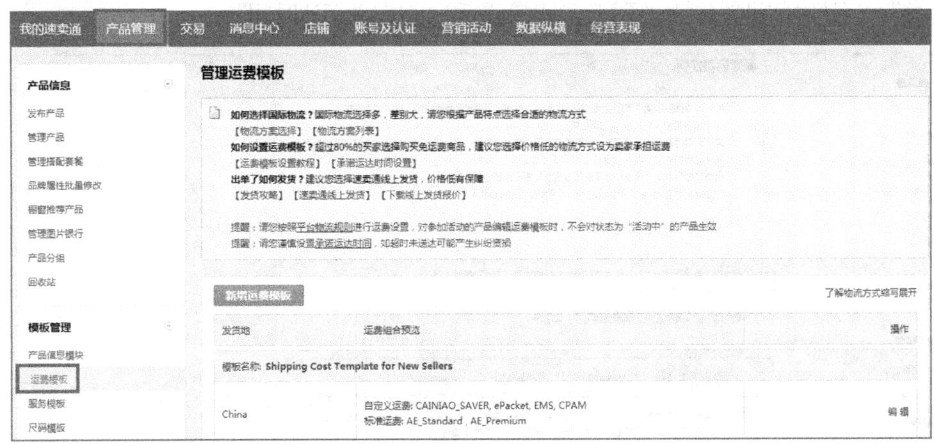

图7-6　选择“运费模板”选项

单击“新增运费模板”按钮，或者选择现有的运费模板进行编辑，如图7-7所示。

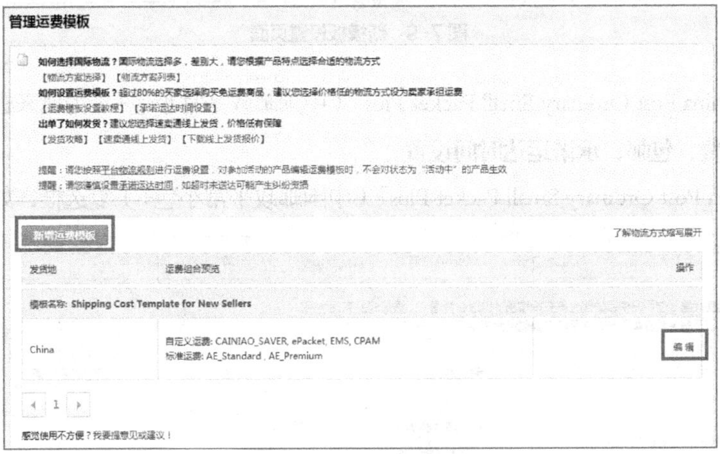

图7-7　单击“新增运费模板”按钮

进入新增运费模板页面，单击“展开设置”超链接，如图7-8所示。

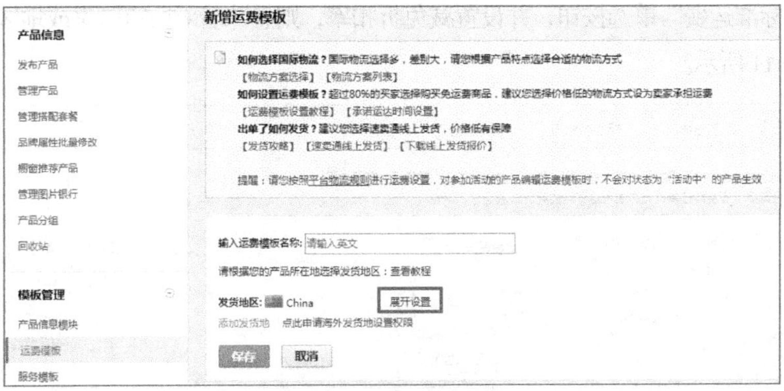

图7-8　新增运费模板页面

进入新模板设置页面，卖家可以输入运费模板名称（不能输入中文），选择物流方式，并进行运费设置和运达时间设置，如图 7–9 所示。其中，运费设置包括“标准运费”“卖家承担运费”和“自定义运费”，运达时间设置包括“承诺运达时间”和“自定义运达时间”。

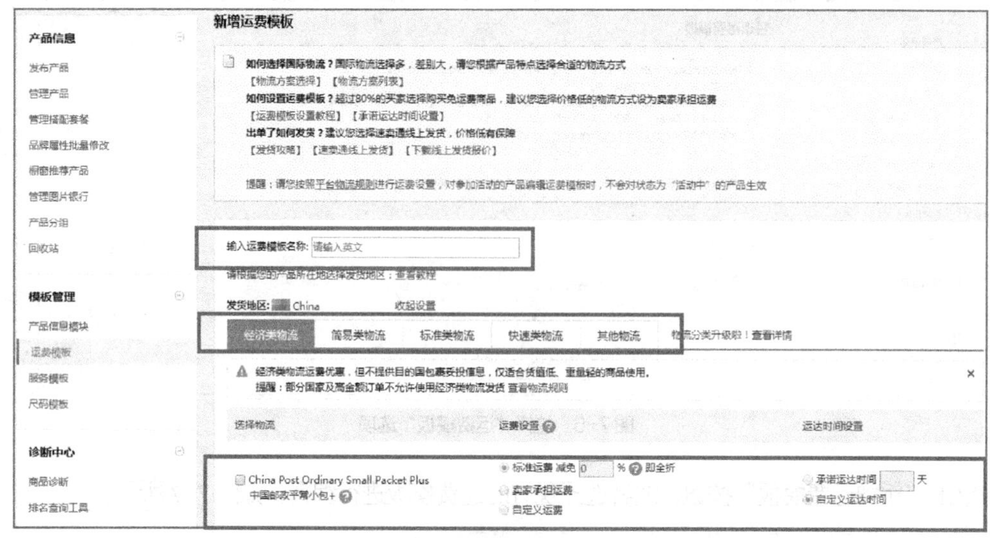

图 7–9　新模板设置页面

下面以“China Post Ordinary Small Packet Plus”（中国邮政平常小包+）为例来进行操作说明。

1. 标准运费、包邮、承诺运达时间设置

选中“China Post Ordinary Small Packet Plus”（中国邮政平常小包+）复选框，如图 7–10 所示。

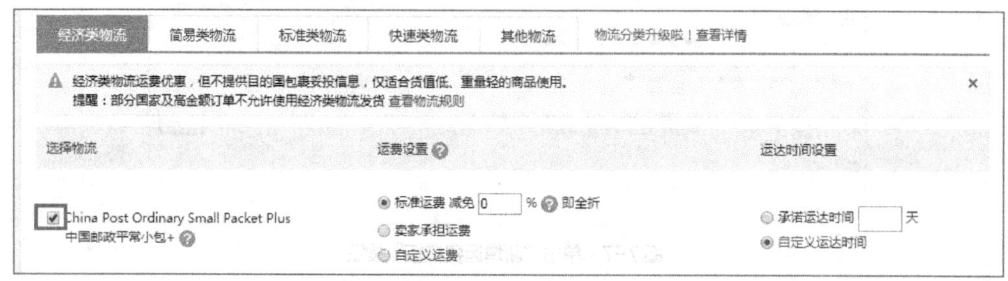

图 7–10　选择物流方式

若选中“标准运费”单选按钮，并设置减免折扣率，则意味着对所有国家或地区均执行此优惠标准，如图 7–11 所示。

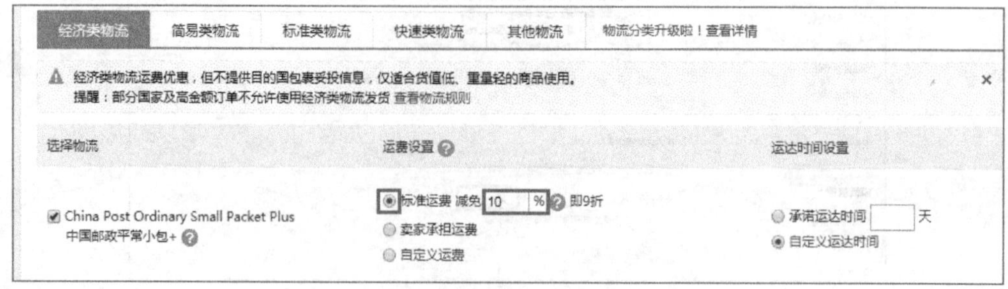

图 7–11　设置标准运费减免折扣率

若选中“卖家承担运费”单选按钮，则意味着会对所有国家或地区均采取卖家承担运费，即包邮，如图 7-12 所示。

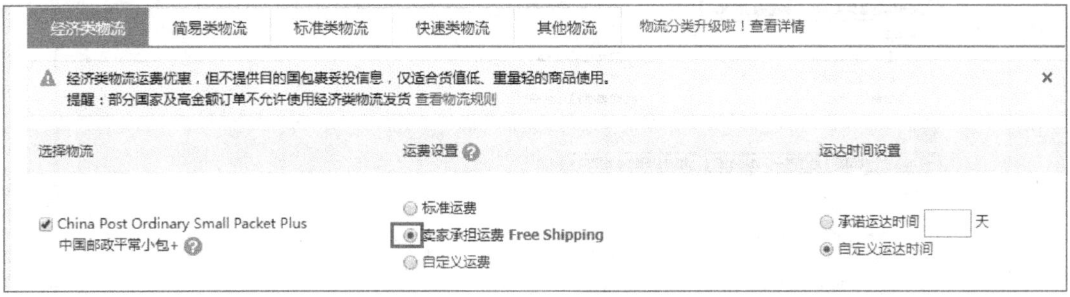

经济类物流
简易类物流
标准类物流
快速类物流
其他物流
物流分类升级啦！查看详情
经济类物流运费优惠，但不提供目的国包裹妥投信息，仅适合货值低、重量轻的商品使用。
提醒：部分国家及高金额订单不允许使用经济类物流发货 查看物流规则
选择物流
运费设置
运达时间设置
China Post Ordinary Small Packet Plus
中国邮政平常小包+
标准运费
卖家承担运费 Free Shipping
自定义运费
承诺运达时间
天
自定义运达时间

图 7-12　设置卖家承担运费

若选中“承诺运达时间”单选按钮，并设置运达时间，即可对所有买家均承诺同样的运达时间，如图 7-13 所示。

经济类物流
简易类物流
标准类物流
快速类物流
其他物流
物流分类升级啦！查看详情
经济类物流运费优惠，但不提供目的国包裹妥投信息，仅适合货值低、重量轻的商品使用。
提醒：部分国家及高金额订单不允许使用经济类物流发货 查看物流规则
选择物流
运费设置
运达时间设置
China Post Ordinary Small Packet Plus
中国邮政平常小包+
标准运费 减免 10 %
卖家承担运费 Free Shipping
自定义运费
承诺运达时间 27 天
自定义运达时间

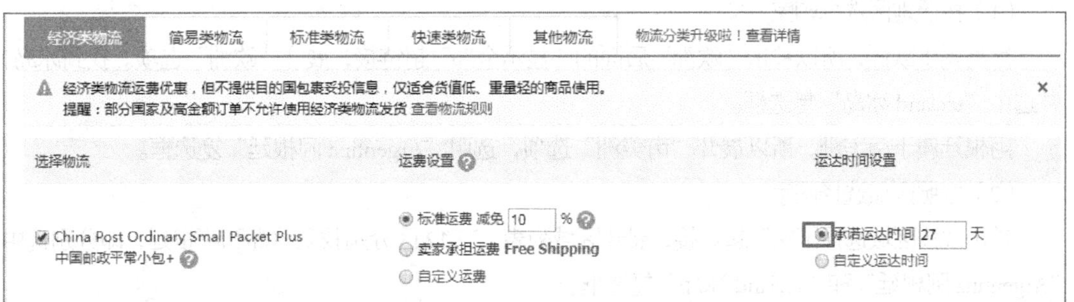

图 7-13　设置承诺运达时间

2. 自定义运费设置

卖家可以通过“自定义运费”对运费进行个性化设置。选中“自定义运费”单选按钮，如图 7-14 所示。

经济类物流
简易类物流
标准类物流
快速类物流
其他物流
物流分类升级啦！查看详情
经济类物流运费优惠，但不提供目的国包裹妥投信息，仅适合货值低、重量轻的商品使用。
提醒：部分国家及高金额订单不允许使用经济类物流发货 查看物流规则
选择物流
运费设置
运达时间设置
China Post Ordinary Small Packet Plus
中国邮政平常小包+
标准运费
卖家承担运费
自定义运费
承诺运达时间
天
自定义运达时间

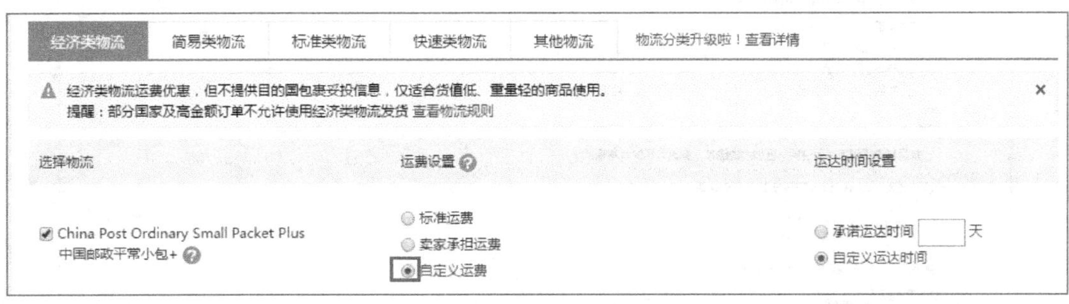

图 7-14　自定义运费设置

在弹出的对话框中选择国家/地区，系统提供了两种方法：一种是按照地区选择国家，另一种是按照区域选择国家，如图 7-15 所示。

下面以对冰岛和阿根廷这两个国家设置“不发货”为例，介绍如何进行自定义运费设置，具体操作方法如下。

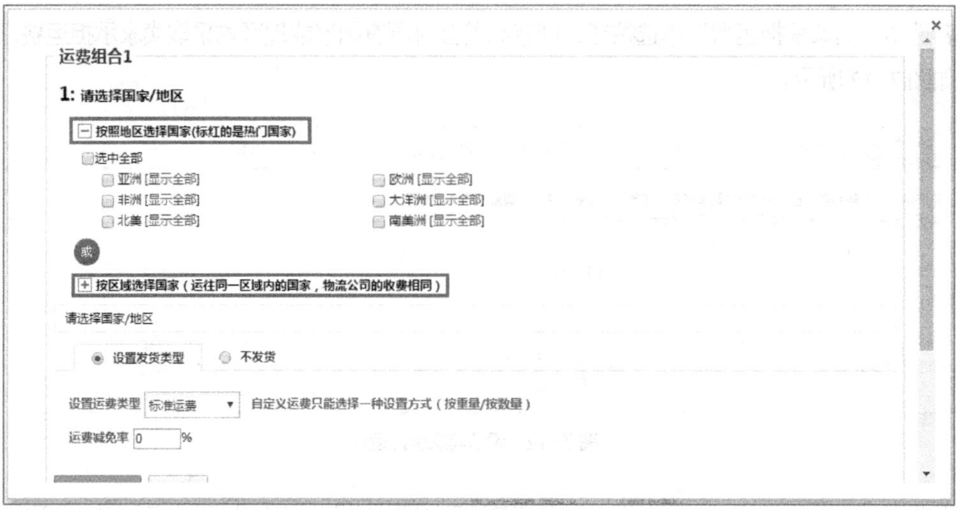

图 7-15 选择国家/地区

（1）按照地区选择国家

冰岛属于欧洲，所以单击“欧洲”后面的“显示全部”超链接，展开“欧洲”选项。找到冰岛，并选中“Iceland 冰岛”复选框。

阿根廷属于南美洲，所以展开“南美洲”选项，选中“Argentina 阿根廷”复选框。

（2）按照区域选择国家

单击“按区域选择国家”超链接，展开区域列表。在 12 区分别找到冰岛和阿根廷，即分别选中“Argentina 阿根廷”和“Iceland 冰岛”复选框。

在此对已选择的国家或地区进行不发货设置，选中“不发货”单选按钮，然后单击“确认添加”按钮即可，如图 7-16 所示。

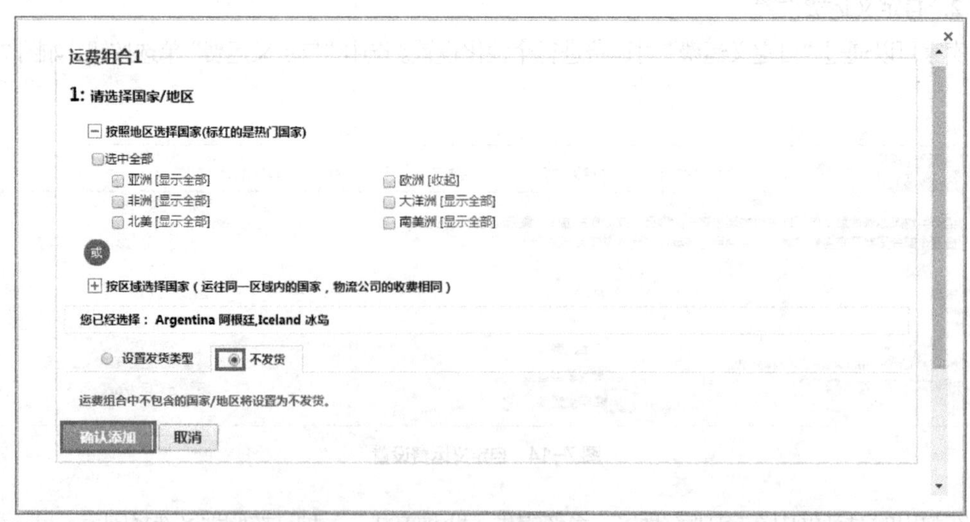

图 7-16 设置不发货

如果需要对更多的国家或地区进行个性化运费设置，则单击“添加一个运费组合”超链接，如图 7-17 所示。

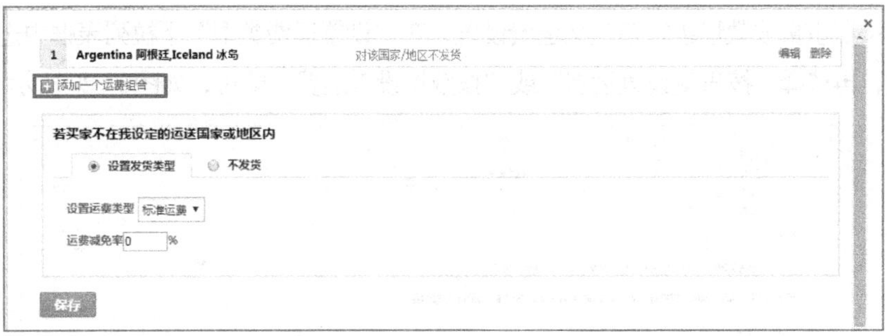

图 7-17　添加一个运费组合

选择相关的国家或地区，对所选国家或地区进行发货类型设置。除了可以对所选国家或地区设置“不发货”外，还可以对所选国家或地区设置不同的运费类型，包括标准运费折扣减免、包邮和自定义运费设置。例如，若对奥地利和保加利亚进行运费类型设置，可以按照前面介绍的方法先选择这两个国家，然后选中“设置发货类型”单选按钮，在“设置运费类型”下拉列表框中选择“标准运费”选项，并设置运费减免率，如图 7-18 所示。

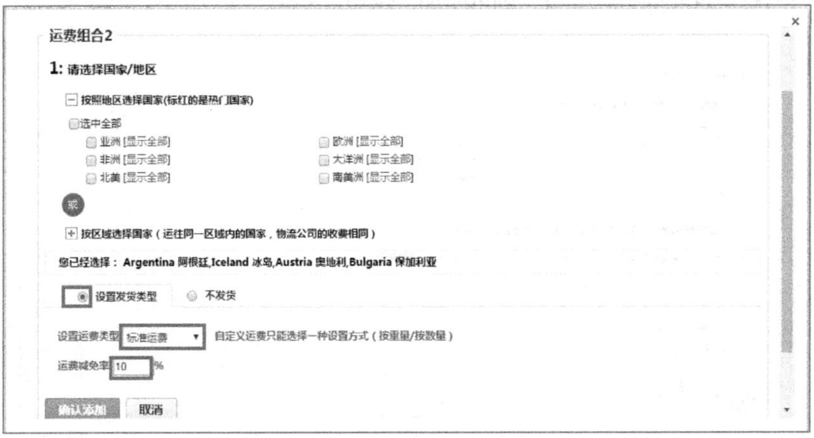

图 7-18　设置标准运费及减免率

也可以设置“包邮”，在“设置运费类型”下拉列表框中选择“卖家承担运费”选项即可，如图 7-19 所示。

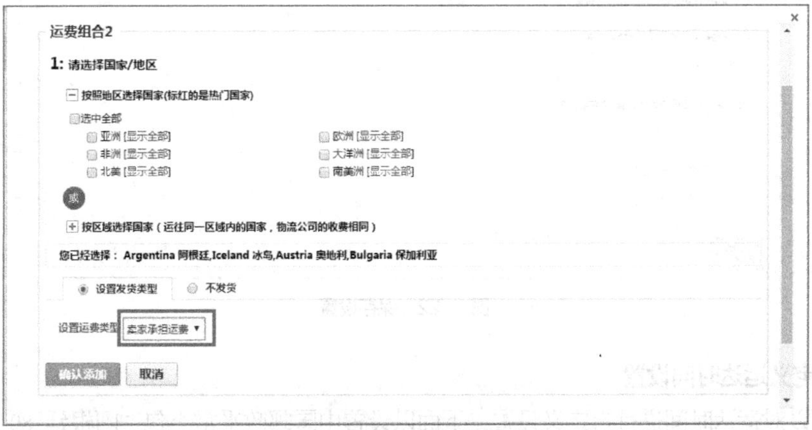

图 7-19　设置“卖家承担运费”

也可以按照重量或数量进行自定义运费设置，在“设置运费类型”下拉列表框中选择“自定义运费”选项，再选择“按重量设置运费”或“按数量设置运费”即可，如图 7-20 所示。

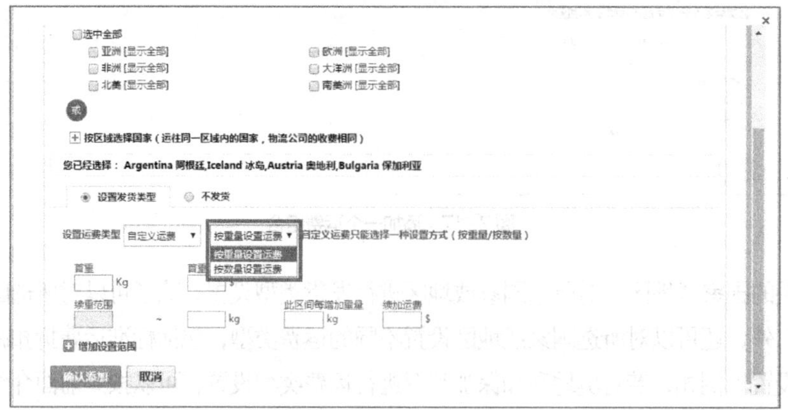

图 7-20　设置“自定义运费”

以上所有内容设置完成后，单击“确认添加”按钮，如图 7-21 所示。

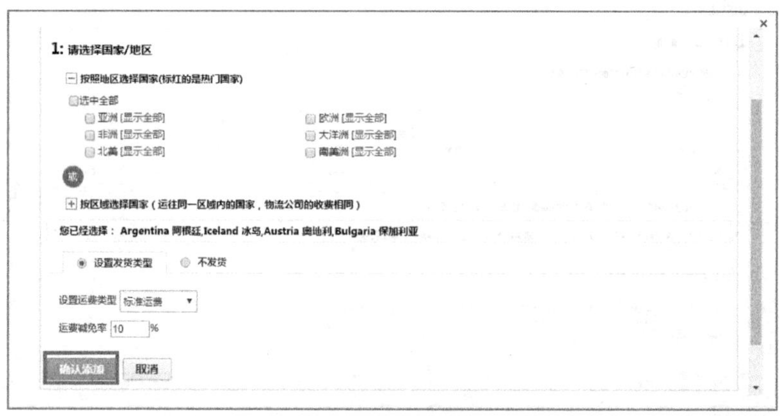

图 7-21　单击“确认添加”按钮

最后单击“保存”按钮保存设置，如图 7-22 所示。

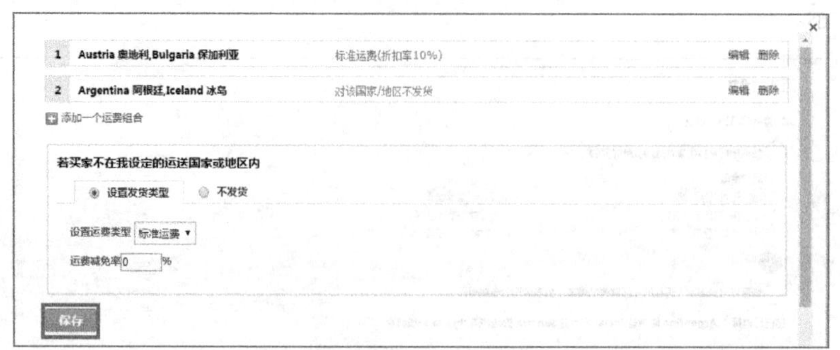

图 7-22　保存设置

3. 自定义运达时间设置

卖家可以对运达时间进行自定义设置，下面以设置中国邮政平常小包“阿根廷 80 天，俄罗斯

90 天，其他国家 60 天”为例进行操作说明。

选中“自定义运达时间”单选按钮，如图 7-23 所示。

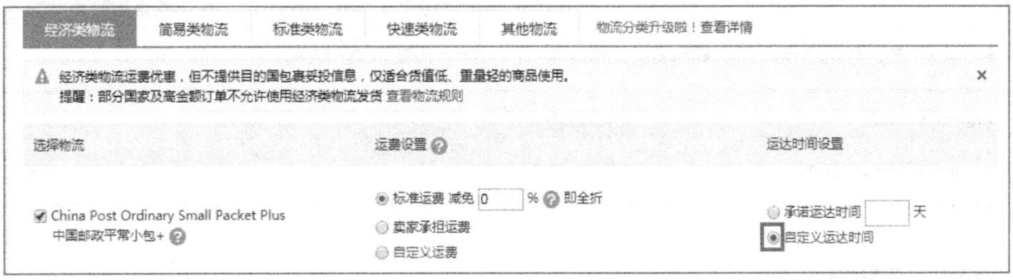

图 7-23　选中“自定义运达时间”单选按钮

在弹出的对话框中展开“欧洲”选项，选中“Russian Federation 俄罗斯”复选框。

在“以上国家承诺运达时间为×天”文本框中输入承诺运达时间，然后单击“确认添加”按钮，如图 7-24 所示。

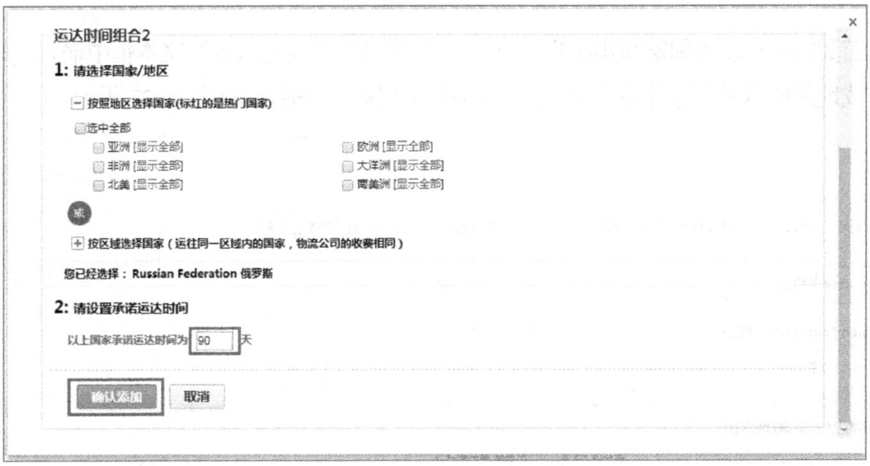

图 7-24　设置承诺运达时间

按照为俄罗斯设置自定义运达时间的方法，为阿根廷设置承诺运达时间为 80 天，然后单击“确认添加”按钮，如图 7-25 所示。

图 7-25　设置阿根廷的承诺运达时间

此时即可完成俄罗斯、阿根廷承诺运达时间设置，如图 7-26 所示。

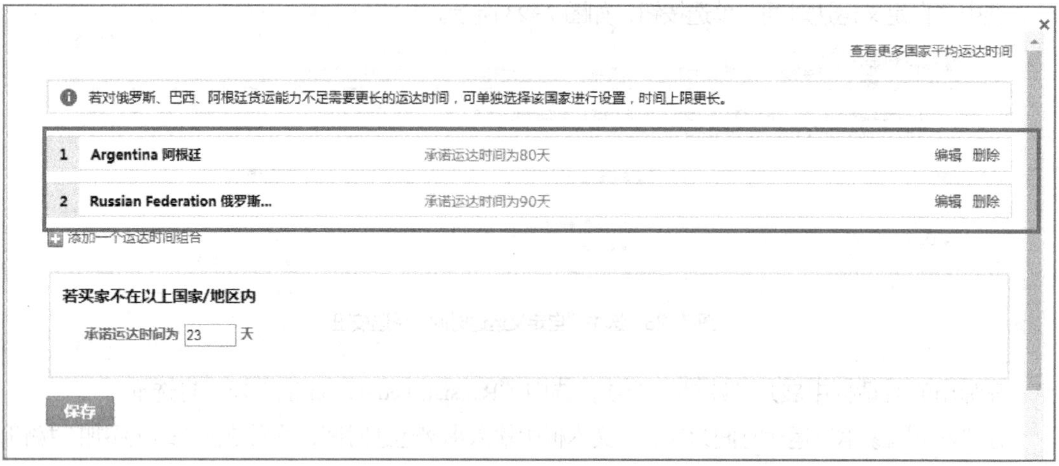

1	Argentina 阿根廷	承诺运达时间为80天	编辑 删除
2	Russian Federation 俄罗斯...	承诺运达时间为90天	编辑 删除

查看更多国家平均运达时间

若对俄罗斯、巴西、阿根廷货运能力不足需要更长的运达时间，可单独选择该国家进行设置，时间上限更长。

添加一个运达时间组合

若买家不在以上国家/地区内

承诺运达时间为 23 天

保存

图 7-26　完成俄罗斯、阿根廷承诺运达时间设置

在“若买家不在以上国家/地区内”下面的“承诺运达时间为×天”文本框中输入“60”，设置其他国家或地区的承诺运达时间为 60 天，最后单击“保存”按钮，如图 7-27 所示。

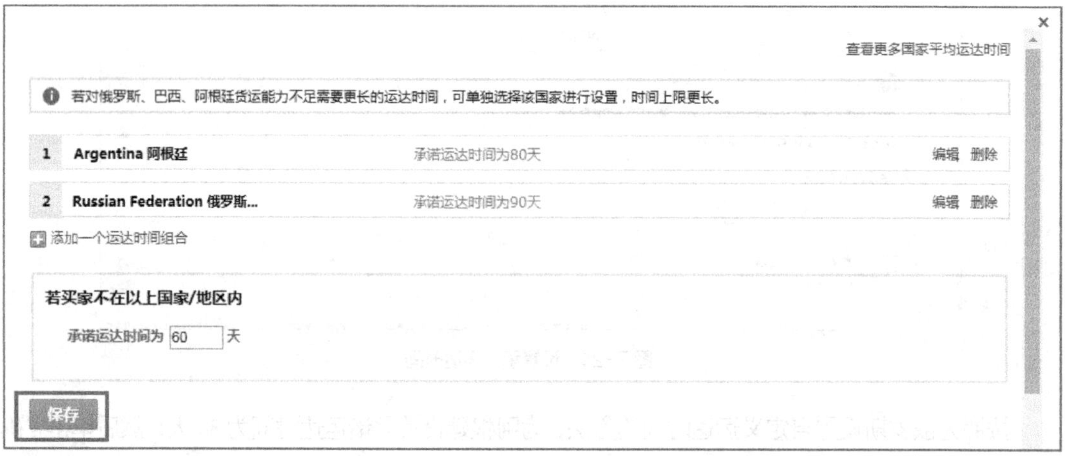

查看更多国家平均运达时间

若对俄罗斯、巴西、阿根廷货运能力不足需要更长的运达时间，可单独选择该国家进行设置，时间上限更长。

1	Argentina 阿根廷	承诺运达时间为80天	编辑 删除
2	Russian Federation 俄罗斯...	承诺运达时间为90天	编辑 删除

添加一个运达时间组合

若买家不在以上国家/地区内

承诺运达时间为 60 天

保存

图 7-27　设置其他国家或地区承诺运达时间

7.5 商品线上发货

卖家使用速卖通线上发货，可以在线选择物流商，在线创建物流订单，交货给物流商后，在线支付运费后由物流商安排发货，大大节省了时间和精力。

商品线上发货的步骤如下。

1. 选择发货订单

进入“我的速卖通”后台操作页面，选择“交易”选项卡，单击“管理订单”下的“所有订单”选项，在“我的订单”中单击“等待您发货”超链接，页面下方显示所有等待发货的订单明细。选择需要发货的订单，然后单击“发货”按钮，如图 7-28 所示。

在打开的页面中单击“线上发货”按钮，如图 7-29 所示。

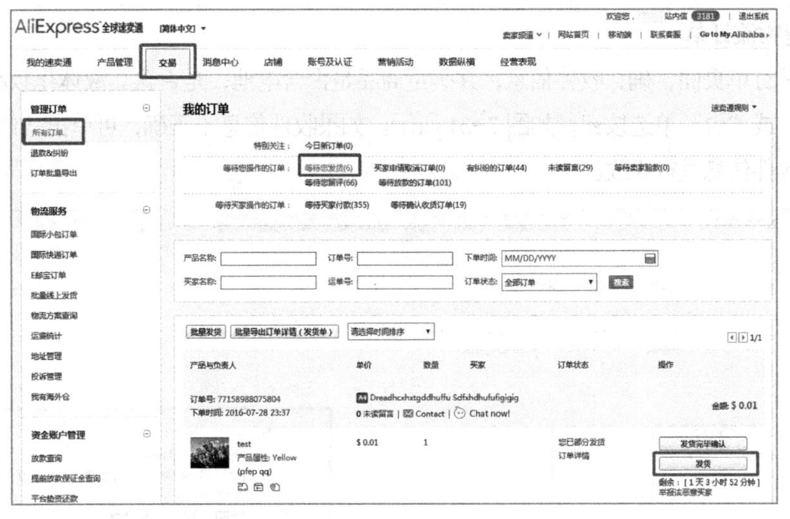

图 7-28　选择发货订单

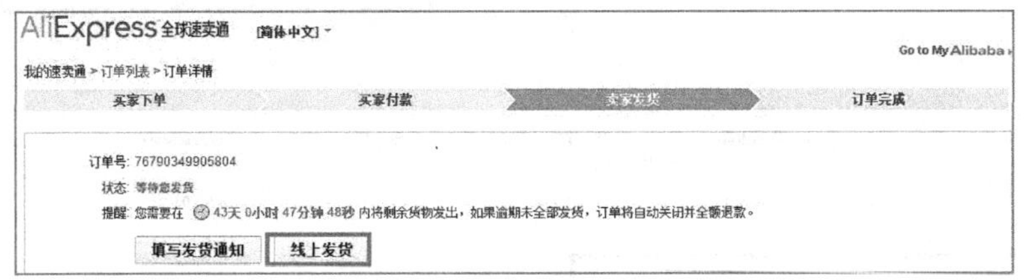

图 7-29　单击“线上发货”按钮

2. 选择物流方案

进入选择物流方案页面，选择物流服务商，在此选中“AliExpress 无忧物流—标准”单选按钮，然后单击“下一步，创建物流订单”按钮，如图 7-30 所示。

图 7-30　选择物流方案

3. 创建物流订单

进入创建订单页面，确认收件信息，并确定商品是否含电池，是否含非液体化妆品，分别选中对应的“是”或“否”单选按钮，如图7-31所示。如果收件信息不正确，可单击“修改收件信息”超链接，对收件信息进行修改。

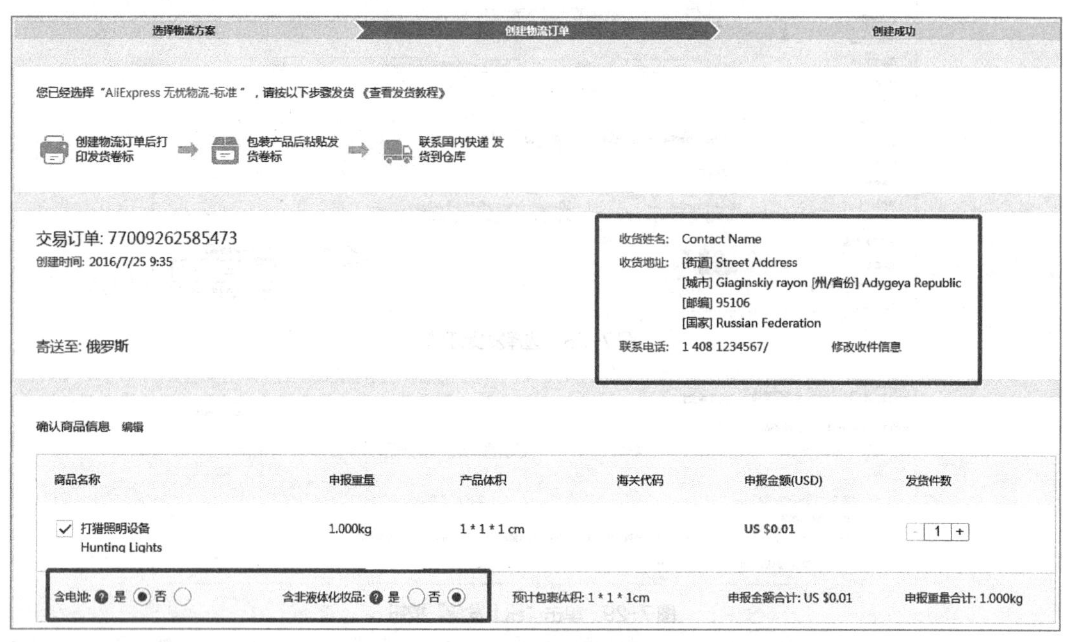

图7-31 确认收件信息和商品信息

在弹出的对话框中输入收件信息，包括收货姓名、收货地址、联系电话等，确认无误后单击“保存”按钮，如图7-32所示。

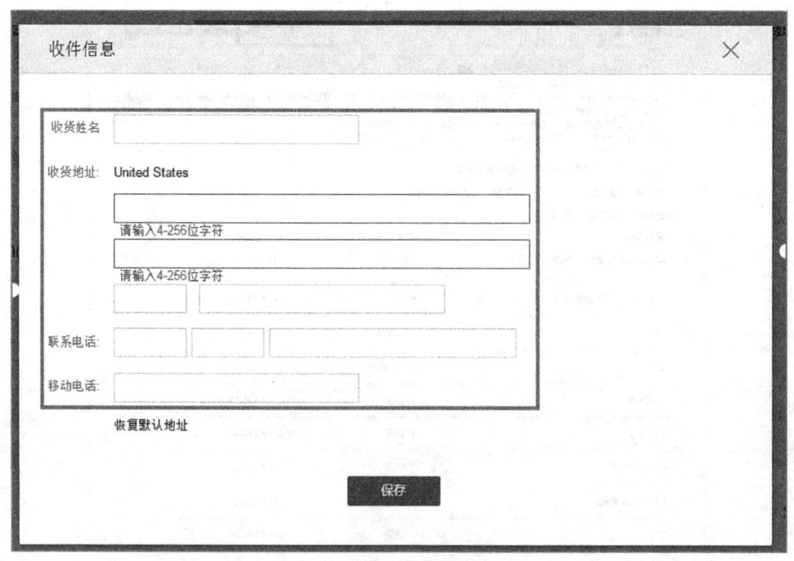

图7-32 修改收件信息

确认发货信息，并选择揽收方式，在此选择“自送至中转仓库”，设置送货方式和快递单号，如图7-33所示。

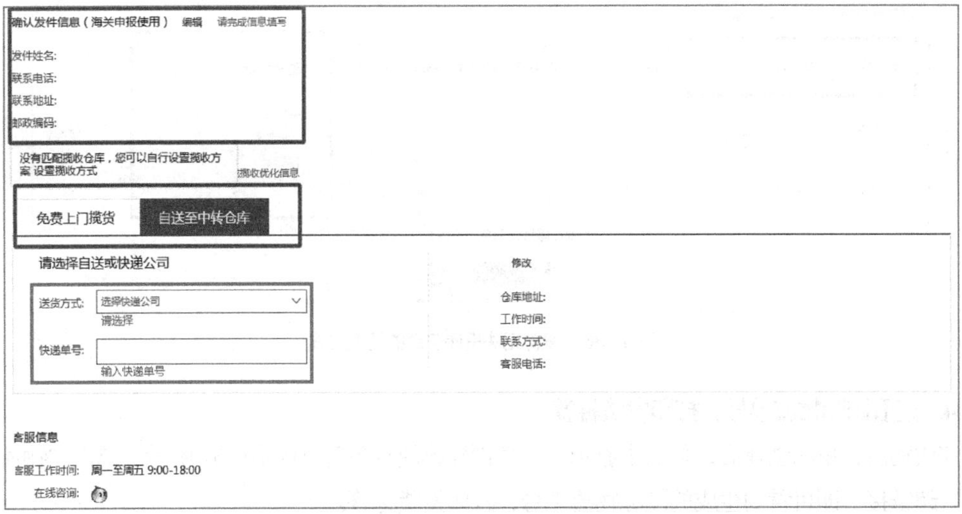

图 7-33　选择揽收方式

如果卖家的发件地址在物流商揽收范围以内，系统会为其自动配置对应的仓库。如果卖家所在的地址没有推荐的揽收仓，系统会提示“自寄至指定中转仓库”。如果卖家依然想免费上门揽收，可以单击“申请仓库上门揽收”超链接，如图 7-34 所示。

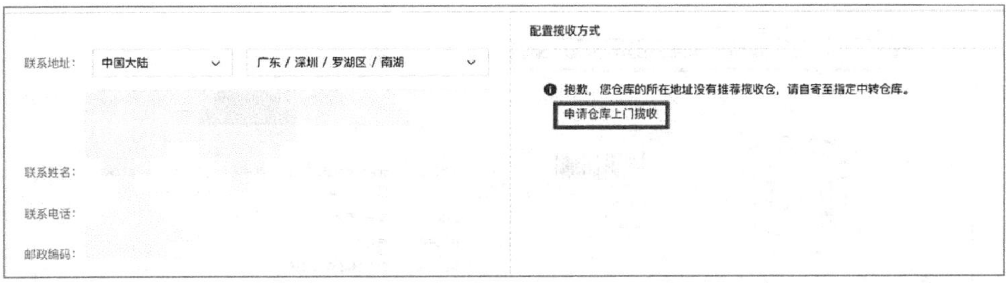

图 7-34　单击“申请仓库上门揽收”超链接

页面显示可以提供上门揽收的仓库信息，如图 7-35 所示。申请揽收仓库，务必先与仓库沟通能否上门揽收，以免仓库拒单。

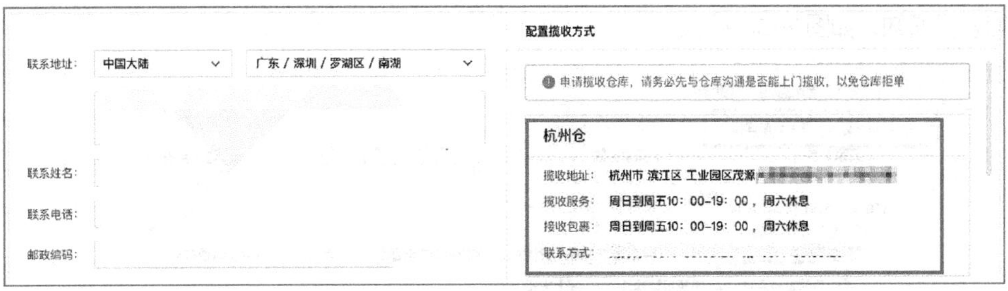

图 7-35　上门揽收仓库信息

在创建物流订单时，在页面底部有关于无法投递的包裹处理方案。卖家可以根据自己的需要选择是否需要将包裹退回，或者在海外销毁。在此选中“退回”单选按钮，并选中“我已阅读并同意《在线发货-阿里巴巴使用者协议》”复选框，如图 7-36 所示，然后单击“提交发货”按钮，物流订单创建完毕。

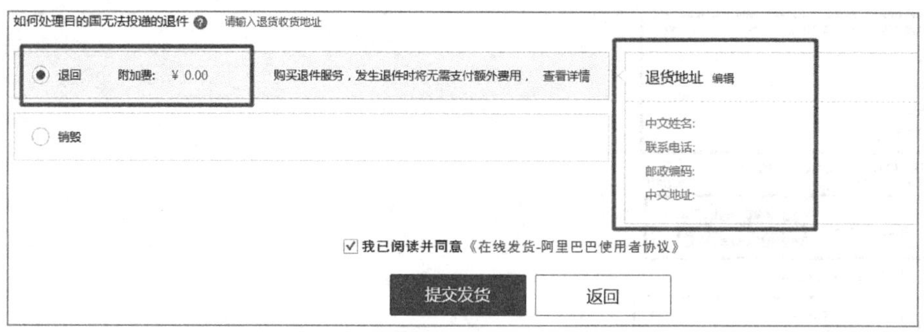

图 7-36 设置无法投递包裹的处理方式

4. 查看国际物流单号，打印发货标签

完成物流订单的创建后，页面中显示“成功创建物流订单”，如图 7-37 所示。单击“物流订单详情”超链接，即可看到生成的国际物流单号，打印发货标签。

图 7-37 成功创建物流订单

5. 填写发货通知

物流订单创建成功后，系统会生成运单号给卖家。卖家在完成打包发货、交付物流商之后，即可填写发货通知，如图 7-38 所示。

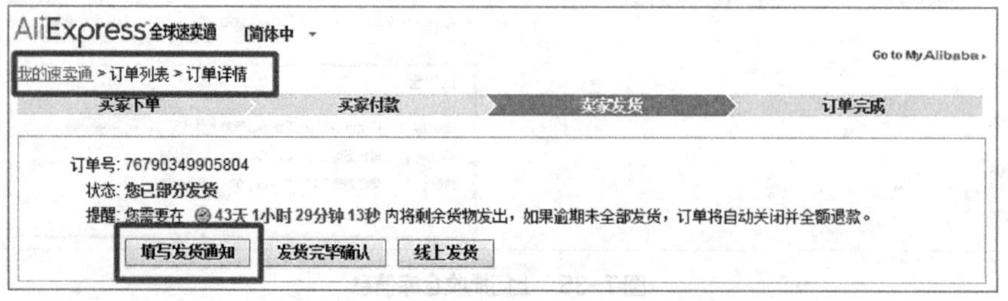

图 7-38 填写发货通知

7.6 海关报关 

海关报关是跨境出口电商必须经过的一个环节，是指货物、行李和邮递物品、运输工具等在进

出关境或国境时由所有人或其代理人向海关申报，交验规定的单据与证件，请求海关办理进出口有关手续的过程。

7.6.1 报关的基本流程

跨境电商企业可以通过通关服务平台实现通关一次申报，同时海关、税务、检验检疫、外汇、市场监管等部门也可通过通关服务平台获得跨境电商商品信息，并对商品交易实现全流程监管。

在申报跨境电子商务零售出口商品之前，电子商务企业或电子商务交易平台、支付企业、物流企业应当分别通过跨境电子商务通关服务平台（以下简称“服务平台”）如实地向海关传输交易、支付和物流等电子信息。

一般来说，跨境电商出口报关需要经过六个步骤，如图 7-39 所示。

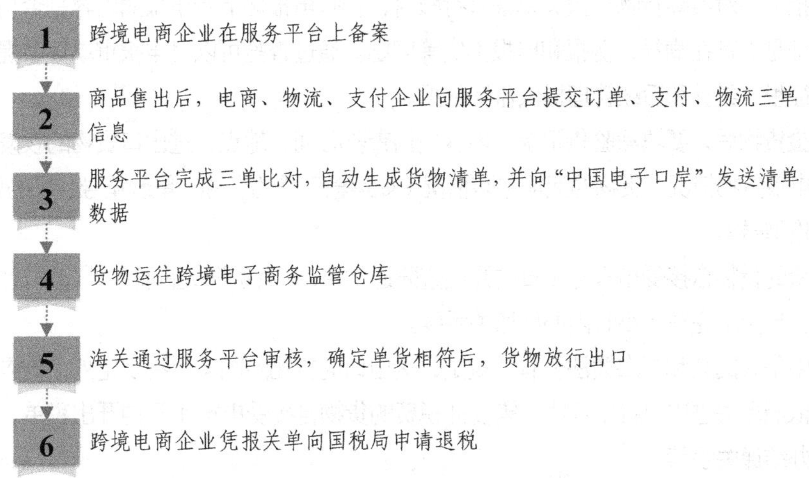

图 7-39 跨境电商出口报关基本流程

电子商务企业或其代理人应提交《中华人民共和国海关跨境贸易电子商务进出境货物申报清单》（以下简称《申报清单》），出口采取“清单核放、汇总申报”的方式办理报关手续。

所谓“清单核放、汇总申报”，是指跨境电子商务零售商品出口后，电子商务企业或其代理人应当于每月 10 日前（当月 10 日是法定节假日或法定休息日的，顺延至其后的第一个工作日，第 12 月的清单汇总应当于当月最后一个工作日前完成），将上月（12 月为当月）结关的《申报清单》依据清单表头同一收发货人、同一运输方式、同一运抵国或地区、同一出境口岸，以及清单表体同一 10 位海关商品编码、同一申报计量单位、同一币制规则进行归并，汇总形成《中华人民共和国海关进（出）口货物报关单》向海关申报。

《申报清单》《中华人民共和国海关进（出）口货物报关单》应当采取通关无纸化作业方式进行申报。

《申报清单》的修改或撤销参照海关《中华人民共和国海关进（出）口货物报关单》修改或撤销有关规定办理。

1. 申报

发货人根据出口合同的约定按时、按质、按量准备好货物后，向运输公司办理租船订舱手续，准备向海关办理报关手续，或委托专业（代理）报关公司办理报关相关手续。

若委托专业（代理）报关公司代理申报，卖家应该在货物出口之前在出口岸就近向专业（代理）报关企业办理委托报关手续。接受委托的专业（代理）报关企业向委托单位收取正式的报关委托书，报关委托书以海关要求的格式为准。

提前准备好报关用的单证能够保证出口货物的顺利通关。一般来说，报关所需的单证包括出口货物报关单、托运单（即下货纸）、发票一份、贸易合同一份、出口收汇核销单及海关监管条件所涉及的各类证件。

在申报时要注意，出口货物的报关时限为装货的 24 小时以前，不需要征税费、查验的货物自接受申报起 1 日内办结通关手续。

2. 查验

查验是指海关对实际货物与报关单证进行核对，查验申报环节所申报的内容是否与查证的单、货一致，查证是否存在瞒报、伪报和申报不实等问题。通过查验可以对申报审单环节提出的疑点进行验证，为征税、统计和后续管理提供监管依据。

海关查验货物后，要填写验货记录，内容包括查验时间、地点、进出口货物的收发货人或其代理人名称、申报货物情况、货物的运输包装情况（如运输工具的名称、集装箱号、尺码和封号）、货物名称、规格型号等。

需要查验的货物自接受申报起 1 日内开出查验通知单，自具备海关查验条件起 1 日内完成查验，除需缴税外，自查验完毕 4 小时内办结通关手续。

根据《中华人民共和国海关法》有关规定，进出口的货物除国家另有规定外，均应征收关税。关税由海关依照海关进出口税则征收。需要征税费的货物自接受申报 1 日内开出税单，并于缴核税单 2 小时内办结通关手续。

3. 放行

对于一般出口货物，发货人或其代理人向海关如实申报，并如实缴纳相关税款和费用后，海关会在出口装货单上加盖"海关放行章"，出口货物的发货人凭此装船起运出境。

若申请出口货物退关，发货人应当在退关之日起 3 日内向海关申报退关，经海关核准后方能将货物运出海关监管场所。

海关放行后，在出口退税专用报关单上加盖"验讫章"和已向税务机关备案的海关审核出口退税负责人的签章，退还报关单位。报关单的有关内容必须与船运公司传送给海关的舱单内容一致，才能顺利地核销退税。

对海关接受申报并放行后，由于运输工具配载等原因，如果部分货物未能装载上原申报的运输工具，出口货物的发货人应当及时向海关递交《出口货物报关单更改申请单》及更正后的箱单发票、提单副本，使报关单上的内容与舱单上的内容一致。

7.6.2 如何应对海关扣关

遇到国际快递货物被扣关这类问题时不要太紧张，首先要了解国际快递货物被扣关的原因，因为每个国家或地区的海关条例都有所不同。当遭受扣货、扣关时，相关海关部门会向发货人或收货人出具一份说明，其中会说明扣货的原因，发货人或收货人必须配合海关提供相关的文件。

国际快递货物被海关扣关或不允许清关存在以下原因。

（1）商品货物品名填写不详细、不清楚，需要重新提供证明函，具体说明货物的品名及其用途。

（2）货物申报价值过低（海关有理由怀疑逃税）。

（3）国际快递货物单、证不齐全，需要提供必需的单、证，如进口许可证、3C 认证。

（4）敏感货物，属于进、出口国家/地区禁止或限制进口、出口的物品。

为避免发生海关扣货的情况，卖家要做好以下工作。

（1）选择安全的递送方式，如航空挂号小包和 EMS，使用 EMS 就算被海关扣货，还能够免费退回到发货地点。

（2）了解各国或地区的政策，如澳大利亚虽然通关容易，但电池类商品是不允许通关的，因此电池或带电池的商品不要发往澳大利亚。如果一定要卖带电池的商品，可以给客户说清楚不发电池，只发商品。

（3）越重的包裹，被海关扣货的可能性越大。

（4）不同商品被海关扣货的概率不同，如电子产品被扣的概率相对较高。

1. 简述无忧物流与线上发货、货代发货的区别。

2. 为自己的店铺创建一个新的运费模板，新建的运费模板要设置自定义运费、自定义运达时间。

3. 报关的基本流程包括哪些？如果遇到海关扣关，应该如何应对？

Item 8

第8章 跨境收款：货款回收，实现资金高效周转

【学习目标】

- 掌握设置支付宝国际账户中人民币提现账户和美元提现账户的方法。
- 了解速卖通账户的特点。
- 掌握启用PayPal账户的方法。
- 了解速卖通放款规则。

在速卖通运营过程中，收款是一个非常重要的环节。速卖通平台为卖家提供了支付宝国际账户、速卖通账户及PayPal账户等多种收款账户，同时满足了买家多样化支付与卖家多样化收款的需求。此外，多种收款方式也为卖家提现提供了便利条件。

8.1 支付宝国际账户设置

支付宝国际账户是为从事跨境交易的国内用户建立的一个资金账户管理系统。与国内支付宝账户不同，支付宝国际账户是多币种账户，包括美元和人民币账户，目前只有速卖通与阿里巴巴国际站卖家才能使用。

8.1.1 人民币提现账户设置

当买家用人民币进行支付后，交易完成后，支付宝将收到的人民币直接转入卖家的人民币收款账户。卖家需要对该账户进行设置才能顺利提现。

1. 添加人民币提现账户

人民币提现账户必须是已经通过实名认证且账户状态正常的国内支付宝账户，可以是企业支付宝账户和个人支付宝账户。

添加人民币提现账户的具体操作方法如下。

（1）登录“我的速卖通”后台操作页面，单击“交易”|“资金账户管理”|“支付宝国际账户”

选项，如图 8-1 所示。

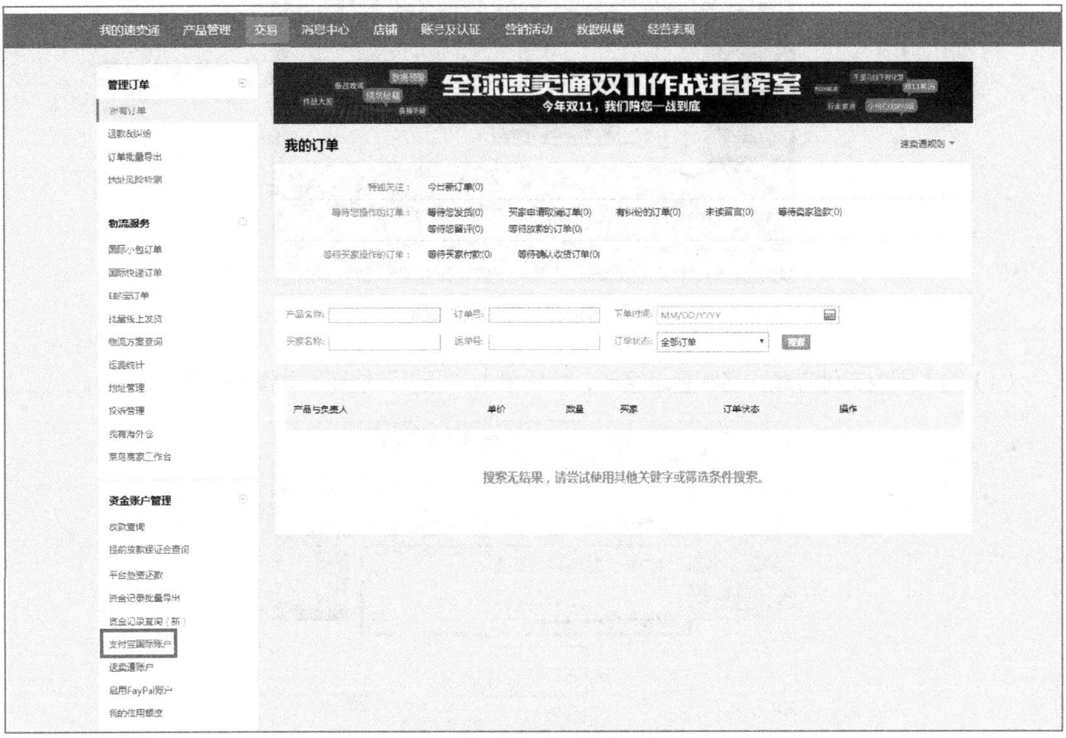

图 8-1　单击“支付宝国际账户”选项

（2）进入支付宝国际账户页面，单击“资产管理”|“提现账户”|“人民币提现账户”|“添加国内支付宝账户”超链接，如图 8-2 所示。

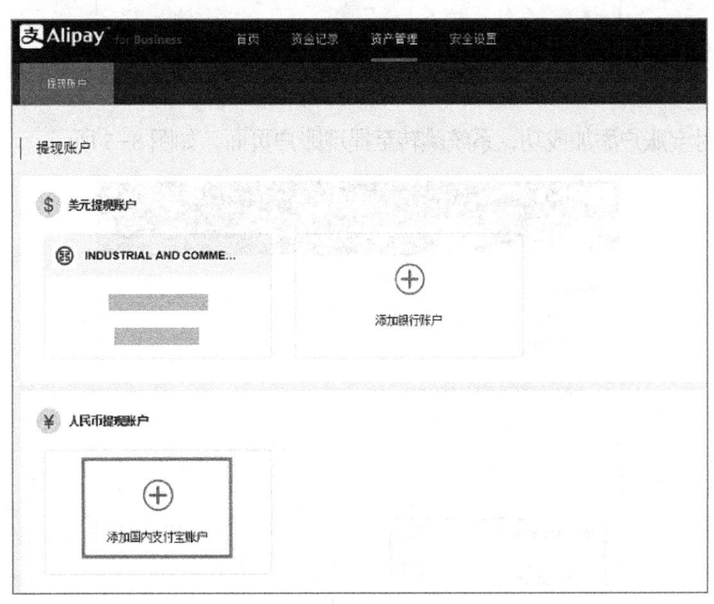

图 8-2　添加国内支付宝账户

（3）弹出“添加国内支付宝账户”对话框，单击“确认”按钮，如图 8-3 所示。

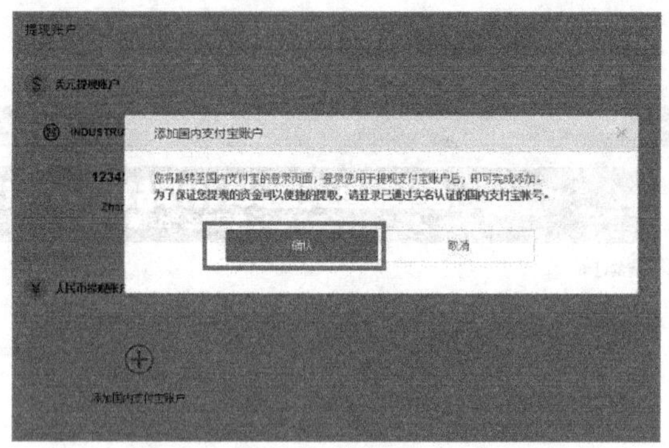

图 8-3　确认添加国内支付宝账户

（4）输入国内支付宝账户名和登录密码，然后单击“登录”按钮，如图 8-4 所示。

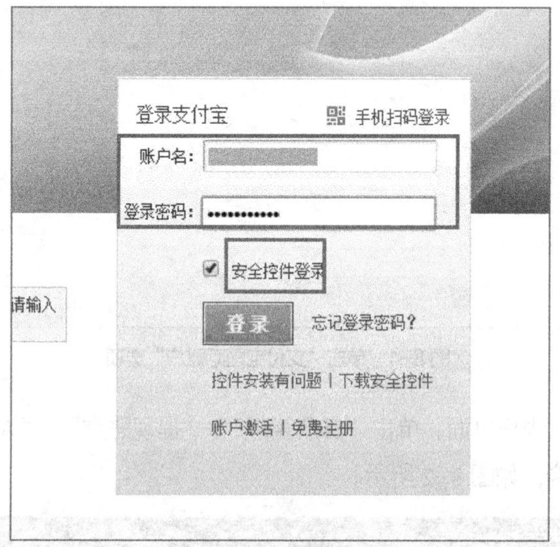

图 8-4　登录国内支付宝账户

（5）国内支付宝账户添加成功，系统跳转至提现账户页面，如图 8-5 所示。

图 8-5　成功添加国内支付宝账户

2. 人民币提现

人民币提现是指提现到国内支付宝账户，不需要支付手续费。正常情况下，人民币提现成功后1～3个工作日到账。周末和法定节假日不处理提现收款，到账时间顺延。

人民币提现的具体操作方法如下。

（1）登录“我的速卖通”后台操作页面，单击“交易”|“资金账户管理”|“支付宝国际账户”选项，进入支付宝国际账户，单击人民币账户下的“提现”按钮，如图8-6所示。

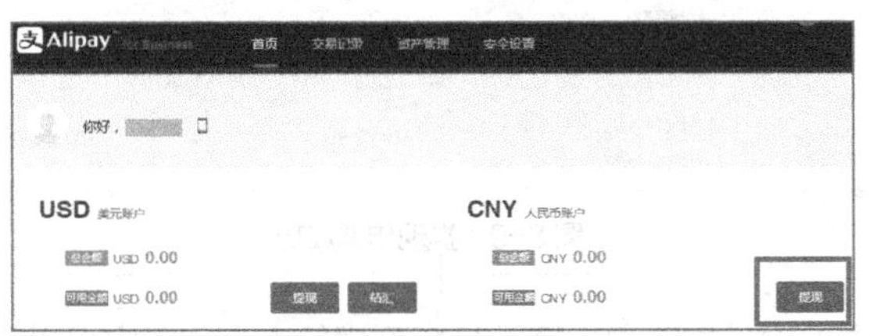

图8-6 单击“提现”按钮

（2）输入提现金额，然后单击“下一步”按钮，如图8-7所示。每笔提现金额需≥0.01 CNY（元）。

图8-7 填写提现信息

（3）确认提现信息，输入手机短信验证码和国际支付宝账户密码，然后单击“确认提现”按钮，如图8-8所示。

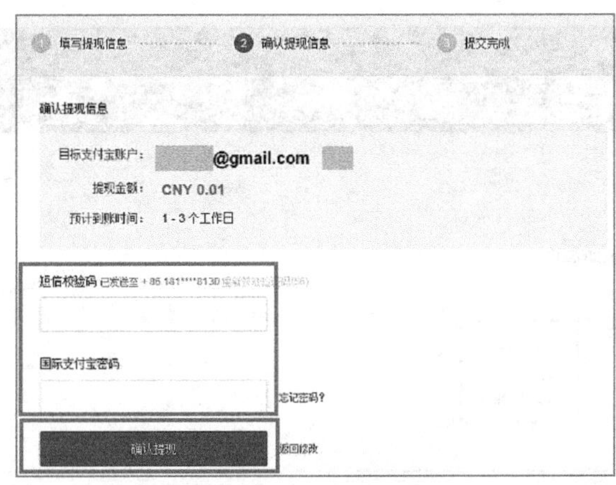

图8-8 确认提现信息

提现申请成功，如图 8-9 所示。人民币提现一般是 1～3 个工作日到达国内支付宝账户。

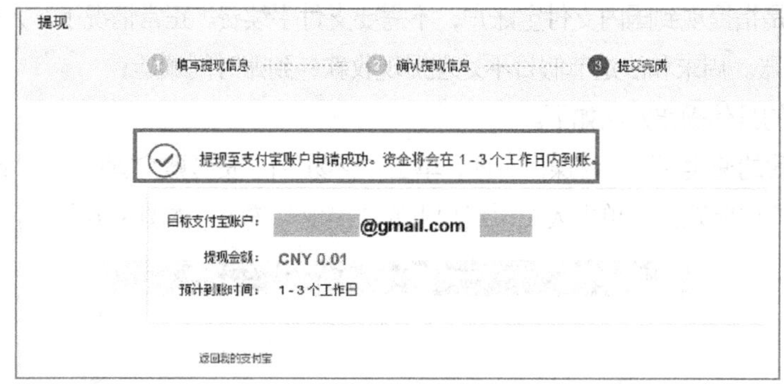

图 8-9　提现申请成功

人民币提现是提到国内支付宝账户，而不是提到银行卡上，卖家可以登录国内支付宝账户查看账户余额和收支明细，确认资金到账情况；也可以到速卖通后台的支付宝国际账户中选择“人民币账户”，查看人民币提现记录。

8.1.2　美元提现账户设置

当买家以任何外币进行支付后，都会按买家付款清算日当天该货币兑换美元汇率换算成美元入账，交易完成后，国际支付宝将美元转入卖家的美元收款账户。卖家只有设置了美元提现账户，才能直接提取美元。美元收款账户一旦创建，只能修改，不能删除。

1. 添加美元提现账户

如果卖家没有设置美元提现账户，买家也可以下单和购买，但最终交易结束后，买家用信用卡（人民币通道）付款的订单可以提现到卖家的国内支付宝外，其他方式付款的款项还是需要通过美元收款才能提现。因此，卖家最好设置美元提现账户。卖家最多可以同时绑定三个美元提现账户。

添加美元提现账户的具体操作方法如下。

（1）登录“我的速卖通”后台操作页面，单击“交易”|“资金账户管理”|“支付宝国际账户”选项，进入支付宝国际账户页面，单击“资产管理”|“提现账户”|“美元提现账户”|“添加银行账户”超链接，如图 8-10 所示。

图 8-10　添加银行账户

（2）进入添加银行账户页面，阅读注意事项，选择银行卡开户地区和银行账户类型，输入银行卡账户名、Swift Code、银行账号等信息，确认无误后单击“下一步”按钮，如图8-11所示。

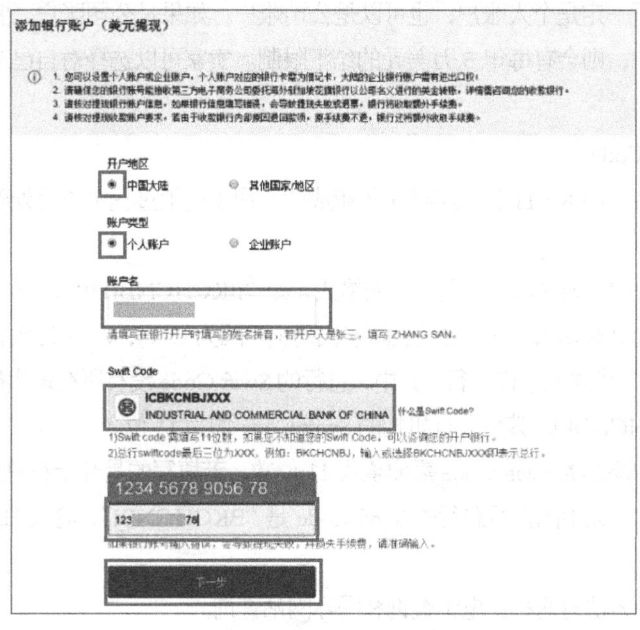

图8-11　设置银行账户信息

（3）系统提示再次确认所填写的银行卡信息，确认无误后单击“确认添加”按钮，如图 8-12所示。

图8-12　再次确认银行卡信息

系统提示完成提现账户的添加，如图8-13所示。

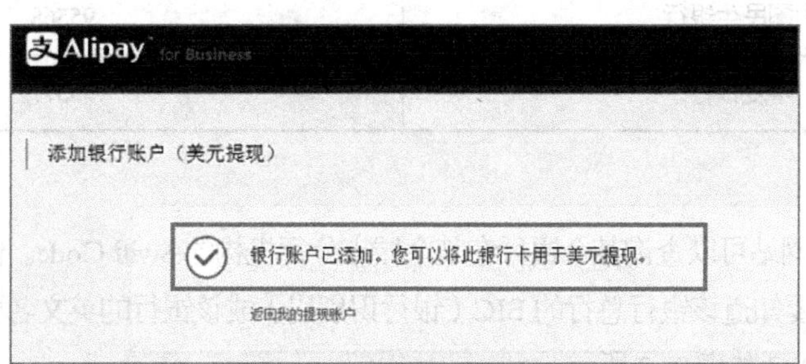

图8-13　完成提现账户添加

美元提现银行卡不能是信用卡，必须是银行借记卡，即银行储蓄卡，且要开通能接收海外公司账户的美元收款功能。

美元收款账户不一定是个人账户，也可以是公司账户。如果是公司账户，要求有正规的进出口权；如果是个人账户，则会有每年 5 万美元的结汇限制。卖家可以选择对自己来说方便收款的账户进行设置。

2. 查询 Swift Code

Swift Code 是由一串 8～11 位数字或字母组成的，用于电汇过程中快速处理银行间电报往来的代码。

在国际上，银行的 Swift Code 都是统一的格式，如“BKCHCNBJ110”，1～4 位为一家银行的统一代码（中国银行为 BKCH），5～6 位代表国家代码（中国为 CN），7～8 位代表城市代码（北京为 BJ），最后三位“110”代表北京市分行。其中，总行的 Swift Code 没有所在地代码，位数为 8 位（如中国银行总行 BKCHCNBJ），其余分行机构的 Swift Code 均为 11 位。

在国际支付宝中添加的 Swift Code 需要填写 11 位数，若填写的是开卡行总行的 Swift Code，最后三位需添加×××，如中国银行总行的 Swift Code 是“BKCHCNBJ”，输入“BKCHCNBJ×××”即可。

查询 Swift Code 方法有两种：电话查询和国际网站查询。

（1）电话查询

用户通过拨打各个银行的服务电话，可以询问该银行的 Swift Code。表 8-1 中列举了几大银行的服务热线。

表 8-1 银行服务热线

银行名称	服务热线
中国银行	95566
中国交通银行	95559
中国工商银行	95588
中国农业银行	95599
中国建设银行	95533
招商银行	95555
中国民生银行	95568
华夏银行	95577

（2）网站查询

通过 Swift 国际网站可以查询某个银行在某个城市分行机构的 Swift Code。但是，通过网站查询 Swift Code，首先需要知道该银行总行的 BIC（银行识别码）或该银行的英文名称。国内几大银行总行的英文名称及其 BIC 如表 8-2 所示。

表 8-2　国内几大银行总行的英文名称及其 BIC

银行名称	英文名称	BIC（银行识别码）
中国工商银行	INDUSTRIAL AND COMMERCIAL BANK OF CHINA	ICBKCNBJ
中国农业银行	AGRICULTURAL BANK OF CHINA	ABOCCNBJ
中国建设银行	China Construction Bank	PCBCCNBJ
中国银行	BANK OF CHINA	BKCHCNBJ
招商银行	China Merchants Bank	CMBCCNBS
中国民生银行	CHINA MINSHENG BANK	MSBCCNBJ
中国交通银行	Bank of Communications	COMMCN

以中国建设银行深圳分行为例，通过 Swift 国际网站查询该银行 Swift Code 的具体操作方法如下。

① 登录 Swift 国际网站首页，找到“Business Identifier Code（BIC）Directory”版块，单击🔍按钮，如图 8-14 所示。

图 8-14　“Business Identifier Code（BIC）Directory”版块

② 根据页面提示输入要查询银行的相关信息：在“BIC”文本框中输入中国建设银行的银行识别码“PCBCCNBJ”，在“Institution name”文本框中输入中国建设银行的英文名称“China Construction Bank”，在“City”文本框中输入要查询的城市拼音“shenzhen”，在“Country”文本框中选择“CHINA”选项，在“Challenge response”文本框中输入验证码，然后单击“Search”（搜索）按钮，如图 8-15 所示。

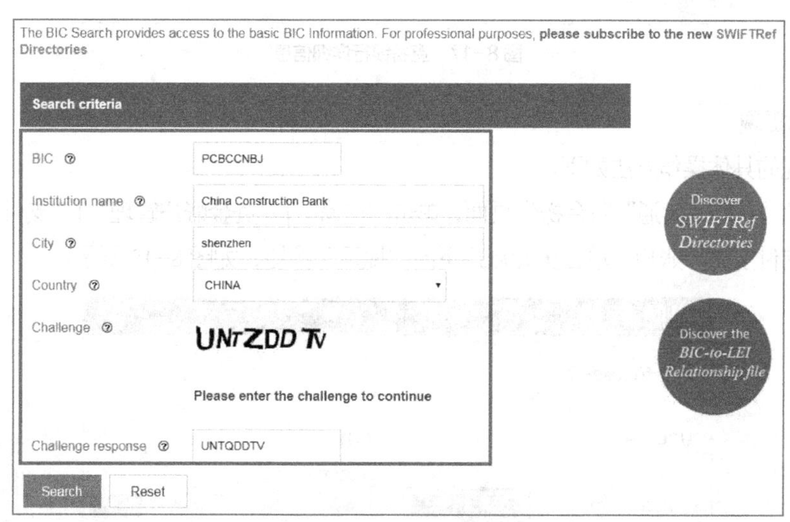

图 8-15　输入银行相关信息

此时，系统就会显示搜索结果，如图 8-16 所示。

The BIC Search provides access to the basic BIC Information. For professional purposes, **please subscribe to the new SWIFTRef Directories**

Search criteria

BIC: PCBCCNBJ
Institution name: China Construction Bank
City: shenzhen
Country: CHINA

Search　Reset

Discover SWIFTRef Directories

Discover the BIC-to-LEI Relationship file

Search results (2 BICs found). Last update: 13 Sep 2018

BIC	Institution name	City	Country
PCBCCNBJSZ1	CHINA CONSTRUCTION BANK CORPORATION	SHENZHEN	CHINA
PCBCCNBJSZX	CHINA CONSTRUCTION BANK CORPORATION	SHENZHEN	CHINA

Display 10 records per page

图 8-16　系统显示搜索结果

③ 在搜索结果中单击相关的 BIC 超链接，可以查看该银行识别码所代表银行的详细信息，其中包括银行机构名称、BIC、所在城市、详细地址、ZIP Code（邮政编码）等详细信息，如图 8-17 所示。

Institution (Last update: 13 Sep 2018)

Institution name: CHINA CONSTRUCTION BANK CORPORATION
BIC: PCBCCNBJSZ1
Branch name: (SHENZHEN BRANCH)

Address

City: SHENZHEN
Address: HONG CHANG PLAZA FLOOR 1 2001 SHENNAN EAST ROAD
ZIP Code: 518002
Country: CHINA

For more details please consult our professional service Online Directories.

< Back to results

图 8-17　查看银行详细信息

3. 美元提现

美元提现的具体操作方法如下。

（1）登录“我的速卖通”后台操作页面，单击“交易”|“资金账户管理”|“支付宝国际账户”选项，进入支付宝国际账户，单击美元账户下的“提现”按钮，如图 8-18 所示。

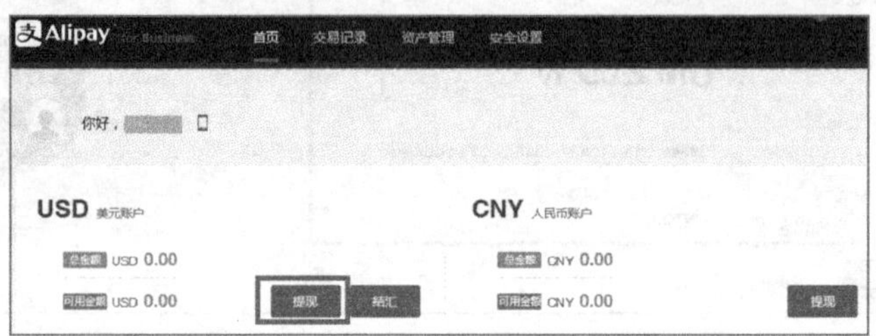

图 8-18　单击美元账户的“提现”按钮

（2）选中要提现的银行账户单选按钮，输入提现金额，然后单击“下一步”按钮，如图 8-19 所示。单笔提现金额必须≥16 USD（美元），每笔收取 15 美元手续费，且手续费不退还。

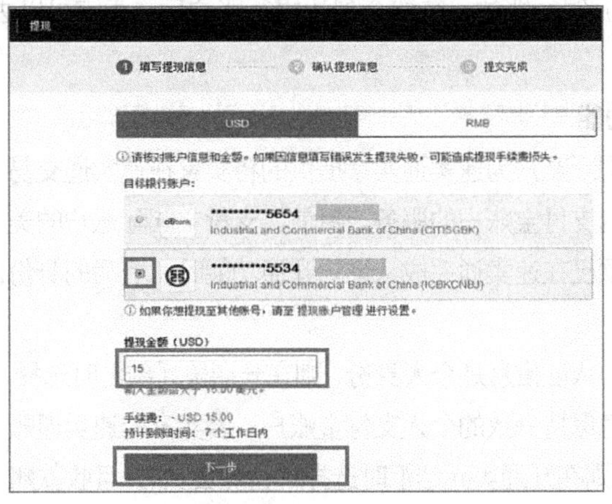

图 8-19　输入提现信息

（3）确认提现信息，并输入手机短信校验码和国际支付宝密码，然后单击“确认提现”按钮，如图 8-20 所示。

图 8-20　确认提现信息

完成提现申请，如图 8-21 所示。

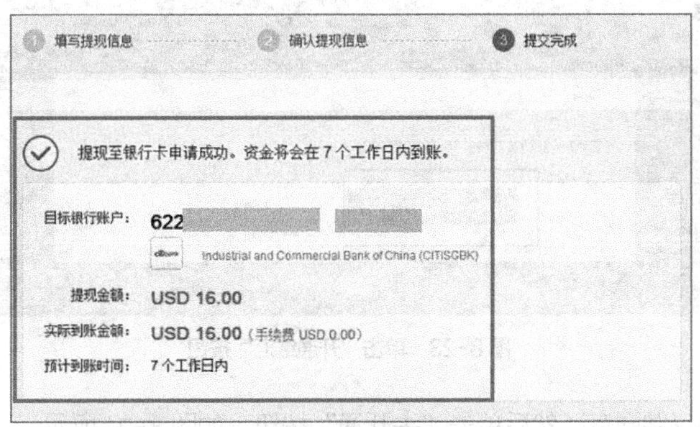

图 8-21　完成提现申请

美元提现成功后，资金将会在 7 个工作日内到账。周末和法定节假日不处理提现收款，到账时间顺延。美元提现到银行是美元，国际支付宝中的美元只能提现到可以接受海外新加坡花旗银行以公司名义收款的美元银行账户，待资金到达银行账户后，卖家可以去银行结汇换成人民币后取现。

4. 开通美元结汇功能

美元结汇是支付宝国际账户为速卖通卖家提供的将卖家在速卖通交易中收取的美元货款兑换为人民币，并汇入卖家国内支付宝账户的服务。目前，支付宝国际账户的美元结汇功能只开放给速卖通平台有认证信息且必须已在速卖通完成认证。开通功能时，填写的身份信息必须与速卖通账号的认证信息保持一致。

若卖家的速卖通账户认证信息是个人身份，则在开通美元结汇时选择“个人会员”，且收款账户必须是与速卖通认证信息保持一致的个人支付宝账户；若卖家的速卖通账户是企业身份（包含个人认证升级为企业认证），则在开通美元结汇时选择“企业会员”，且收款账户必须是与速卖通认证信息保持一致的企业支付宝账户。

下面以企业速卖通账户开通美元结汇功能为例进行介绍，具体操作方法如下。

（1）登录“我的速卖通”后台操作页面，单击“交易” | “资金账户管理” | “支付宝国际账户”选项，进入支付宝国际账户页面，单击美元账户下的“结汇”按钮，如图 8-22 所示。

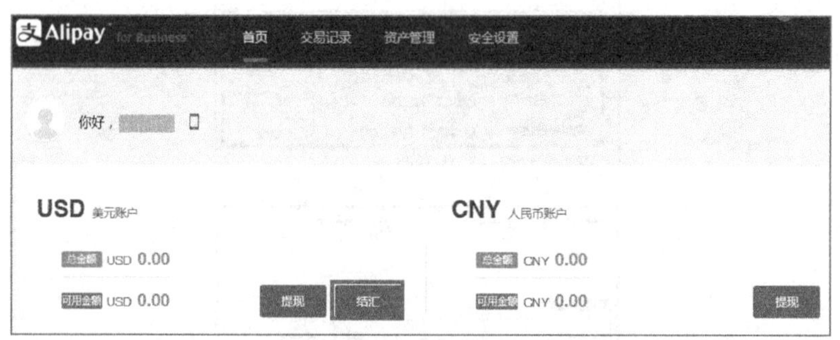

图 8-22　单击美元账户下的“结汇”按钮

（2）在弹出的对话框中单击“开通结汇”按钮，如图 8-23 所示。

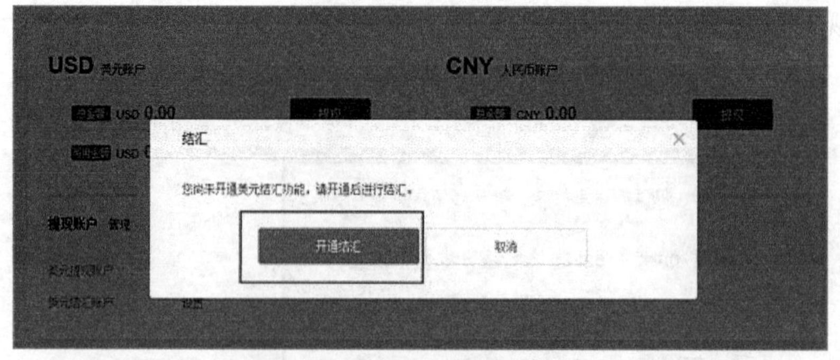

图 8-23　单击“开通结汇”按钮

（3）阅读用户协议并同意，然后单击“去开通”按钮，如图 8-24 所示。

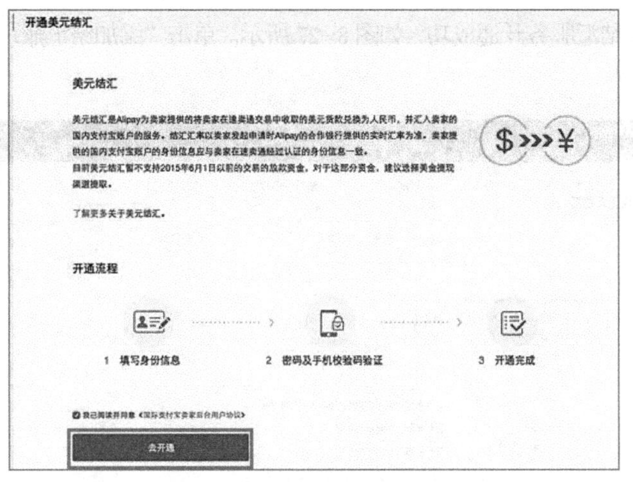

图 8-24 阅读用户协议并同意

（4）输入身份信息：选中“企业会员”单选按钮，输入企业名称，选择证件类型，然后输入组织机构代码，确认无误后单击“下一步”按钮，如图 8-25 所示。

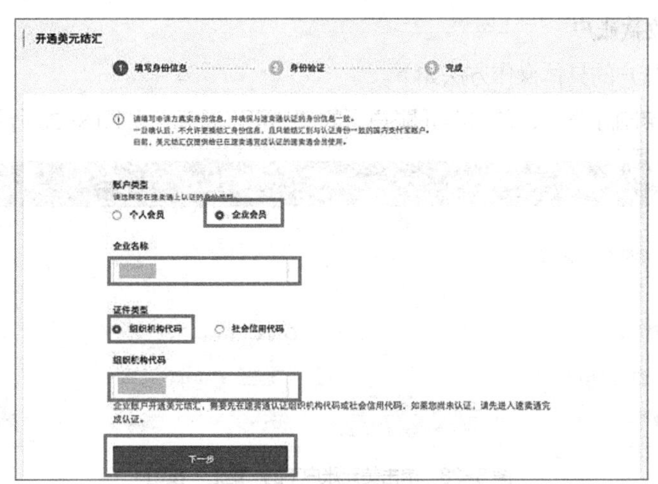

图 8-25 输入身份信息

（5）进行身份验证：输入短信校验码和国际支付宝密码，然后单击“确认开通”按钮，如图 8-26 所示。注意，要确保所输入的身份信息与速卖通的认证信息保持一致。

图 8-26 进行身份验证

（6）此时，美元结汇服务开通成功，如图 8–27 所示。单击“添加结汇账户”按钮，可以直接添加结汇收款账户。

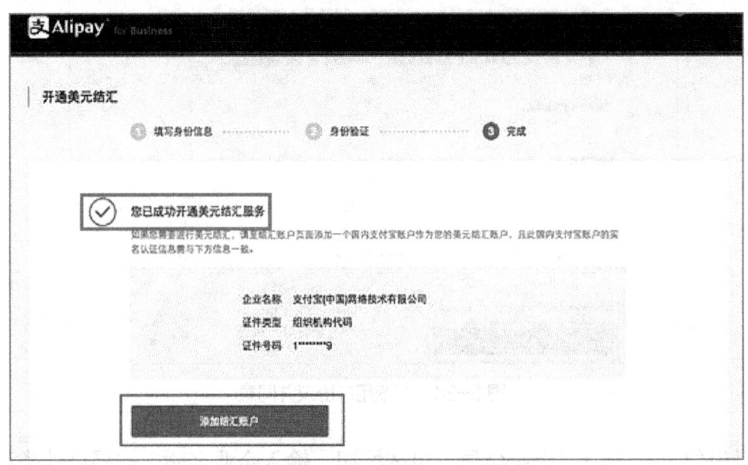

图 8–27　成功开通美元结汇服务

5. 添加结汇收款账户

添加结汇收款账户的具体操作方法如下。

（1）进入支付宝国际账户，单击美元账户下的“结汇”按钮，如图 8–28 所示。

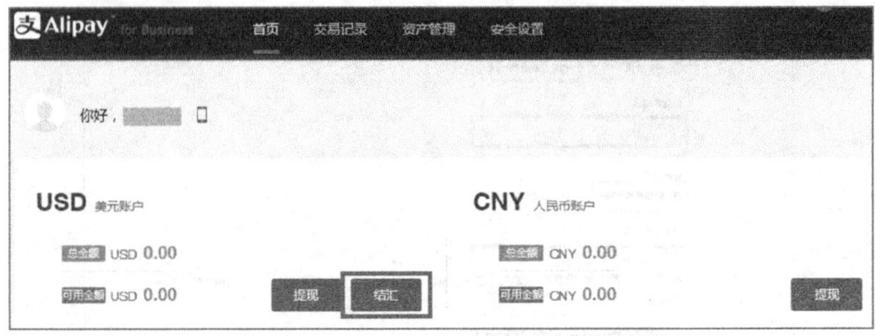

图 8–28　单击美元账户下的“结汇”按钮

（2）在弹出的提示信息框中单击“立即设置”按钮，如图 8–29 所示。

图 8–29　单击“立即设置”按钮

（3）进入提现账户页面，在“USD/CNY 美元结汇账户”下单击“添加国内支付宝账户”超链接，如图 8–30 所示。

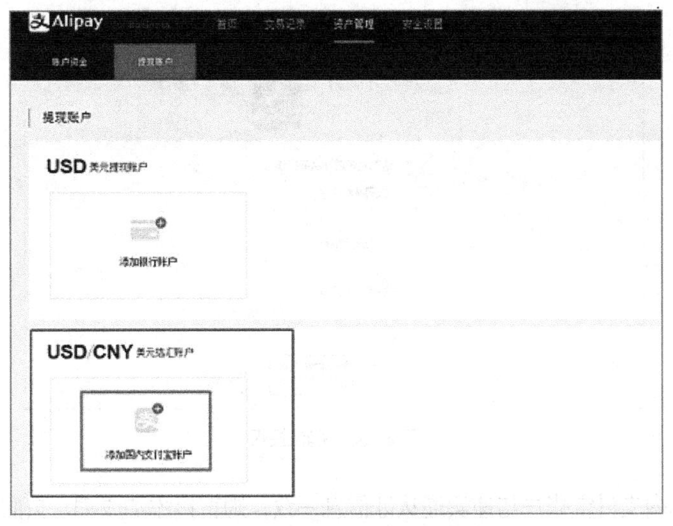

图 8-30　添加国内支付宝账户

（4）确定自己登录的国内支付宝账户的实名认证信息与速卖通的认证信息保持一致，单击“确认”按钮，如图 8-31 所示。

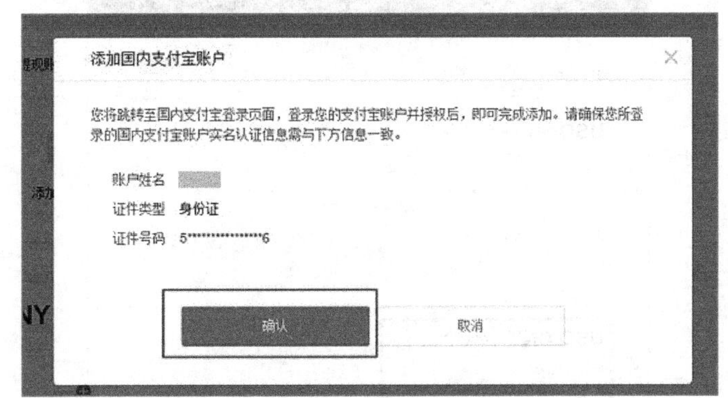

图 8-31　确认身份信息

（5）弹出支付宝登录页面，输入国内支付宝账户名称和密码，然后单击“登录”按钮，如图 8-32 所示。

图 8-32　登录国内支付宝账户

（6）进入登录授权页面，单击“授权”按钮，如图 8-33 所示。

图 8-33　确认授权

如果添加的国内支付宝账户与速卖通认证信息一致，则直接添加成功，页面会返回至提现账户页面，如图 8-34 所示；如果添加的国内支付宝账户与速卖通认证信息不一致，则页面会出现报错提醒。

图 8-34　添加成功

6. 申请美元结汇

申请美元结汇的具体操作方法如下。

（1）进入支付宝国际账户页面，单击美元账户下的“结汇”按钮，如图 8-35 所示。

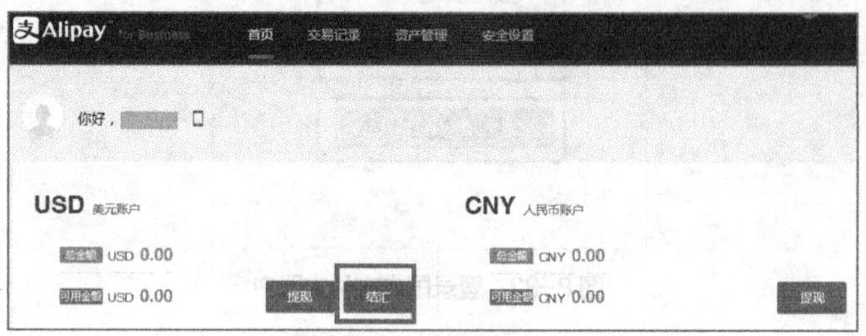

图 8-35　单击“结汇”按钮

（2）输入结汇金额，页面会展示手续费、汇率和实际到账的人民币金额，然后单击“下一步”按钮，如图 8-36 所示。

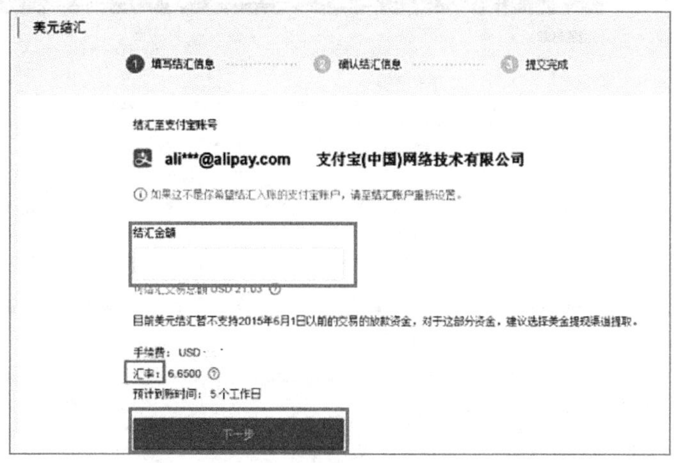

图 8-36 输入结汇金额

（3）输入手机校验码和国际支付宝密码，然后单击“确认结汇”按钮，即可完成结汇申请，如图 8-37 所示。

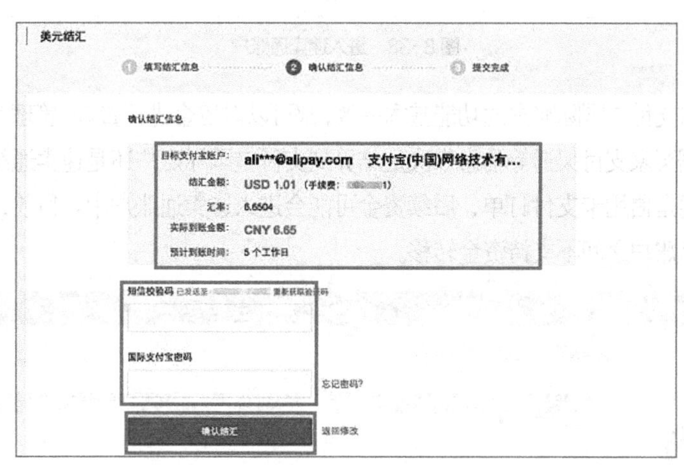

图 8-37 确认结汇信息

美元结汇资金一般在结汇申请提交成功后 5 个工作日内进入卖家的结汇收款账户，即国内支付宝账户。每次结汇申请额度不能超过 20 万美元，没有次数限制，不受国家规定的个人 5 万美元结汇额度限制。

8.2 速卖通账户

为了适应更多业务发展的需要，全球速卖通增加了多个支付渠道。新增加的部分支付渠道的资金会直接结算到速卖通结算账户，有一部分资金会放款到速卖通账户下。进入“我的速卖通”后台操作页面，单击“交易”|“资金账户管理”|“速卖通账户”选项，即可进入速卖通账户，如图 8-38 所示。

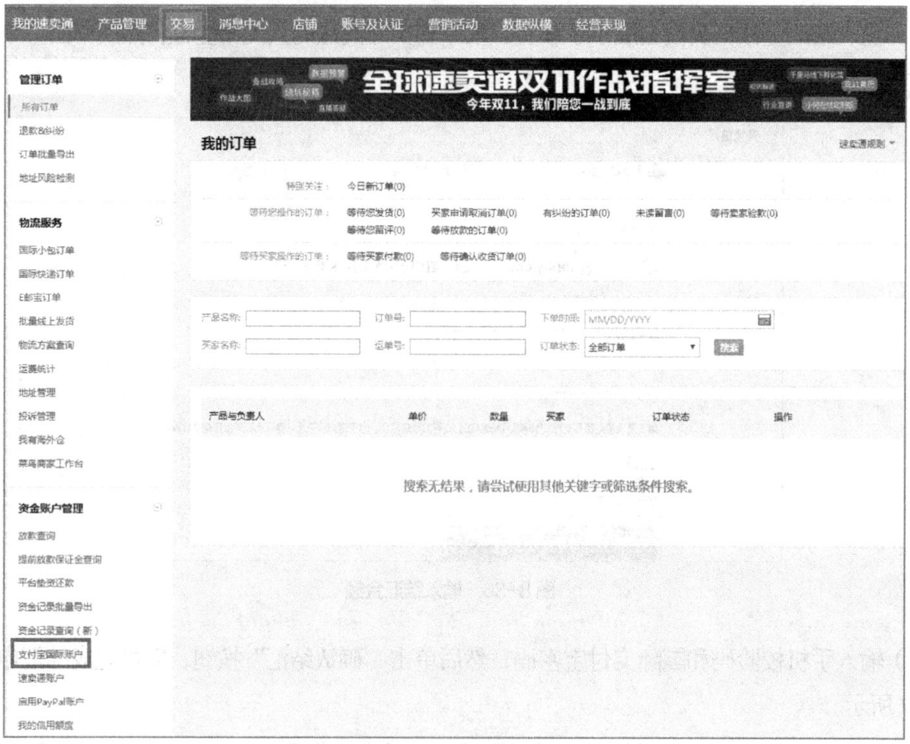

图 8-38　进入速卖通账户

速卖通账户与支付宝国际账户的功能基本一致，都可以对资金进行查询、管理和提现，如图 8-39 所示。系统会根据买家支付渠道等信息来决定结算到支付宝国际账户还是速卖通结算账户。结算到速卖通账户的主要是信用卡支付订单，后续资金可能会进入速卖通账户中。目前，支付宝国际账户与速卖通账户两个账户之间不支持资金转移。

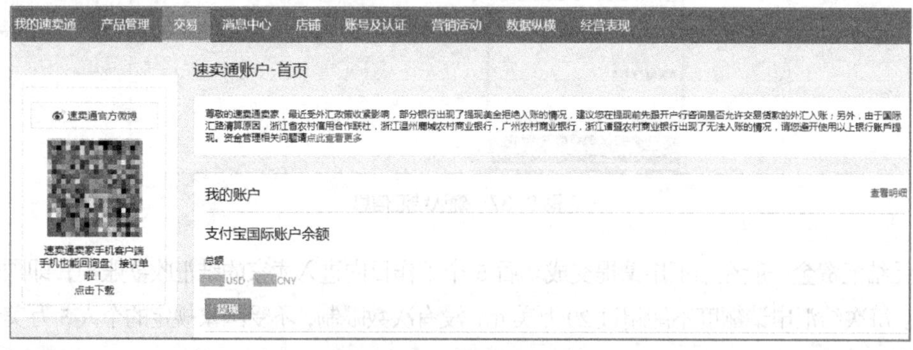

图 8-39　速卖通账户首页

8.3 PayPal 账户设置

PayPal 是一个全球化的支付平台，它在全球范围内拥有超过 2 亿活跃账户，服务遍及全球 200 多个国家和地区，支持用户使用多种货币付款。全球速卖通在美国等国家及欧洲等地区引进了 PayPal 支付渠道，从而使买家可以直接通过 PayPal 在全球速卖通平台上完成商品支付，卖家也可以使用 PayPal 来收款。

8.3.1 启用 PayPal 账户

如果卖家想使用 PayPal 收款，需要将速卖通账户关联 PayPal 账户。登录速卖通账户后台，单击“交易”|“资金账户管理”|“启用 PayPal 账户”选项，如图 8–40 所示。

图 8–40 启用 PayPal 账户

弹出“PayPal 项目卖家补充协议”对话框，单击“确定”按钮，如图 8–41 所示。

图 8–41 确定 PayPal 项目卖家补充协议

速卖通卖家分为已有 PayPal 账户和尚未拥有 PayPal 账户两种情况。对于已经拥有 PayPal 账户的速卖通卖家来说，单击“立即启用”按钮，可以直接启用 PayPal 账户，如图 8–42 所示。

图 8-42　立即启用 PayPal 账户

输入 PayPal 个人账户所使用的邮箱地址，然后单击“下一步”按钮，如图 8-43 所示。

将PayPal账户关联至Aliexpress

输入邮箱地址以进行注册或登录。

邮箱地址

告诉我们您来自哪里。

选择国家/地区
中国

下一步

图 8-43　输入 PayPal 邮箱地址

输入账户密码，然后单击“登录”按钮，如图 8-44 所示。

图 8-44　登录 PayPal 账户

进入授权确认页面，单击“同意并连接”按钮，如图 8-45 所示。

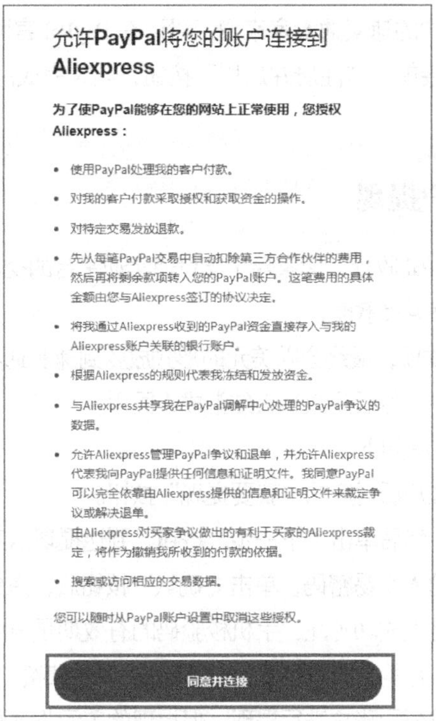

允许PayPal将您的账户连接到Aliexpress
为了使PayPal能够在您的网站上正常使用，您授权Aliexpress：
使用PayPal处理我的客户付款。
对我的客户付款采取授权和获取资金的操作。
对特定交易发放退款。
先从每笔PayPal交易中自动扣除第三方合作伙伴的费用，然后再将剩余款项转入您的PayPal账户。这笔费用的具体金额由您与Aliexpress签订的协议决定。
将我通过Aliexpress收到的PayPal资金直接存入与我的Aliexpress账户关联的银行账户。
根据Aliexpress的规则代表我冻结和发放资金。
与Aliexpress共享我在PayPal调解中心处理的PayPal争议的数据。
允许Aliexpress管理PayPal争议和退单，并允许Aliexpress代表我向PayPal提供任何信息和证明文件。我同意PayPal可以完全依靠由Aliexpress提供的信息和证明文件来裁定争议或解决退单。
由Aliexpress对买家争议做出的有利于买家的Aliexpress裁定，将作为撤销我所收到的付款的依据。
搜索或访问相应的交易数据。
您可以随时从PayPal账户设置中取消这些授权。
同意并连接

图 8-45 同意授权

系统提示连接成功，如图 8-46 所示。

感谢注册！
您现在已经拥有PayPal账户，并且已成功将PayPal与Aliexpress集成。
返回Aliexpress

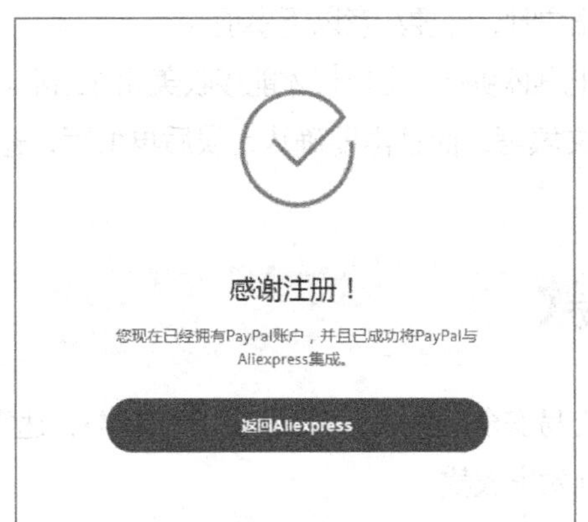

图 8-46 连接成功

返回速卖通账户，查看成功连接的提示信息，如图 8-47 所示。

我的速卖通
产品管理
交易
消息中心
店铺
账号及认证
营销活动
数据纵横
经营表现
PayPal账户管理
速卖通官方微博
速卖通卖家手机客户端
您已成功启用PayPal账户
PayPal ID：
通过PayPal收到的款项将自动转入您的速卖通账户中
停用账户
更换已启用的PayPal账户
如果您想更换PayPal账户，请点选下方按钮
更换账户

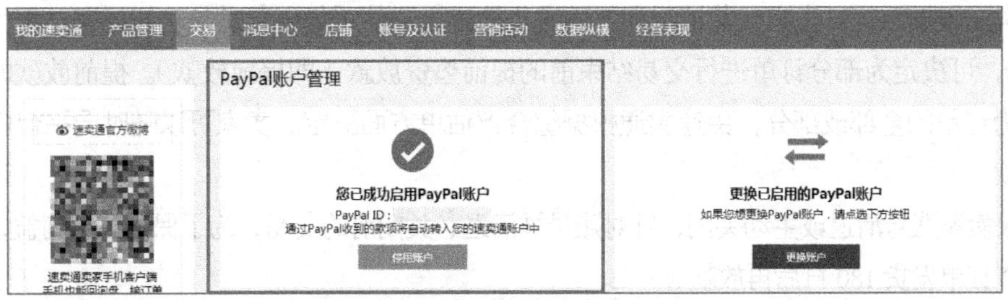

图 8-47 速卖通账户连接成功提示信息

对于尚未拥有 PayPal 账户的速卖通卖家来说，可以在 PayPal 官网上注册 PayPal 账户，再按照以上操作进行连接，也可直接单击“注册并启用”按钮，同时完成注册 PayPal 账户并连接至全球速卖通。

8.3.2 PayPal 账户提现

在全球速卖通上通过 PayPal 收款，卖家除了支付速卖通平台的交易佣金外，无须支付任何额外费用，PayPal 的交易手续费由买家承担。

买家通过 PayPal 支付的款项，最终会以美元的形式放款到速卖通账户的美元账户中。卖家需要先提现到绑定的美元收款账户，然后到银行去结汇成人民币。

PayPal 支付款项提现的方法如下。

（1）单击人民币或美元账户后对应的“我要提现”按钮。

（2）输入要提现的金额，然后单击“下一步”按钮，到达提现信息确认页面。

（3）确认提现信息后，输入交易密码，单击“确认”按钮后，系统会进行手机验证。输入正确的校验码后确认提交，即可提现成功（注：手机校验码的有效期是 30 分钟）。

不管提现金额是多少，银行均会收取每笔 15 美元的提现手续费。

卖家可以设置个人账户或公司账户进行提现，但提现的美元收款账户需要满足以下两个要求。

（1）个人账户对应的银行卡必须是借记卡，不能是信用卡。

（2）设置的美元账户能接受海外银行（新加坡花旗银行）以公司名义的美元汇款。

此外，在开设美元收款账户时，需要注意以下事项。

（1）在中国开设的公司账户必须有进出口权才能接收美元并结汇。

（2）所有信息不要用中文填写，而且需要确认无误后再填写，避免填错提现后无法正常收到款项。

8.4 速卖通放款

为了确保速卖通平台的交易安全，保障买卖双方的合法权益，速卖通及其关联公司在满足规定的条件时才会根据平台规则向卖家放款。

1. 放款基本规则

一般情况下，速卖通将在交易完成、买家无理由退货保护期届满后向卖家放款，即买家确认收货或系统自动确认收货加 15 个自然日（或平台不定时更新并公告生效的其他期限）后。

速卖通根据系统对卖家经营情况和信用进行的综合评估（如经营时长、好评率、拒付率、退款率等），可决定为部分订单进行交易结束前的提前垫资放款（即提前放款）。提前放款的具体金额可以为订单的全部或部分，由速卖通根据综合评估单方面决定。卖家可以随时向平台申请退出提前放款。

如果卖家账号清退或主动关闭，针对账号被清退、关闭前的交易，为了保证买家利益，速卖通平台会在订单发货 180 日后再放款。

如果速卖通依据法律法规、双方约定或合理判断认为卖家存在欺诈、侵权等行为，速卖通有权视具体情况延长放款周期，并对订单款项进行处理，或冻结相关款项至该行为消除后。

2. 提前放款

对于经评估符合条件的交易，平台将在卖家发货后、买家付款经银行资金清算到账后进行提前放款。放款时，卖家授权速卖通冻结提前放款的部分金额作为卖家对平台的放款保证金。对于保证金数额，卖家同意平台根据卖家经营状况、纠纷率等因素进行调整，卖家可以随时在后台查询保证金总额。

并非每个卖家的每笔订单均可享受提前放款。如果任何订单存在平台认定的异常或卖家经系统判断不符合享受提前放款情形的，速卖通有权不进行提前放款。

无法享受提前放款的订单包括但不限于以下几种情况。

（1）订单卖家综合经营（纠纷率、退款率、好评率等）情况不佳或数据很少（如经营时间不超过3个月等）。

（2）卖家违反平台规定进行交易操作的。

（3）卖家有违反协议及相关规则的行为。

（4）其他平台认为不适宜进行提前放款的情形。

经速卖通评估，不再符合提前放款条件的卖家，其放款保证金将在速卖通平台通知取消之日起6个月后退还；期间若因卖家原因导致买家、平台或其他第三方损失或产生退款、垫付的（包括但不限于享受提前放款的订单纠纷等导致），速卖通有权从放款保证金中划扣以补偿损失，并将剩余部分于6个月后退还卖家；不足部分，速卖通有权对卖家支付宝国际账户中的资金进行划扣，仍不足赔付的，速卖通有权继续向卖家追讨。

1. 尝试为自己的店铺添加人民币提现账户和美元提现账户。
2. 什么是 Swift Code？如何查询 Swift Code？
3. 为自己的店铺启用 PayPal 账户。

Item 9

第9章 客户服务：提升客服质量，打造高口碑店铺

【学习目标】

- 了解客户服务的职能及合格客服应具备的技能。
- 掌握提高买家满意度的技巧。
- 掌握做好二次营销的技巧。
- 了解询盘沟通的原则。
- 掌握处理买家拒付的技巧。
- 掌握速卖通纠纷裁决与处理的流程。
- 掌握避免产生纠纷的技巧。

客户服务能力是一个网店的“软实力”，优质的客户服务能为店铺吸引更多的回头客，降低营销成本。要想做好客户服务，卖家需要培养专业的客服人员，用热情、专业的态度与服务提升买家的满意度。此外，卖家还需要掌握询盘沟通的技巧，并能有效地处理纠纷或买家拒付等情况。

9.1 客户服务人员的职业要求

客户服务的好坏会直接影响买家的复购率。客户服务是一种服务理念，其核心思想是将客户作为最重要的资源，通过完善的客户服务和深入的客户分析来满足客户的需求，保证实现客户的终生价值。对于速卖通卖家来说，清晰地认识跨境电商客户服务的工作范畴是做好客户服务工作的关键点。无论是经营者还是管理者，都应该清楚跨境电商客户服务需要做什么、客户服务人员应该具备哪些技能。

9.1.1 客户服务的职能

跨境电商客户服务（简称客服）的工作范畴包括四个方面：解答客户的咨询、处理商品售后问题、促进商品销售，以及监控管理运营。

1. 解答客户的咨询

从商业本质上来讲，跨境电商是零售业的分支，而基于零售行业的特点，卖家必然会面临买家提出的各种关于商品和服务的咨询，因此，客服人员要解答的咨询问题主要包括以下两类。

（1）解答关于商品的问题

从整体上来说，中国跨境电商行业的商品具有自己的特点，这主要表现在以下方面。

第一，商品种类繁杂，从早期的3C商品、玩具到后期卖家们集中发力的服装、配饰、家居用品、运动用品等，中国跨境电商涉及的商品品类不断丰富，常见的日常消费用品基本被涵盖在内。

第二，与国内电商单个店铺往往只销售一至两个专业品类不同，跨境电商的国外买家对"店铺"没有强烈的概念认知，早期的电商平台只是松散的"商品链接"，并没有店铺的概念。因此，在跨境电商中，同一个卖家经营的商品往往会涉及多个品类、多个行业，这就使跨境电商客服的工作更加复杂。

第三，国内外商品规格存在较大的差异。以服装尺码来说，就存在国内尺码、美国尺码和欧洲尺码的区分；又如电子设备的标规问题，美国、欧洲、日本电器的电压均与国内标规存在差异，即使是一个简单的电源插头，各国的标规也存在诸多差异，从中国卖出去的电器能适用于澳大利亚的电源插座，但到了英国也许就不能使用。

因此，跨境电商客服在解决客户关于商品的问题时就会面临比较复杂的问题，而不管问题多么复杂，客服人员都应该为客户提供完美的解答和可行的解决方案，这也增加了跨境电商卖家对客服人员培训的难度。

（2）解答关于商品服务的问题

服务实现更加复杂是跨境电商行业的另一个特点，当跨境电商卖家面临国际物流运输、海关申报清关、运输时间及商品的安全性等问题时，其处理过程更加复杂。而当国外客户收到商品后，在使用商品的过程中遇到问题时也需要客服人员具备优秀的售后服务能力，为国外客户提供有效的解决方案，进而降低售后服务成本，为国外客户提供良好的购物体验。

2. 处理商品售后问题

在跨境电商交易中，通常情况下客户在下单之前很少与卖家进行沟通，这就是业内通常所说的"静默下单"。卖家要做的是在商品描述页上借助文字、图片、视频等对商品进行详细、透彻的介绍，并说明能够提供的售前、售后服务，而这些内容都将成为卖家向买家做出的不可改变、不可撤销的承诺。

在国内电子商务交易中，大多数买家在下单前都会与客服人员进行沟通，咨询商品库存、商品是否可以提供折扣或赠品等问题；而在跨境电商交易中，买家往往是静默下单，即时付款，这也就减少了卖家的工作量。

在跨境电商交易中，当买家联系卖家时，往往是商品或物流运输出现了问题，或者其他服务方面出现了重大问题，而这些问题买家无法自己解决，这就导致了一个问题：在跨境电商交易中，一旦买家联系客服，通常就是买家投诉。

据统计发现，许多卖家每天收到的邮件有70%左右都是关于商品和服务的投诉，也就是说，跨境电商客服人员最主要的日常工作就是解决各种售后问题。

3. 促进商品销售

在跨境电商交易中，如果客服人员能充分发挥主动性，主动促成订单交易，就能为企业和团队带来巨大的销量。全球速卖通在成立之初的定位是“面向欧美市场的小额批发网站”，但随着其不断发展，已经逐渐成长为一个完善的跨境电商 B2C 零售平台，订单以面向俄罗斯、巴西等国家或欧美等地区的零售型商品为主。不可否认的是，仍然有不少国外买家习惯在跨境电商平台上寻找种类多样、质优价廉的中国商品，也就是说，现在跨境电商交易中小额的国外批发采购客户仍然占有不小的比例。

这些买家的购物模式通常是先挑选几个中国店铺采购小额的样品，待确认样品的质量、款式及卖家的服务水平之后，才会尝试发出单笔大额订单，随后逐渐与中国卖家发展为稳定的“采购—批发供应”关系。而这些买家与中国卖家的接触往往是通过客服进行的，所以，优秀的客服人员需要具备营销意识和营销技巧，能将零散买家中的潜在批发买家发展为实际、稳定的长期客户，这就是客服人员促进商品销售的职能。

4. 监控管理运营

由于跨境电商具有跨国交易、订单零碎的特点，因此在商品的开发、采购、包装、仓储、物流、海关清关等环节容易出现混乱的情况；尤其是在环节众多时，如果出现问题后企业和团队无法确认责任到位，更容易导致问题进一步恶化。如果企业和团队中存在的缺陷长期无法被发现并得到有效的解决，它将会随时给团队带来损失。因此，一个企业和团队必须建立一套完整的问题发现和解决机制，以便在出现问题之后及时、有效地进行处理。

在跨境电商交易中，客服就适合充当发现问题的角色。客服人员不一定要直接参与团队的管理，他们能够直接接触到广大客户，通过聆听客户提出的问题，可以最先发现企业和团队中的问题。

因此，跨境电商客服人员必须发挥监控管理运营的职能，定期将客户提出的问题进行分类总结，并及时向销售、采购、仓储、物流等环节的主要负责人反馈，为这些部门的决策者进行岗位调整和工作流程优化提供第一手的重要参考依据。

9.1.2 合格客服应具备的技能

在跨境电商交易过程中，客服人员发挥着举足轻重的作用，对交易的圆满完成有着至关重要的影响。一名合格的客服人员要具备以下几点必要的职业技能。

1. 专业的行业和商品知识

客服人员必须要对自己所经营的整个行业和商品有足够的了解。无论是商品的用途、材质、尺寸，还是使用注意事项，都是客服人员必须了解并熟记于心的。此外，客服人员要对不同国家和地区之间商品规格的不同规定有清晰的认知，在面对国内外服装尺码存在巨大差异的情况下，能够给国外买家推荐合适尺寸的服装；或者在面对国内外电器类商品的电压、电流、插头等各项规格不同的情况下，可以为国外买家推荐能够正常使用的电器。

2. 充分了解跨境电商平台的相关交易规则

客服人员要充分了解各个跨境电商平台的交易规则，不可违背原则进行操作。只有相当熟悉各个平台的规则，才能在面对各种情况时做到镇定自若、按部就班，并妥善地解决问题，使交易有条不紊地进行。

此外，客服人员还要在不违背相关交易规则的前提下，熟练掌握各种交易操作，包括修改商品价格、付款流程、修改评价、关闭交易、申请退款等。

3. 透彻掌握跨境电商交易各个环节的运作流程

客服人员要充分了解跨境电商交易中商品开发、物流方式、海关清关政策等各个环节的运作流程，以便在买家提出疑问时能够及时准确地做出解答，进而促成客户下单。

4. 处理问题时妥善控制损失的能力

无论何种商业模式，当产生投诉时，经营者必须采取合适的方案来解决，而这些处理方案往往会产生一些售后成本。

在国内电商交易中，商品出现问题后一般采取退货或换货的方式来处理，其售后成本仅仅是运费，卖家和买家可以协商决定由谁来承担。但是，在跨境电商交易中，距离远、运输周期长、运输成本高，如果商品出现问题时采取退货或换货的方式解决，将会产生高昂的运费，有时退货运费甚至会高过商品本身的价值。在这种情况下，卖家和买家都不愿意承担高额的退货运费，所以退货或换货的解决方式不再适用。

由此可见，跨境电商的售后处理方式与国内电商的售后处理方式完全不同，一旦商品出现问题，最常见的处理方式就是退款或免费重发商品，而在这些处理方式中，卖家需要承担的成本也不同。一名合格的客服人员需要从多种处理方案中引导买家选择对卖家来说成本最低的处理方案。

5. 发现潜在大客户的敏锐性

客服具有促进商品销售的职能，这就需要客服人员具备发现潜在大客户的敏锐性。虽然这项技能不是一朝一夕就能练就的，但还是有一些技巧可循的。例如，与普通客户相比，潜在的批发客户更加重视卖家商品种类的丰富度、商品线的备货供应情况及购买数量较大时是否可以提供折扣等。

简单来说，批发客户重视的是与中国卖家的合作中是否能够获得最大的利润空间，以及是否有丰富、稳定的商品供应。因此，供货稳定、批发折扣力度大、运输方案灵活的卖家更容易获得批发客户的青睐。依据这样的思路，客服人员可以在与客户沟通交流的过程中不断观察和总结，培养自己发现潜在大客户的敏锐性。

6. 了解商品交易的成本预算

客服被赋予促进订单成交的职能后，在某种情况下，他们就相当于业务人员。因此，在传统外贸“询盘—报价”的模式中，客服人员也会遇到物流成本、商品成本计算等问题，这就需要客服人员充分掌握企业所经营商品的成本状况、运输方式的选择，以及各项费用的计算等技能。

7. 了解各种付款、物流方式及流程

客服人员要对各种跨境支付方式有一定程度的了解，清楚相关的付款流程。一旦客户在付款环节出现问题，客服人员能够正确地引导客户解决问题。

为了能够及时地将商品运送到买家手中，和物流打交道是必不可少的。对于业务量比较大的大卖家来说，一般情况下不会只和一家物流公司合作。因为不同的物流公司有着不同的特点和优势，不同的买家也有不同的需求，这就需要卖家与多家物流公司合作。

在物流方面，客服人员的主要任务就是了解常用的几家物流公司的优缺点，根据不同情况选择不同的物流。另外，还要了解不同的物流方式在速度上的区别，以及物流方式的查询方法。建议在手边准备一份不同物流公司的联系方式，以便在最短的时间内联系到不同物流公司的相关人员。

为了有效应对可能发生的意外情况，除了以上准备工作以外，客服人员还应对各种物流方式包裹的撤回、更改地址、状态查询、保价、问题件退回、索赔处理等有所了解，以保证发生意外情况时能在第一时间做出反应，将卖家和买家的损失降到最低。

8. 及时发现问题并向上反映的能力

客服承担着监控管理运营的职能，在发现与反馈问题上不能简单地理解为一事一报，而应该有一套完整的"发现—统计—反馈"问题的制度。客服人员通过客户的投诉发现问题，并将各类问题进行分类，明确问题涉及的具体部门，同时统计所涉及的损失。在具体操作时，可以通过创建 Excel 表格将遇到的问题分门别类地进行数据统计，包括日期、订单号、问题描述、处理办法、涉及费用、涉及部门等（见图 9-1），以便管理者对问题进行筛选与总结，并寻找解决管理漏洞的方法。

	A	B	C	D	E	F
1	日期	订单号	问题描述	处理办法	涉及费用	涉及部门
2	7月15日	######	帽子的颜色发错，客户要的是黑色，错发成灰色	全额退款	商品费用，5美元	仓储部
3	8月2日	######	裙子的尺寸不合适，尺寸太小	重发	运费，3美元	仓储部
4	8月30日	######	地址发错，应该是黎巴嫩，错发至阿根廷	重发	运费，4美元	IT部门

图 9-1 问题统计 Excel 表格

一般来说，问题统计以一周或半个月为一个周期向上进行汇报。为了使问题得到最及时的解决，客服人员在发现问题后往往还需要及时与问题涉及的相关部门进行沟通，要求该部门及时地改正错误，并防止类似错误再次发生。

9. 与其他部门协调沟通的能力

无论是对问题分类统计向上级汇报，还是与问题涉及部门进行沟通，客服人员都扮演了重要的"交易信息提供者"角色。客服人员要具备与其他部门协调沟通的能力。同时，管理者也应该对客服人员进行培训，帮助他们处理好与各部门沟通的问题，也要让其他部门的工作人员意识到客服人员所反馈的问题对整个团队健康发展的重要性。

9.2 如何做好客户服务

优质的客户服务是提升买家的购物体验、提高转化率、促进买家二次购买的有效保证，这需要卖家通过做好客户服务来提升买家的满意度，并能有效地进行二次营销。

9.2.1 提高买家满意度

买家满意度是指买家通过对一个商品的可感知效果与其期望值相比较，所形成的愉悦或失望的感觉状态。较高的买家满意度会给卖家带来更多的重复购买，吸引其他买家更快地下单，同时还能间接地提升商品的排序，增加商品的曝光度，帮助卖家享受更好的资源。

在跨境电商交易过程中，影响买家满意度的因素主要有商品质量、物流速度、物流服务、交易沟通和售后服务等。卖家可以考虑从以下几个角度着手提升买家满意度，改善交易过程中买家的购物体验。

1. 商品信息描述尽量详细、完整

通常来说，买家希望从商品详细描述中了解的商品信息有多个方面，包括商品实物图片（如全图、细节图、包装图、使用过程的效果图等），商品的特点、优势和卖点，商品的具体使用说明，商品的包装信息，商品的配件，下订单后的付款方式，成交后的物流方式，能享受的售后服务，商品纠纷、退款等方面的承诺，以及卖家的实力背景与信誉情况（如其他买家的评价）等。

因此，卖家在商品信息描述中要尽可能地包含以上信息，这需要做好两个方面的工作：一是标题内容要详细，尽可能包含售后服务、质量保证等信息，可以将商品的信用保证、商品材质及特点、商品名称、免邮等信息写到标题中；二是商品详细描述要完整，其中包括商品的功能、参数、品类、使用方法等重要内容，对于售后服务、质量保证、承诺、注意事项等内容也尽可能表述得详细、完整。

2. 快速、及时地回复询盘

回复询盘要礼貌、简洁、清晰、直截了当，切勿啰唆，避免在来回沟通的过程中错失商机。关于询盘技巧将会在后续章节中进行详细介绍，在此不再赘述。

3. 与买家保持良好的沟通

跨境电商交易中，买卖双方的沟通是非常必要的，特别是如果买家对卖家的某件商品感兴趣时，就会多问一些问题，以便更清楚地了解商品。当卖家遇到买家咨询问题时，应积极地回应与沟通，同时留意是否因为商品描述没有说清楚等原因才造成买家对商品有疑问。如果是，则需要修改相应的商品描述。

如果在与买家沟通的过程中出现误会或争执，卖家一定要冷静地寻找原因。一般来说，可能是因为商品描述有歧义、多人操作店铺账号没有对买家的要求及时备案。只要卖家与买家进行耐心的沟通，多数情况下都可以消除误会。

4. 为买家提供优质的物流体验

物流体验包括发货速度、物流运送时间、货物完整与否及送货员的服务态度等。要想为买家提供优质的物流体验，卖家可以从以下三个方面入手。

（1）选择合适的物流

不同国际物流的服务重点有所区别，且不同国家及地区的买家对物流的要求也不同。例如，印度人本身对时间的要求不高，所以他们对是否准时送达的要求也比较低，但德国人的时间观念则完全相反。因此，卖家要结合买家的需求，以及买家所处的国家或地区的人文习惯来选择合适的物流公司和物流方式，最好与买家沟通，一起确定物流公司和物流方式。

具体来说，卖家在选择物流方式时，可以参考以下考核标准。

① 与商品的匹配度。根据商品的重量和性质来选择物流方式。价值低、重量轻的商品适合选择国际小包，其收费低廉，但有 2 千克限重；超过 2 千克的商品适合选择国际专线或快递，安全性、时效性更好；贵重商品适合选择国际快递，可以在最短的时间内运达。此外，物流服务商是否接受特殊商品（如锂电池、带粉末的化妆品等）也是匹配度的一个考量因素。

② 运费。选择国际物流方式并非运费越低越好，而是要运费可控。如果只有一票货件，那么计算运费成本就非常简单。但是，如果一个月有几千票货件，物流商提供的物流报价中又含有十几套价格并附加十几条限制条款，一年内又有数次价格变动，这种情况下计算最终物流成本就比较困难。因此，物流商能否提供合理、透明、稳定的报价对于卖家来说非常重要。

此外，卖家还要考虑物流商是否会在运费之外收取其他隐性费用，是否有燃油附加费，轻抛货的体积、重量计算方法等。为了便于考察，卖家可以让物流商将各种收费项目、计费方式明确地列出来，必要时可以列入合同的明细。

③ 运送时效。在物流时效符合买卖双方的预期且成本可控的情况下，物流时效越稳定越好，这样才能为买家提供良好的购物体验。卖家可以在淡季时多尝试几家物流商，通过走货测试线路质量，为旺季做准备。在旺季时选择物流方式要考虑物流商的承运能力，查看其以往对爆仓问题的应对方法和相应的理赔机制。

④ 物流派送。安全、稳妥的派送可以避免产生不必要的售后问题和损失。卖家在考评物流商时，要对其全环节操作的专业度进行详细的了解，国内集货要看其仓储分拨失误率是否高；头程要看其通路、清关优势，是直发还是多层转包；目的国或地区要看其落地派发质量、尾程的可控性。

⑤ 配套服务。配套服务是成本和时效之外必须考虑的一个重要因素。拥有专业、稳定团队的物流商还能帮助卖家在拓展海外市场或入驻电商平台时提供有效的经验，让卖家少走弯路，所以各种服务的细节决定了这家物流商是否值得依赖。

（2）发货及时

买家都希望能够尽快收到自己购买的商品，所以当买家付款后，卖家最好能在最短的时间内发货。发货后要及时填写物流单号，并在第一时间联系买家，告知对方物流运送情况。

（3）做好物流跟踪

做好物流跟踪，并及时与买家联系，确认货物的送达及反馈。

5. 为买家提供高质量的商品

要为买家提供高质量的商品，卖家应做好以下几个方面的工作，如图 9-2 所示。

发货前要检查货物的状态，尽可能避免寄出残次品

避免出现商品描述与商品实际状况不符的情况。如果买家收到的实际物品与商品图片差别较大，很容易影响买家的购物体验，甚至引发纠纷和投诉

注重商品的包装，专业、整洁并注重细节的包装能够提升买家的认可度，向买家树立优质商品的第一印象

随商品附赠礼品，给买家创造意外的惊喜。这会给买家留下较好的购物印象，有利于提高买家的回购率

图 9-2 为买家提供高质量商品的技巧

6. 做好售后服务，及时处理纠纷

圆满地结束一笔交易后，后续跟进的优质售后服务是给买家留下深刻印象及区别于其他卖家服务的重要方式。跨境电商卖家可以从以下几个方面来做好售后服务的后续跟进工作，如图 9-3 所示。

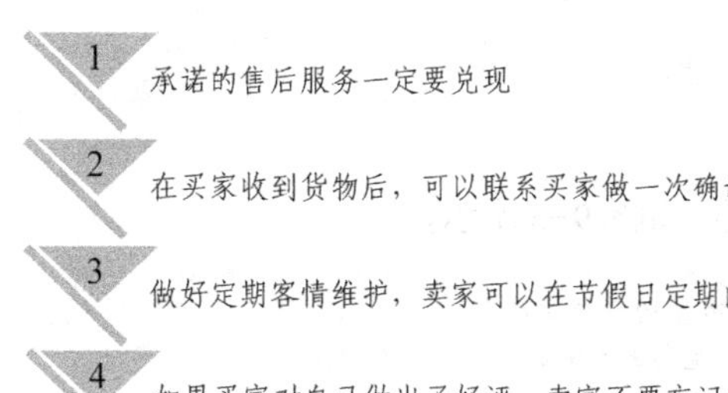
1
承诺的售后服务一定要兑现
2
在买家收到货物后，可以联系买家做一次确认
3
做好定期客情维护，卖家可以在节假日定期向买家送去祝福及问候，让其心中感到温暖
4
如果买家对自己做出了好评，卖家不要忘记向买家表示感谢
5
当纠纷出现时，主动、及时地进行沟通并努力消除误会，争取给出令买家满意的结果，
并对不良评价及时地做出解释

图 9-3　售后服务后续跟进的技巧

9.2.2　做好二次营销

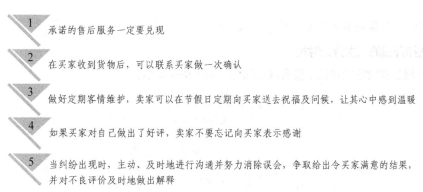

在大卖家的交易额中，老客户会占据一半甚至更多的份额。要想保持稳定增长的交易额并成长为大卖家，做好老客户的二次营销是非常关键的。

1. 寻找重点客户

一次简单的交易是从买家下单到买家确认并给予好评后就结束了。要想成为一个优秀的卖家，交易结束后仍有很多事情可以做。通过对买家交易数据的整理，可以识别出那些有潜力持续交易的买家和有机会做大单的买家，更有针对性地维系关系并推荐优质商品，从而使这些老客户持续、稳定地下单。

在寻找重点客户时，可以从以下两个方面出发。

（1）分析买家评价

首先，通过分析买家购物之后的商品评价，可以判断出买家的性格。例如，有的买家对商品的评价非常认真，会详细阐述商品的质量、包装、物流等情况，这类买家一般对商品的要求比较严格。其次，还可以从买家的文字风格中判断买家的性格或脾气。

如果卖家能够摸清买家的性格或脾气，可以积极地调整自己的沟通方式，这样更利于双方沟通的顺利进行。

（2）分析买家购买记录

很多有经验的卖家都会通过 Excel 对买家订单进行归类整理，根据每个买家的购买金额、采购周期长短、评价情况、买家所在国家（地区）等维度来寻找重点客户，如图 9-4 所示。

	A	B	C	D	E	F	G
1	买家ID	买家国家	总订单数	累积交易金额（美元）	平均订单金额（美元）	最近消费时间	好评率
2	Jimmy	俄罗斯	12	2656	221.3	2018-6-18	91.70%
3	Glen	阿根廷	34	3568	104.9	2018-8-29	94.10%
4	Maurie	美国	8	265	33.1	2017-11-11	100.005
5	Fernando	俄罗斯	3	693	231	2018-5-10	100.00%
6	Gavin	英国	1	25.8	25.8	2016-11-23	0.00%

图 9-4　客户订单归类管理

除了可以分析自己店铺中买家的购买记录之外，还可以从其他店铺中挖掘买家，重点关注其他店铺中购物三次以上或采购金额较大的买家，并对其进行分类管理。

对买家进行分类管理，既能帮助卖家抓住重点客户，也能减少卖家维系买家的成本。有些成功的大卖家会在与买家联系的过程中主动了解买家的背景、喜好和所购商品，从中识别出具有购买潜力的大客户，为后期获取大订单打下良好的基础。

2. 选择合适的二次营销时机

卖家开展二次营销的时机主要有以下四种，如图 9–5 所示。

图 9–5 二次营销的时机选择

在这些重要的时间点，卖家可以主动出击，展开对买家的二次营销，能让卖家获得老客户稳定的交易量，从而更好地增加店铺的交易额。

3. 注意沟通的时间点

由于时差的缘故，中国卖家在日常工作（北京时间 8:00—17:00）时，会发现大部分国外买家的即时通信工具都是离线的。当然，即使国外买家不在线，卖家也可以通过留言联系买家。不过，建议尽量选择买家在线时进行联系，这意味着卖家要学会利用晚上的时间来联系国外买家，因为这个时候买家在线的可能性更大，沟通效果也更好。

4. 利用多种方式主动联系重点客户

识别重点客户之后，卖家要做的就是更好地掌控重点客户的购买力。卖家可以通过 Facebook、旺旺、站内信、留言等方式主动联系重点客户，具体方法如表 9–1 所示。

表 9–1 联系重点客户的方式

联系方式	具体操作
Facebook	创建 Facebook 账号，在账号中发布商品详情广告、营销邮件或售后卡片来吸引粉丝关注。在积累了一定数量的粉丝后，根据粉丝的消费特征、消费偏好等创建粉丝群组，针对不同群组中粉丝的特点定期发送具有针对性的商品信息
旺旺	在旺旺账号中添加买家账号，并创建买家群组，定期向其推荐新品、爆款、促销活动商品等信息
站内信	针对曾经有过询盘但未购买商品的潜在客户，要积极地分析他们的需求，制作潜在客户信息表，并向其推荐符合其询盘要求的商品
留言	针对曾经有过留言互动且对商品留有好评的客户，要建立优质客户表，并定期向其推荐新商品，以提高转化率

9.3 询盘沟通

在与买家沟通的过程中，卖家一定要做到回复及时、专业，且要保持礼貌的态度，回复内容要简洁、清晰，这样才能为买家提供优质的购物体验，进而提高转化率。

9.3.1 询盘沟通的原则

在跨境电商交易中，顺畅的沟通非常重要。专业、即时、流畅的询盘回复能够让卖家显得更加专业，并且能够提高成交的可能性。

在回复买家询盘时，卖家应当遵守以下原则，如图 9-6 所示。

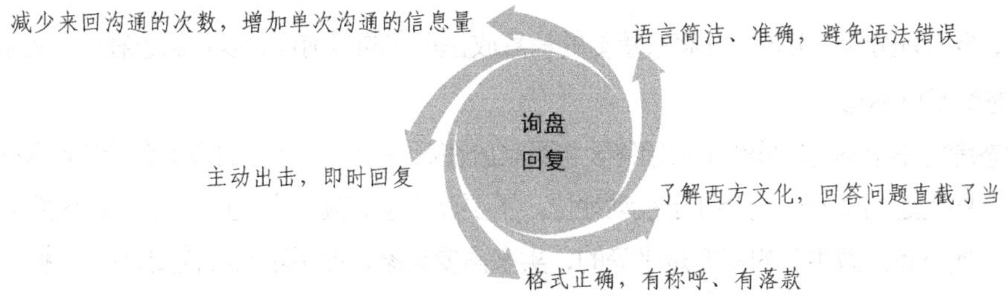

图 9-6 询盘沟通的原则

此外，卖家在回复买家询盘的过程中，还要做好以下几点。

1. 对每个买家的提问都要积极回复

如果卖家卖的是单品售价高或功能复杂的商品，如 3C 类商品，可能会收到不少询问；如果卖家商品描述不够详细，毫无疑问收到的买家询问会更多。在买家的询问中，肯定有不少有效的询盘，同时也有很多无效的询盘。

在这种情况下，卖家很容易产生懈怠，以致对大量的询盘草草应付。因为某些买家的咨询会让卖家怀疑他们根本就没看商品描述，或者根本就没有购买意向。尽管如此，还是建议卖家回答所有买家的提问，这样才能提高商品成交的可能性。因为买家在某件商品上花费的时间越多，那他就越倾向于购买这件商品。卖家不但要积极回复每个买家的提问，还要吸引他们在这件商品上多花时间，这样才能大大提高成交的概率。

2. 在买家购买高峰期保持旺旺在线

售前沟通的主要内容包括买家对商品信息、物流信息、退换货政策等方面的询问。建议卖家在买家购买的高峰期保持旺旺在线，以便及时对买家的询盘进行回复。

由于时差的关系，买家的购买潜伏期一般是 15:00—22:00（北京时间），此时买家会浏览相关商品，会询问一些商品的相关信息；买家的购买高峰期是在 24:00—5:00（北京时间），买家的询盘也会集中在这个时段。速卖通平台的调查表明，如果在买家询问 30 分钟内回复其询盘，订单的成交率会提高很多。

3. 注意回复内容的细节

在回复买家时，有些细节需要卖家注意，其中包括以下几点。

（1）买家的名字

买家的名字一定要写正确，这是最基本的，也是最容易被忽视的。

（2）称呼

可以使用“Dear ×”来统称；但如果已经和买家比较熟悉，可以使用 Hi、Hello 这样的用语，从而显得更加亲密。

（3）问候语

在日常频繁的邮件来往中可以不必使用问候语，偶然与某个买家沟通时可以用上，如“How are you doing?”“How are you today?”“I wish you are doing well.”等。

（4）内容

回复的内容一定要言简意赅，语言简洁明了，用最简单易懂的语言将自己的意思表达清楚即可，切忌长篇大论。

此外，要合理分段、分层，并将最重要的信息放在正文的最前面，以让买家在一开始就能看到。

4. 态度不卑不亢

用词态度要不卑不亢。虽然卖家始终要将买家放在第一位，但过分的谦卑会让自己失去主动权，特别是在一些问题的谈判中更会处于被动地位。不要让买家有高高在上的感觉，更不能让买家感觉是我们在求他下单。做生意的双方是平等的，卖家需要买家，但买家同样需要好的卖家，没有卖家的支持，他们也很难买到自己想要的商品。

9.3.2 询盘沟通模板

用英文与买家沟通，最重要的是要做到三点：一是清楚，即用词准确，主旨清晰；二是简洁，用简短的语句做清楚的表达，尽量避免使用过于复杂的词汇；三是礼貌，英文书写要有一定的礼貌用语。下面提供一些常用的沟通模板，供卖家借鉴参考。

1. 售前沟通

售前沟通主要是向买家解答关于商品信息（如价格、数量、库存、规格型号、用途）、运费、运输等方面的问题，促使其尽快下单。

（1）买家光顾店铺查看商品

Hello, my dear friend. Thank you for visiting our store, you can find what you want from our store . If we don’t have the item, please tell us and we will spare no effort to find it. Good luck.

译文：您好，我亲爱的朋友。感谢您来我们的店铺，您可以从我们的店铺中找到您所需要的商品。如果没有，可以告诉我们，我们可以尽全力帮您找。祝您好运。

（2）买家询问商品价格和库存

Dear ×,

Thank you for your inquiry. Yes, we have this item in stock. How many do you want? Right now, we only have × color and × style left. Because they are hot selling items, the product has a high risk of selling out soon. Can you please place your order as soon as possible? Thank you!

译文：亲爱的×，谢谢您的咨询。您现在浏览的商品有现货，您要多少件？现在我们只有×颜色和×款式。因为这款商品非常热销，很快就有可能脱销，请您尽快下单，谢谢！

（3）鼓励买家提高订单金额和订单数量，提醒买家尽快确认订单

Dear friends:

Thank you for your order, if you confirm the order as soon as possible, I will send some gifts. A good news: Recently there are a lot of activities in our store. If the value of goods you buy count to a certain amount, we will give you a satisfied discount.

译文：

亲爱的朋友：

谢谢您的惠顾，如果您能尽快确认订单，我们将会赠送一份礼物。我们店铺最近有很多活动，如果您购买的商品达到一定数量，我们将给您一个满意的折扣。

（4）接单后请求客户确认订单

Dear friends:

Thank you very much for your order, in order to ensure the accuracy of your order. Please confirm the following basic information:

① Please check your receipt address is correct.

② Product name or number:

Color:

Quantity:

Transportation way:

After you confirm the correct order, we will arrange the shipment at the first time.

Thank you very much!

译文：

亲爱的朋友：

非常感谢您的订单，为了确保您订单的准确性，请确认以下基本信息：

① 请检查您的收件地址是否正确；

② 商品名称或编号：

颜色：

数量：

运输方式：

您确认订单正确后，我们将在第一时间安排发货。

非常感谢！

（5）下单但未付款追踪

Dear friend,

We have got your order of ×, but it seems that the order is still unpaid. If there's anything I can help with the price, size, etc., please feel free to contact me. After the payment is confirmed, I will process the order and ship it out as soon as possible. Thanks! Best Regards.

译文：亲爱的朋友，我们已收到您的订单×（商品名称、数量等），但订单似乎未付款。如果在价格和尺寸上我有什么能帮助的，请随时与我联系。付款完成后，我们会尽快处理订单并发货。谢谢！致以最亲切的问候。

（6）货物断货

Dear friend,

We are very sorry that item you ordered is out of stock at the moment. I will contact the factory to see when it will be available again. I would like to recommend some other items of similar styles. Hope you like them too. You can click on the following link to check them out ××（link：______）. If there's anything

I can help with, please feel free to contact us. Thanks! Best Regards!

译文：亲爱的朋友，很抱歉，您订购的商品目前缺货，我会与工厂联系什么时候能补货。我想推荐一些其他类似款式的商品，希望您也喜欢。您可以点击以下链接查看××（链接：______）。如果有什么我可以帮忙的，请随时与我联系。谢谢！致以最亲切的问候！

（7）提供折扣

Dear friend,

Thanks for your message. Well, if you buy both of the × items, we can offer you a × % discount. Once we confirm your payment, we will ship out the items for you in time.

Please feel free to contact us if you have any further questions.

Thanks & Best regards!

译文：亲爱的朋友，感谢您的留言。如果您购买两个×商品，我们可以给您×%的折扣。一旦我们确认您已付款，我们将及时发货。如果有任何问题，请随时与我们联系。谢谢，并致以最亲切的问候！

（8）买家议价

Dear friend,

Thank you for taking interests in our item. I'm afraid we can't offer you that low price you bargained as the price, we offer has been carefully calculated and our profit margin is already very limited. However, we can offer you a × % discount if you purchase more than × pieces in one order. If you have any further questions, please let me know. Thanks!

译文：亲爱的朋友，感谢您对我们的商品感兴趣。但很抱歉，我们不能同意您所报的低价，因为我们的报价是经过仔细计算的，我们的利润空间已经很有限了。但是，如果您一次订购×件以上，我们可以给您×%的折扣。如果您还有什么问题，请告诉我。谢谢！

（9）买家要求免运费

Dear friend,

Sorry, free shipping is not available for orders sent to ×. But we can give you a ×% discount of the shipping cost.

译文：亲爱的朋友，很抱歉，寄到×的订单不提供免费送货服务，但我们可以在运费上给您×%的折扣。

（10）买家希望提供样品，而公司不支持提供免费样品

Dear ×,

Thank you for your inquiry; I am happy to contact you.

Regarding your request, I am very sorry to inform you that we are not able to offer free samples. To check out our products we recommend ordering just one unit of the product (the price may be a little bit higher than ordering by lot). Otherwise, you can order the full quantity. We can assure the quality because every piece of our product is carefully examined by our working staff. We believe trustworthiness is the key to a successful business.

If you have any further questions, please feel free to contact me.

Best Regards,

(Your name)

译文：亲爱的×，谢谢您的询问，我很高兴与您联系。

关于您的要求，我很抱歉地通知您，我们无法提供免费样品。为了检验我们的商品，我们建议只订购一件商品（价格可能比批量订购稍高），否则您可以订购全部数量。我们可以保证质量，因为我们的每一件商品都经过工作人员的仔细检查。我们相信诚信是企业成功的关键。

如果您有任何问题，请随时与我联系。

致以最诚挚的问候，

（你的名字）

（11）没有好评，买家对于你的商品表示怀疑

Dear friend,

I am very glad to receive your message. Although I haven't got a high score on aliexpress, I've been doing business on eBay for many years and I am quite confident about my products. Besides, since aliexpress offers Buyer Protection service which means the payment won't be released to us until you are satisfied with the product and agree to release the money. We sincerely look forward to establishing long business relationship with you. Regards.

译文：亲爱的朋友，我很高兴收到您的信息。虽然我在全球速卖通上评分不高，但我在eBay上做了很多年的生意，我对我的商品很有信心。另外，由于全球速卖通提供的是第三方担保支付服务，这意味着在您对产品满意并同意付款之前，货款不会支付给我们。我们真诚地期待与您建立长期的业务关系。向您表示问候。

（12）买家询问是否有直销航运

Dear friend,

We offer drop shipping service. You can simply specify the shipping address and we will deliver the order to your designated address.

译文：亲爱的朋友，我们支持直销航运，您可以简单地指定送货地址，我们将把货物送到您指定的地址。

2. 售中沟通

售中沟通主要是发货确认、物流问题，告知买家商品的物流信息，让买家掌握商品的动向。

（1）买家下单后发确认订单

Dear buyer,

Your payment for item ××× has been confirmed. We will ship your order out within × business days as promised. After doing so, we will send you an e-mail notifying you of the tracking number. If you have any other questions, please feel free to let me know. Thanks!

Best Regards.

译文：亲爱的买家，您订单编号为×××的款项已收到，我们将在承诺的×个工作日内发货。发货后，我们将发一封电子邮件通知您货运单号。如果您还有其他问题，请随时告诉我。谢谢！

致以最亲切的问候。

（2）已发货并告知买家

Dear ×,

Thank you for shopping with us.

We have shipped out your order (order ID: ×××) on Feb. 10th by EMS. The tracking number is ×

××. It will take 5～10 workdays to reach your destination, but please check the tracking information for updated information. Thank you for your patience!

If you have any further questions, please feel free to contact me.

Best Regards,

(Your name)

译文：亲爱的×，感谢您在我们店铺购物。

您的订单（ID：×××）已于2月10日由EMS发货，货运单号是×××。到达您的目的地需要5～10个工作日，请查看跟踪最新的物流信息。谢谢您的耐心等待！

如果您有任何问题，请随时与我联系。

致以最亲切的问候，

（你的名字）

（3）海关出现问题

Dear friends,

We received notice of logistics company, now your customs for large parcel periodically inspected strictly. In order to make the goods sent to you safety, we suggest that the delay in shipment, wish you a consent to agree. Please let us know as soon as possible, Thanks.

译文：亲爱的朋友，我们接到物流公司的通知，现在你们的海关对大量邮包进行定期的严格检查。为了使货物安全地送达您处，我们建议延迟几天发货，希望征得您的同意。希望尽快得到您的回复，谢谢。

（4）订单超重导致无法使用小包免邮的回复

Dear ×,

Unfortunately, free shipping for this item is unavailable; I am sorry for the confusion. Free shipping is only for packages weighing less than 2kg, which can be shipped via China Post Air Mail. However, the item you would like to purchase weighs more than 2kg. You can either choose another express carrier, such as UPS or DHL (which will include shipping fees, but which are also much faster). You can place the orders separately, making sure each order weighs less than 2kg, to take advantage of free shipping.

If you have any further questions, please feel free to contact me.

Best Regards,

(Your name)

译文：亲爱的×，非常遗憾，您的这笔订单是不可以免费送货的。只有重量小于2kg的包裹才可以包邮，通过中国邮政航空邮件发运。然而，您购买的商品重量超过2kg，您可以选择另一种物流公司，如UPS或DHL（其中包括运输费，但这也很快）。您可以分开下单，确保每个订单的重量小于2kg，这样就可以包邮了。

如果您有任何问题，请随时与我联系。

致以最亲切的问候，

（你的名字）

（5）因为物流风险，卖家无法向买家国家发货

Dear ×,

Thank you for your inquiry.

I am sorry to inform you that our store is not able to provide shipping service to your country. However, if you plan to ship your orders to other countries, please let me know; hopefully we can accommodate future orders.

I appreciate for your understanding!

Sincerely,

(Your name)

译文：亲爱的×，谢谢您的询问。

我很抱歉地通知您，我们的店铺不能为您的国家提供货运服务。但是，如果您计划将订单发往其他国家，可以联系我们，希望能再次为您服务。

感谢您的理解！

（你的名字）

（6）发货几天后买家说没有物流信息

Dear friend,

We sent the package out on ××××, and we have contacted the shipping company and addressed the problem. We have got back the original package and resent it by UPS. The new tracking number is ×××××. I apologize for the inconveniences and hopefully you can receive the items soon. If you have any problems, don't hesitate to tell me.

译文：亲爱的朋友，我们已经在×月×日发送包裹，根据您的反馈，我们已经联系航运公司并确认问题。我们已经取回原来的包裹并由UPS重新寄送，新的货运单号是×××××。很抱歉给您带来不便，希望您能尽快收到。如果您有什么问题，尽管告诉我。

（7）物流遇到问题

Dear ×,

Thank you for your inquiry; I am happy to contact you.

We would like to confirm that we sent the package on 6 Oct. 2018. However, we were informed package did not arrive due to shipping problems with the delivery company. We have resent your order by EMS, the new tracking number is ×××. It usually takes 7 days to arrive to your destination. We are very sorry for the inconvenience. Thank you for your patience.

If you have any further questions, please feel free to contact me.

Best Regards,

(Your name)

译文：亲爱的×，谢谢您的询问，很高兴与您联系。

我们想确认一下，我们是在2018年10月6日寄的包裹。然而，由于快递公司的运输问题，我们被告知包裹并没有到达。我们已经通过EMS重新发出您的包裹，新的运单号码是×××。到达您的目的地通常需要7天的时间。很抱歉给您带来不便，谢谢您的耐心。

如果您有任何问题，请随时与我联系。

致以最亲切的问候，

（你的名字）

3. 售后沟通

售后沟通主要是买家收到商品之后的一系列问题，包括退换货问题、买家确认收货及买卖双方互评。

（1）询问是否收到货

Dear friend,

According to the status shown on EMS website, your order has been received by you. If you have got the items, please confirm it on aliexpress.com. If not, please let me know. Thanks！ Best Regards.

译文：亲爱的朋友，EMS网站显示您已收到货物。如果您已收到货物，请到aliexpress.com上确认。如果没有，请告诉我。谢谢！致以最亲切的问候。

（2）客户确认收货

Dear buyer,

I am very happy that you have received the order. Thanks for your support. I hope that you are satisfied with the items and look forward to doing more business with you in future.

By the way, it would be highly appreciated if you could leave us a positive feedback, which will be a great encouragement for us. If there's anything I can help with, don't hesitate to tell me.

Thanks!

译文：亲爱的买家，很高兴地看到您已收到货，感谢您的支持。希望您满意，并期待着将来与您有更多的贸易往来。如果您可以给我们留下一个积极的反馈，我们将非常感激，因为这对我们来说是一个很大的鼓励。如果有什么我可以帮助的，不要犹豫，请告诉我。谢谢！

（3）买家收货后投诉商品有损坏

Dear friend,

I am very sorry to hear about that. Since I did carefully check the order and the package to make sure everything was in good condition before shipping it out, I suppose that the damage might have happened during the transportation. But I'm still very sorry for the inconvenience this has brought you. I guarantee that I will give you more discounts to make this up next time you buy from us. Thanks for your understanding. Best Regards.

译文：亲爱的朋友，听到发给您的货物有残损，我很难过，我在发货时再三检查了包装没有问题才给您发货的，所以我想可能是在运输过程中发生了损坏，但我仍为给您带来的不便深表歉意。我保证当您下次购买时，我会给您更多的折扣来弥补这个损失。感谢您的理解。致以最亲切的问候。

（4）退换货问题

Dear friend,

I'm sorry for the inconvenience. If you are not satisfied with the products, you can return the goods back to us.

When we receive the goods, we will give you a replacement or give you a full refund. We hope to do business with you for a long time. We will give you a big discount in your next order.

Best regards!

译文：亲爱的朋友，很抱歉给您带来不便。如果您对商品不满意，您可以退货。

当我们收到货物时，会给您重新更换或全额退款。我们希望长期与您建立贸易关系。下一个订单我们会给您很大的折扣。

致以最亲切的问候！

（5）提醒买家给自己留评价

Dear friend,

Thanks for your continuous support to our store, and we are striving to improve ourselves in terms of service, quality, sourcing, etc. It would be highly appreciated if you could leave us a positive feedback, which will be a great encouragement for us. If there's anything I can help with, don't hesitate to tell me. Best Regards.

译文：亲爱的朋友，感谢您一直以来对我们店铺的支持，我们正在改善我们的服务、质量与采购等。如果您可以给我们一个积极的评价，我们将不胜感激，这对我们来说是一个很大的鼓励。如果有什么我可以帮助您的，不要犹豫，请告诉我。致以最亲切的问候。

（6）收到买家好评

Dear friend,

Thank you for your positive comment. Your encouragement will keep us moving forward.

We sincerely hope that we'll have more chances to serve you.

译文：亲爱的朋友，感谢您的积极评价。您的鼓励是我们前进的动力，我们真诚地希望能有更多的机会为您服务。

（7）向买家推荐新品

Dear friend,

As Christmas/New year/…is coming, we found × has a large potential market. Many customers are buying them for resale on eBay or in their retail stores because of its high profit margin. We have a large stock of ×. Please click the following link to check them out ×. If you order more than 10 pieces in one order, you can enjoy a wholesale price of ×. Thanks. Regards!

译文：亲爱的朋友，随着圣诞节/新年/……的来临，我们发现×商品有很大的潜在市场。由于利润率高，许多买家在eBay或他们的零售商店里购买这些商品，然后再转售。我们有大量的×商品库存，请点击以下链接查看×，如果您一次订购10件以上，可以享受×的批发价，谢谢。向您表示问候！

9.4 纠纷的处理

在跨境电商运营过程中，纠纷是卖家必须要面对的一个问题。一旦店铺产生的纠纷过多，就会影响商品的曝光，影响买家的购物体验，导致客源流失，进而影响店铺的正常经营，卖家的利益也会受到损害。要想为买家提供高质量的购物体验，熟练掌握解决纠纷的方法必不可少。

9.4.1 买家拒付的处理

拒付也称为退单、撤单，是指买家要求信用卡公司撤销已经结算的交易。买家可以根据信用卡组织的规则和时限向其发卡方提出拒付。

拒付实际上是信用卡公司给予持卡人的一种权利，持卡人在支付后的一定期限内（一般为 180 天，某些支付机构可能规定更长的期限），可以向银行申请拒付账单上的某笔交易。由于网络交易和面对面交易的差异性，无论卖家在何种电子商务平台开店，都无法避免产生此类风险。

当买家通过信用卡支付全球速卖通平台上的网上交易时，有可能通过信用卡公司提出拒付。在拒付争议的处理过程中，裁决最终由信用卡公司做出，速卖通/支付宝无法控制结果。

1. 买家拒付的常见类型

常见的信用卡拒付类型主要有盗卡类、货物类和其他，具体的拒付原因如表 9-2 所示。

表 9-2　买家拒付的类型及原因

拒付类型	拒付原因	释义
盗卡类	未经授权的信用卡使用	买家的信用卡被盗用或被以欺骗的方式使用
货物类	未收到货物	买家付款后没有收到货物，或未在约定的时间内收到货物
	货不对板	买家付款后收到的物品与期望的严重不符
	未收到退款	买家未收到货物退款，或曾取消订单
其他	重复扣账	买家对同一商品付了两次款项
	金额不符	买家的付款金额与商品实际金额有出入

拒付是接受信用卡做国际贸易时一种不可避免的成本。拒付必须依照信用卡组织的规则在规定的时限内提出，接受信用卡付款的所有卖家都要承担收到拒付的风险。

2. 拒付的基本流程

对于通过国际信用卡付款的拒付，其处理过程如图 9-7 所示。

图 9-7　拒付的基本流程

（1）买家向信用卡公司提出拒付申请。

（2）信用卡公司向速卖通/支付宝的商家银行通报拒付，并向速卖通/支付宝扣除相应的资金。

（3）速卖通/支付宝暂时冻结被拒付的交易。

（4）速卖通/支付宝立即向卖家发出电子邮件，要求其提供附加信息，用于对拒付提出抗辩。

（5）速卖通/支付宝对拒付的承担方做出判责：若卖家无责，则速卖通/支付宝会解除先前冻结的交易；若卖家有责，速卖通/支付宝可按卖家要求提起抗辩，并等待买家信用卡公司对抗辩的反馈。

3. 如何有效地应对拒付

速卖通/支付宝在接到银行发出的拒付通知后会立刻冻结订单，同时向卖家发送拒付通知信息。当卖家收到拒付通知时，一定要重视，并迅速地做出响应，及时查看站内信相关通知内容，及时与买家取得联系，或结合其他信息判断产生拒付的原因，积极地解决问题，以尽量减少或避免给自身造成资金损失。

若信用卡公司需要卖家提供资料来对此笔拒付做出判责，为了尽量降低自身的损失，卖家可以通过站内信中的抗辩链接，按照页面提示提供尽量完整的相关资料，完成信用卡公司对此笔订单的拒付调查。该抗辩需要在 3 个工作日之内完成，逾期提交或未回复，银行将默认卖家放弃对此笔订单的抗辩，拒付款项就会被退还给买家。

为了增加卖家在拒付抗辩中获胜的机会，卖家除了根据拒付通知邮件中的要求提供抗辩所需的相关基本资料外，还可以提供一些对自身有利的附加信息，如表 9-3 所示。

表 9-3　增加拒付抗辩获胜机会的申诉材料及附加信息

拒付原因	具体情况	需提供的申诉材料	可提供的附加信息
未收到货物	未在规定时间内收到货物	提供能够证明买家拒付的时间点还在双方约定的投递期限范围的证据	可提供：货物是在双方约定的时间内投递的或遵循平台给出的该种物流方式下寄往目的国或地区的预计妥投日期
	非本人签收	提供官网妥投证明、物流妥投截图	① 尽量提供有签收人信息的官网物流信息截图； ② 如果物流信息已经超出官网信息保留的期限，可提供速卖通物流记录的妥投截图，但需要说明原因
	只收到部分货物	提交能够说明按照订单要求全部发货的证明	可提供货物重量证明
	买家已经退货给卖家	如果卖家尚未收到退货，可提供退货物流信息截图，证明货物尚未妥投	可提供卖家商品描述中退款政策中的相关条款，说明卖家需收到货后才能退款
货物与描述不符（货不对板）	收到的货物与订单的商品描述不符	提供商品的详细信息，证明商品与描述相符，同时依据是否收到退货提出退货要求	可提供发货前商品的图片，或者发货前买家对商品信息确认的截图
	商品是假货	提供第三方商品质量检验证明，如 CE 认证；提供购买同商品的其他买家对商品质量认证的评价	若无其他可提供的相关信息，可接受拒付
未收到退款	买家已经将货物退回，但卖家未按照约定退款	如果卖家未收到退货，需提供退回物流信息截图证明物流尚未妥投	可提供卖家商品描述中退货政策中的相关条件进行说明，卖家需收到货后才会退款
	在卖家发货前就已经取消了订单	提供物流信息截图或与买家沟通的记录截图，证明在买家取消订单之前货物已经发出	① 可根据商品描述中的退款政策进行说明； ② 定制商品一般不接受下单后取消订单的请求
金额不符	支付金额与订单金额不符	提供能够证明买家已付款金额与下单金额相符的证明	可提供订单金额详情截图
	订单金额与约定不符，曾协商改价	若订单已经改价，则要提供相关截图来证明；若没有改价，则根据协商内容决定是否接受拒付	如果订单已经改价，则提供买家与卖家协商的沟通记录截图
重复扣账	两笔不同订单号，同一运单号	强调两笔均是买家主动下单，并非重复；提供发货底单或物流公司出具的重量证明；提供物流信息	提供两笔订单都是买家主动下单，且买家并未说明只想下一个订单的证据
	两笔不同订单号，不同运单号	强调两笔订单都是买家主动下单，并非重复	提供两个运单的发货底单和物流公司出具的重量证明，证明货物已经全部发货
	两笔不同订单号，一笔已经退款成功	提供其中一笔已经退款的证明	如果其中一笔已经退款成功，应提供退款时间

9.4.2 纠纷裁决与处理

如果在全球速卖通的交易过程中遇到纠纷，卖家应该积极地与买家取得联系进行确认。当买家做出反馈时，卖家应该及时给予回应，主动与买家沟通协商，了解买家的具体问题，并向其提供有效的帮助和解决方案。如果买卖双方无法实现有效的沟通和协商，后续纠纷将由速卖通平台介入处理。

1. 纠纷提交和协商流程

在交易过程中，买家提起退款/退货退款申请，即进入纠纷阶段，须与卖家协商解决，具体的处理流程如图 9-8 所示。

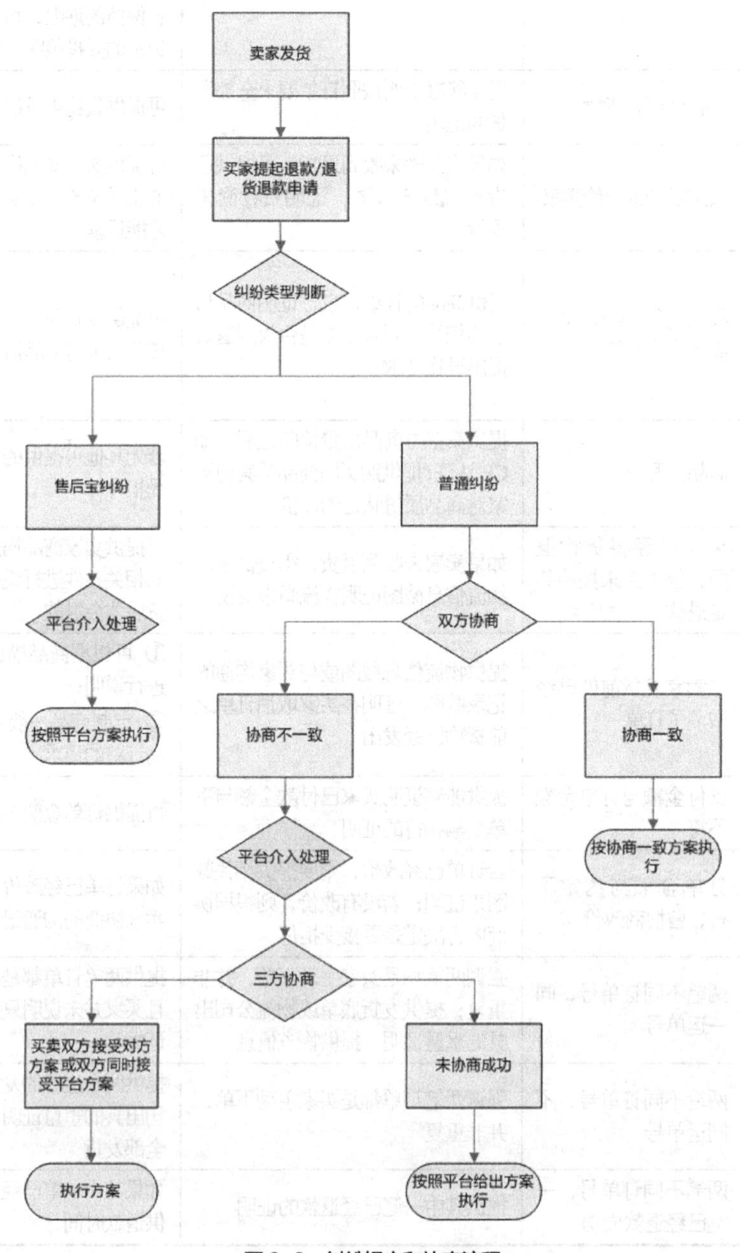

图 9-8 纠纷提交和协商流程

（1）买家提起退款/退货退款申请

从卖家方面来说，买家提交退款申请的原因主要有两大类：一是买家未收到货物，二是买家收到的货物与约定的不符，即货不对板，具体原因详见表 9-4。

表 9-4　买家提交纠纷的具体原因

纠纷类型	具体表现
买家未收到货物	海关扣关
	物流显示货物在运输途中
	包裹原件退回
	包裹被寄往或妥投在非买家地址
	物流显示货物已经妥投
	无法查到物流信息或物流信息异常
	物流显示货物原件退回
	买家拒签
买家收到的货物与约定的不符	货物与描述不相符
	质量问题
	销售假货
	货物短装
	货物破损

卖家发货并填写发货通知后，买家如果没有收到货物或对收到的货物不满意，可以在卖家全部发货 10 天后申请退款（若卖家设置的限时达时间小于 5 天，则买家可以在卖家全部发货后立即申请退款），买家提交退款申请时纠纷即生成。

（2）买卖双方协商

买家提起退货/退款申请后，卖家必须在 5 天内“接受”或“拒绝”买家提出的纠纷，如图 9-9 所示。若逾期未响应，系统会自动根据买家提出的退款金额执行。

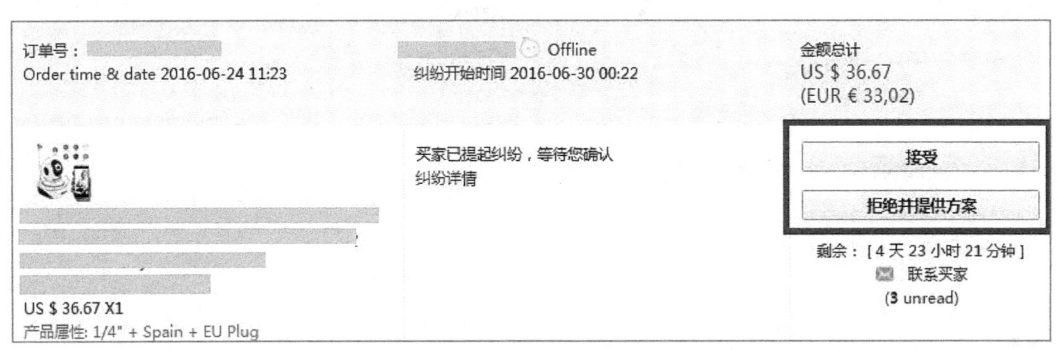

图 9-9　选择“接受”或“拒绝”纠纷

对于尚未做出响应的纠纷，卖家可进入纠纷详情页查看纠纷的详细情况，包括买家提起纠纷的时间、原因、证据，以及买家提供的协商方案等信息，如图 9-10 所示。

2016-06-16　2016-06-23　2016-06-30

发起退款/退货　速卖通介入　协商完成

若到期前双方无法达成一致，平台将介入协助双方处理

订单号：76008026945804

纠纷原因：我买错商品了

纠纷状态：**纠纷协商中**

提醒：买家已提起纠纷，请您务必在 3 天 23 时 12 分 1 秒内做出响应（同意或给出您的方案），否则系统会根据买家提出的退款金额或退货意愿执行。请您查看详情，并及时主动和买家协商解决此纠纷。若双方在响应时间内未能达成一致方案，平台会介入纠纷，协助双方解决。

接受方案

买家方案 (默认方案)

方案　退货退款 US $ 0.01(EUR € 0,01)

备注　dadad

同意

我的方案

等待您提供方案

新增方案

图 9-10　纠纷详情页

对于买家发起的纠纷，卖家可以采取以下措施。

① 同意协商方案。如果卖家接受买家提起的退款申请，单击“同意”按钮即进入纠纷解决阶段。买家提起的退款申请有以下两种类型。

- 仅退款：卖家接受时会提示卖家确认退款方案，若同意退款申请，则退款协议达成，款项会按照双方达成一致的方案执行。
- 退货退款：若卖家接受，则需要卖家确认收货地址，默认为卖家注册时填写的地址（地址需要全部用英文来填写）。若地址不正确，则单击“修改收货地址”按钮修改地址。

② 新增或修改证据。如果卖家不认同买家上传的证据，卖家可以选择上传自己的证据，如图 9-11 所示。

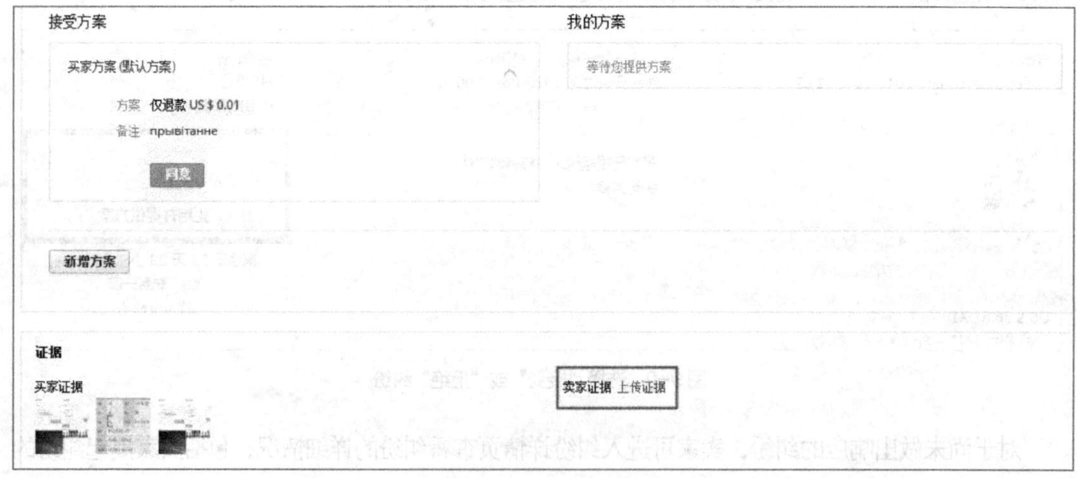

图 9-11　卖家上传证据

③ 新增或修改协商方案。如果卖家拒绝买家提起的退款申请，可以在纠纷详情页中通过单击“新增方案”按钮来提出自己的解决方案，包括退款金额、拒绝理由等，如图 9-12 所示。买家和卖家最多可以提供两个互斥方案（若方案一提交了退货退款方案，方案二默认只能选择仅退款不退货方案）。

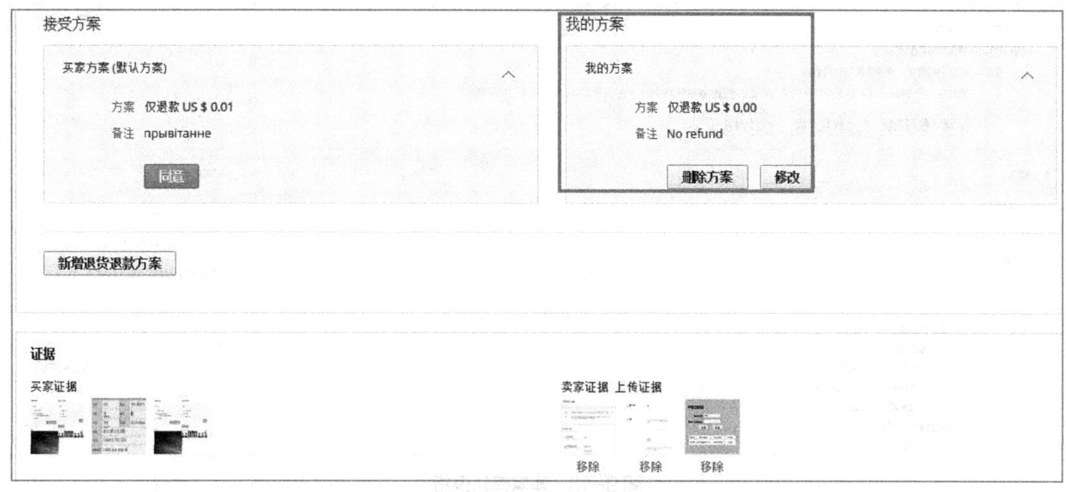

图 9-12 卖家提出解决方案

为了增加自己方案的说服力，卖家可以上传相关证据。

卖家拒绝买家的退款申请并提交自己的解决方案后，需要由买家确认。如果买家接受卖家的解决方案，则双方达成退款协议，平台会按照双方协商的方案进行退款；如果买家不接受卖家的解决方案，买家可以选择修改退款申请，再次与卖家确认并继续协商。

④ 删除方案/证据。在买卖双方协商阶段，买家可以取消退款申请。如果买家因为收到货物取消了退款申请并确认收货，则交易结束，进入放款阶段；若买家因为其他原因取消（例如，货物在运输途中，愿意再等待一段时间），则继续进行交易流程。

（3）平台介入协商

买家提交纠纷后，处理纠纷的工作人员会在 7 天后（包含第 7 天）介入处理。平台会参考案件情况及双方协商阶段提供的证明给出方案，在纠纷详情页面可以看到买家、卖家、平台三方的方案。

在纠纷处理过程中，纠纷原因、方案、举证均可随时进行修改（在案件结束之前，买家或卖家如果对自己之前提供的方案、证据等不满意，可以随时进行修改）。如果买家或卖家接受对方或平台给出的方案，可以选择接受此方案，此时双方对同一个方案达成一致，纠纷解除。在纠纷赔付状态中，买卖双方不能再进行协商。

2. 退货的处理

当卖家和买家达成退款又退货的协议之后，买家必须在 10 天内将货物发出（否则款项会返给卖家）。买家退货并填写退货运单号后，需要等待卖家确认。卖家有三种选择，即“确认收到退货”“放弃退货”或“上升仲裁”，如图 9-13 所示。

卖家有 30 天的确认收货时间，逾期未操作的默认卖家已收货，执行退款操作。若卖家单击“确认收到退货”按钮同意退款，并单击“确定”按钮后，速卖通会退款给买家，如图 9-14

所示。

若卖家在接近 30 天的时间内没有收到退货，或收到的退货有问题，可以单击“上升仲裁”按钮升级纠纷，将纠纷提交至平台进行纠纷裁决，如图 9-15 所示。

纠纷详情
订单号：160032611822538
纠纷状态：待您确认收到退货
提醒：买家已经退货，等待您确认收到退货
若您在 24 天 21 时 43 分 22 秒内未及时确认收到退货或升级纠纷，会根据退款协议将款项退还给买家。
确认收到退货 放弃退货 上升仲裁
纠纷信息
物流信息（日期：2016-06-01 23:06）
物流号：ddddddd
物流公司：ddddddd
退货原因：
是否收到货物：收到
是否退货：是
纠纷原因：我买错商品了
纠纷订单总额：US $ 221.49(产品价格 US $ 100.00 + 可退运费 US $ 121.49)
退款金额：US $ 0.01
纠纷提起时间：2016-06-01 23:06
请求详情：
产品信息
auto test product
订单号：160032611822538
买家 myy_ifm lastName
Offline
单价：US $ 100.00
数量：1
查看订单详情

图 9-13　卖家确认退货

确认收到退货
您确认已经收到退货了吗？
退款总额：US $ 0.01
点击【确定】后，阿里巴巴将会按照退款协议，退款给买家
确定 取消

图 9-14　确定退货退款

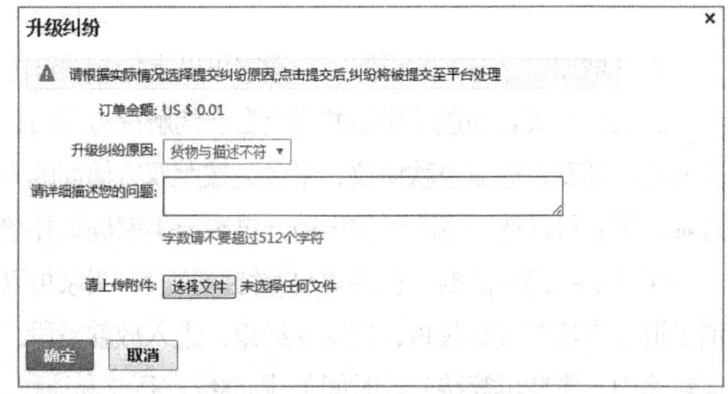

图 9-15　上升仲裁升级纠纷

平台会在 2 个工作日内介入处理，卖家可以在纠纷页面查看状态并进行响应。平台裁决期间，卖家也可以单击“撤销仲裁”按钮撤销纠纷裁决，如图 9-16 所示。

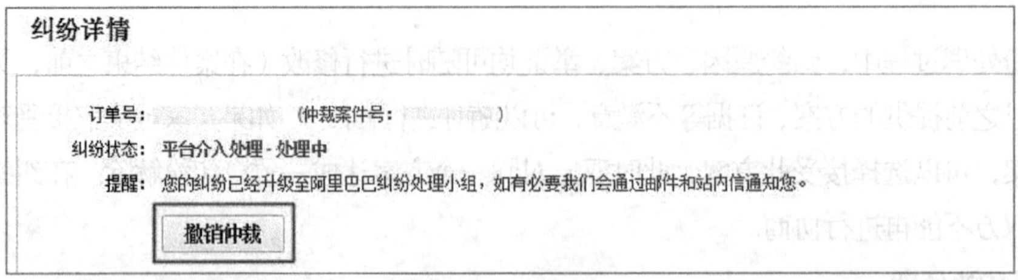

图 9-16　撤销仲裁

9.4.3　如何有效避免纠纷的产生

纠纷一旦产生，不仅需要卖家花费时间和精力去解决，还会拉长订单的回款周期，甚至会导致买家流失，失去吸引买家二次消费的机会，所以在交易中应当尽量避免纠纷的产生。

1. 避免未收到货纠纷

要想有效避免因“未收到货”而引起的纠纷，卖家要做好物流选择和与买家进行有效沟通两个方面的工作。

（1）选择最优物流方式

国际物流往往存在很多不确定因素，如海关问题、关税问题、派送转运等。在整个物流运输过程中，这些复杂的情况很难被控制，不可避免地会出现包裹清关延误、派送超时，甚至包裹丢失等情况。如果买家长时间收不到货物，或长时间无法查到物流信息，就可能提起纠纷。

没有跟踪信息的物流方式是无法为卖家提供全面物流保障的，若买家提起“未收到货”的纠纷，而货物信息无法跟踪，会对卖家的举证造成不利的影响。因此，卖家在选择物流方式时，应该结合不同地区、不同物流公司的清关能力及包裹运输期限，选择物流信息更新及时、运输时效性更佳的物流方式。

考虑到实际情况，卖家如果需要寻找货代公司帮助发货，应该选择正规、能同时提供发货与退货保障的货代公司，以保证自己的利益不受损害。

总的来说，在选择物流方式时，应该权衡交易中的风险与成本，尽可能选择可以提供实时查询货物追踪信息的物流公司。

（2）与买家进行有效沟通

卖家要及时地向买家提供物流跟踪信息，一旦物流方面出现问题，一定要积极、主动地与买家进行沟通，向买家说明具体情况。

① 包裹延误。如果包裹发生了延误，卖家要向买家详细解释包裹未能在预期时间内到达的原因，以获得买家的谅解。

② 包裹因关税未付被扣关。向买家解释清楚自己已在商品描述中注明买家缴税义务，此时可以提出为买家分担一些关税，这样不仅能够避免包裹被退回，更能让买家因为卖家的诚意而给予好评。

③ 包裹无人签收。包裹因无人签收而暂存于邮局，应当及时提醒买家找到邮局留下的字条，在有效期内领取。

2. 避免“货不对板”纠纷

要想避免因为货物与约定不符而产生纠纷，卖家需要为买家提供真实的商品描述，保证商品质量，不销售假货。

（1）提供真实、全面的商品描述

在编辑商品信息时，要从事实出发，全面而细致地描述商品。例如，电子类商品需要全方位地说明商品的功能及其使用方法，避免买家收到货后因无法合理使用而提起纠纷；又如服饰、鞋类商品，建议为买家提供尺码表，便于买家自主选择，以免买家收到货后因尺寸不合适而提起纠纷等。

不能因急于达成交易而对买家有所欺骗，例如，销售的U盘实际只有2GB容量，却刻意将容量大小描述成8GB。这类欺诈行为一经核实，速卖通平台将会严肃处理。此外，在商品描述中对商品的瑕疵和缺陷也不应有所隐瞒。

卖家在商品描述中可以注明自己的货运方式、可送达地区、预计所需的运输时间。此外，卖家还应在商品描述中向买家解释海关清关缴税、商品退回责任和承担方等问题。

买家是根据商品描述而产生购买行为的，买家知道得越多，其预期就会越接近实物，所以真实、全面的描述是避免纠纷的关键。

（2）保证商品质量

在发货前，卖家要对商品进行充分的检测，包括商品外观是否完好，商品功能是否正常，商品是否存在短装，商品邮寄时的包装是否抗压抗摔适合长途运输等。如果发现商品存在质量问题，应当及时联系厂家或上游供应商进行更换，避免因商品质量问题引起退换货纠纷，因为在跨境电商交易中出现退换货会产生很高的运输成本。

（3）杜绝假货

全球速卖通重视保护第三方知识产权，并为会员提供安全的交易场所，非法使用他人的知识产权是违反速卖通政策且违法的行为。

若买家提起纠纷投诉卖家销售假货，而卖家无法提供商品的授权证明，将直接被速卖通平台裁定为全责，这样卖家在遭受经济损失的同时，也会受到平台的处罚。因此，卖家千万不要在速卖通平台上销售涉及第三方知识产权且无法提供授权证明的商品。代理授权的商品一定要找到原供应商拿货，且必须有品牌授权书。

3. 解决纠纷时的注意事项

一旦产生纠纷，卖家要采取积极的态度来解决，尽量降低纠纷对自己造成的负面影响。解决纠纷时，卖家需要做好以下工作。

（1）沟通及时

纠纷具有较强的时效性，如果卖家不能及时地做出回应，会逐渐形成对卖家不利的影响。因此，当收到买家的疑问或不良体验反馈时，一定要在第一时间回复，与买家进行友好协商。若买家迟迟未收到货物，卖家在承受范围内可以给买家重新发送货物，或者选择其他替代方案；若买家对货物质量或其他方面不满，卖家要与买家进行友好协商，提前考虑好解决方案，这样能让买家感觉自己被重视，让他们知道卖家有解决问题的意愿。

（2）保持礼貌

卖家应牢记以和为贵，就事论事，不意气用事，礼貌对待买家。不礼貌的态度甚至争吵会导致买家恼怒，使买家不配合解决纠纷。

（3）态度专业

与买家沟通时，卖家要有专业的态度，英文表达要完整、正确，要对买家所在国家或地区有一定的了解，熟知国外买家的消费习惯及相关政策法规等。

在和买家沟通时，要注意买家心理的变化。当出现买家不满意时，尽量引导买家朝着能保留订单的方向走，同时也满足买家一些其他的需求；当出现退款时，尽量引导买家达成部分退款，避免全额退款退货。要努力做到“尽管货物不能让买家满意，态度也要让买家无可挑剔”。

（4）将心比心

学会站在买家的角度考虑问题，出现问题就想办法一起解决，而不是只考虑自己的利益。“己所不欲，勿施于人”，谁都不愿意无故承受损失。卖家要在自己一定的承受范围内尽量让买家减少损失，这样也能为自己赢得更多的机会。

（5）保留证据

将交易过程中的有效信息保留下来，一旦出现纠纷，这些信息能够作为证据来帮助卖家解决问题。在交易过程中要能及时、充分地举证，将相关信息提供给买家进行协商，或者提供给速卖通帮助裁决。

1. 一名合格的跨境电商客服人员应该具备哪些技能?

2. 如果买家提出“货不对板”拒付，卖家应该如何处理？可以提供哪些材料来增加自己在拒付抗辩中获胜的机会?

3. 简述在跨境电商交易中避免产生纠纷的方法。

Item 10

第10章 运营分析：大数据思维精准优化店铺运营

【学习目标】

- 了解开展数据分析的基本步骤。
- 了解开展数据分析常用的数据指标。
- 掌握数据纵横中实时风暴、成交分析、商品分析、商铺装修、八卦镜等工具的应用。

数据运营是电子商务的大势所趋。一个成功的卖家不仅要对数据有足够的敏感度，更要有可靠的数据来源来分析商品的销售、店铺的运营成绩等。为了帮助卖家更好地利用数据，速卖通为卖家提供了专业的数据分析工具——数据纵横，以帮助卖家更加方便地使用和管理店铺数据。

10.1 数据分析的思路

在店铺运营过程中，能为卖家做出运营决策提供依据的就是数据分析。开展数据分析的目的就是找到最适合自己店铺的运营方案，从而达到销售利润最大化的目的。

10.1.1 数据分析的基本步骤

一般来说，开展数据分析包括以下步骤。

1. 确定目标

在开展数据分析之前，卖家或运营人员首先要明确进行数据分析的目的，即通过数据分析要发现并解决什么问题。

2. 搜集数据

要开展数据分析，首先要有足够的有效数据，卖家可以通过以下几个渠道来搜集数据。

（1）店铺销售数据：卖家应该定期地对自己店铺内的数据进行搜集、整理和存档，这些数据包括过往销售记录、交易转化数据、广告推广效果等。

（2）平台数据工具：速卖通卖家后台的数据纵横是速卖通基于平台海量数据打造的一款数据营

销工具，卖家可以充分利用这个工具了解自己店铺的运营状况。此外，还有热销榜、销量榜等榜单信息，这些也是卖家搜集行业销售数据和竞品销售数据的重要渠道。

（3）第三方数据工具：有些专门为跨境电商卖家提供专业服务的第三方数据工具，它们能为卖家提供跨境电商平台监测数据、行业销售数据、竞品销售数据和网民搜索趋势等。卖家可以利用第三方数据工具来搜集自己需要的数据。

3. 整理数据

将搜集来的数据进行整理，可以制作成图表，也可以用 Excel 表格中的公式及数据透视表对数据进行统计运算。无论采取何种方式来整理与统计数据，最重要的是能直接从中看出数据传达的有效信息。

4. 对比数据

为了更好地得出结论和做出判断，卖家需要对整理后的数据结果进行对比，比如将本月数据与上月数据作对比，将不同商品的销售数据作对比等。

5. 发现问题并做出改变

卖家可以通过数据对比发现自身存在的问题，并及时进行改进。卖家可以尝试设计多个方案，通过数据测试从中筛选出最优方案，然后将其运用到实际运营中，以达到最佳的运营效果。例如，进行店铺装修时，可以多尝试几种店铺装修风格，通过分析不同装修风格的浏览量、跳失率等数据来确定或调整装修方案。

10.1.2 数据分析常用指标

开展店铺数据分析需要用到一些指标，以更好地帮助卖家了解并掌握店铺的运营状况。表 10−1 列举了一些数据分析常用的指标。

表 10−1 数据分析常用指标

指标名称	释义
浏览量	店铺各页面被访问的总次数。一个页面被点击一次即被记为一次浏览，同一个用户多次点击或刷新同一个页面会被记为多次浏览
访客数	店铺各页面的访问人数。在所选时间段内，同一个用户多次访问页面会进行去重计算，即同一个用户多次访问会被记为一个访客
收藏量	用户访问店铺页面过程中添加收藏的总次数（包括首页、分类页面和商品页的收藏次数）
访问深度	用户一次连续访问的店铺页面数
平均访问深度	用户平均每次连续访问的店铺页面数
跳失率	用户通过相应入口进入，只访问了一个页面就离开的访问次数占该入口总访问次数的比例
人均店内停留时间	所有用户的访问过程中，平均每次连续访问店铺的停留时间
商品页浏览量	店铺商品页面被查看的次数，用户每打开或刷新一个商品页面，该指标就会增加
商品页访客数	店铺商品页面的访问人数。在所选时间段内，同一访客多次访问会进行去重计算
商品页收藏量	用户访问商品页面时添加收藏的总次数
入店页面	单个用户每次浏览店铺时查看的第一个页面

指标名称	释义
出店页面	单个用户每次浏览店铺时查看的最后一个页面
停留时间	用户关闭店铺最后一个页面的时间点减去打开本店第一个页面的时间点
到达页浏览量	到达店铺入口页面的浏览量
平均访问时间	打开某个商品页面到打开下一个商品页面的平均时间间隔
搜索次数	在店铺搜索关键词或价格区间的次数
成交用户数	成功拍下并完成付款的人数。在所选时间段内，同一用户发生多笔成交会进行去重计算
成交回头客	曾在店铺内发生过交易并再次发生交易的用户数。在所选时间段内会进行去重计算
人均成交件数	平均每个用户购买的商品件数，即人均成交件数=成交总件数/成交用户数
人均成交笔数	平均每个用户购买的交易次数，即人均成交笔数=成交总笔数/成交用户数
当日拍下-付款件数	当日拍下且当日付款的商品件数
当日拍下-付款笔数	当日拍下且当日付款的交易次数
当日拍下-付款金额	当日拍下且当日付款的金额
成交转化率	店铺成交人数占总访客数的比率，成交转化率=成交人数/总访客数
客单价	每个客户平均购买商品的金额，即平均交易金额。客单价=某段时间内的销售额/客户数（客户去重）
老客户占比	成交客户中老客户所占的比例。一般将老客户定义为两年内在店铺内有过交易行为的客户。老客户占比=成交客户中老客户数/成交客户数

10.2 解读数据纵横数据分析

数据纵横是速卖通基于平台海量数据打造的一款数据产品，卖家可以根据数据纵横提供的数据指导自己店铺运营的方向，以便做出正确的营销决策。

10.2.1 实时风暴：店铺实时数据分析

卖家借助数据纵横中的“实时风暴”工具，可以更好地了解自己店铺的实时动态，分析访客行为。实时风暴工具可以帮助卖家及时了解店铺的流量变化，判断商品信息优化、营销活动等调整带来的直接效果，还可以帮助卖家在流量集中的时段调整客服工作时间及直通车投放时间，为店铺的运营进行实时策划和营销。

登录“我的速卖通”后台操作页面，单击“数据纵横”|“实时风暴”选项，即可进入实时风暴页面。实时风暴分为实时概况和实时营销两大版块。其中，通过实时概况可以查看店铺行业实时排名、店铺经营实时概况、实时商品和实时访客等数据。

1. 实时排名

实时排名提供店铺主营二级行业的排名，排名更加准确，如图 10-1 所示。

图 10-1　店铺主营二级行业实时排名

2. 实时概况

实时概况提供店铺浏览量、店铺访客数、下单订单数、支付订单数、支付金额、下单买家数、支付买家数、浏览—下单转化率、加购物车人数、加收藏夹人数等数据，卖家可以灵活选择想要查看的国家/地区及 App/非 App 端数据。图 10-2 所示为某店铺的店铺浏览量分析。

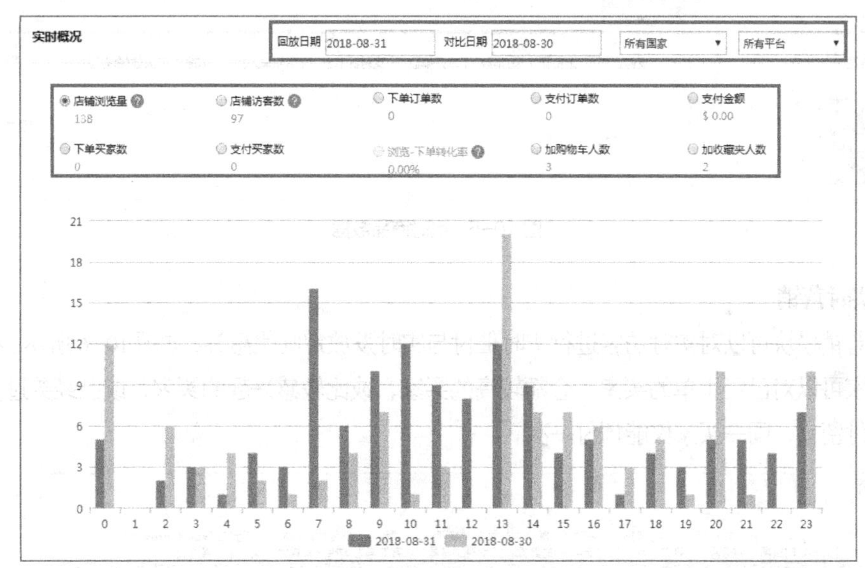

图 10-2　店铺浏览量分析

3. 实时访客及实时商品

实时访客数据能够帮助卖家分析访客行为，并能让卖家对实时访客进行实时营销，如图 10-3 所示。

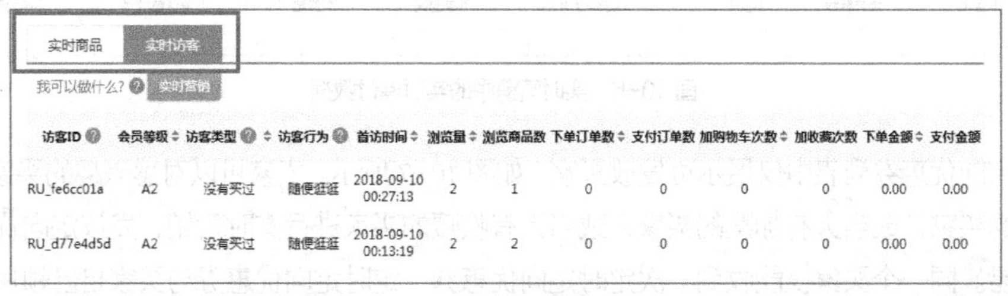

访客ID	会员等级	访客类型	访客行为	首访时间	浏览量	浏览商品数	下单订单数	支付订单数	加购物车次数	加收藏次数	下单金额	支付金额
RU_fe6cc01a	A2	没有买过	随便逛逛	2018-09-10 00:27:13	2	1	0	0	0	0	0.00	0.00
RU_d77e4d5d	A2	没有买过	随便逛逛	2018-09-10 00:13:19	2	2	0	0	0	0	0.00	0.00

图 10-3　实时访客分析

单击“实时营销”按钮，即可对访客展开催付或营销，如图 10-4 所示。

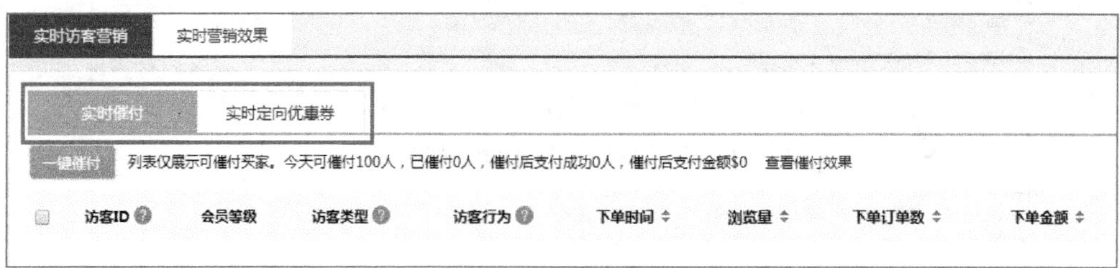

图 10-4　实时营销页面

实时商品数据可以帮助卖家分析每个商品的相关数据，如图 10-5 所示。实时商品展现当天有加购，或有收藏，或有下单，或有支付，或浏览量≥3 的商品，即部分商品当天仅有 1～2 次浏览，就不会在实时商品列表中展现。

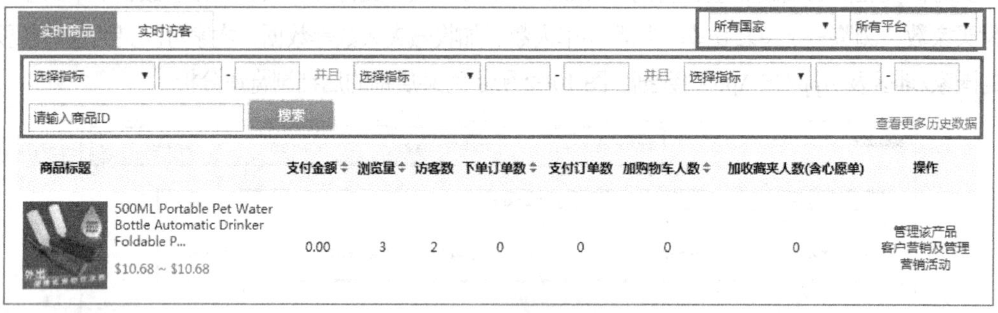

图 10-5　实时商品数据

4. 实时营销

实时营销模块可以对实时访客进行实时催付与实时发放定向优惠券，如图 10-6 所示。在实时催付中，卖家可以对已经下单的买家，金额较高的买家，或比较感兴趣的买家，或已经买过多次的买家进行催付留言，同一买家仅能催付一次。

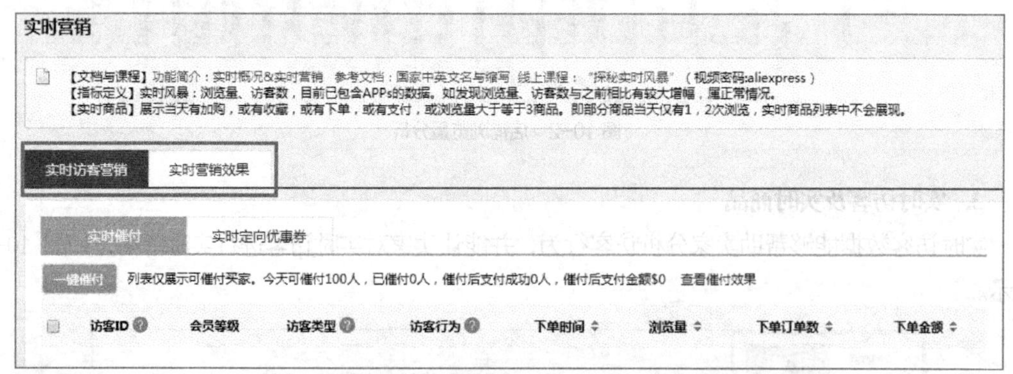

图 10-6　实时营销中的实时催付数据

实时定向优惠券列表中仅展示可发放买家，如图 10-7 所示。卖家可以对感兴趣的买家，或浏览次数较多的买家，或当天有加购的买家，或当天有收藏的买家进行实时营销，发放定向优惠券，促使达成交易。同一个买家仅能收到一次定时定向优惠券。定时定向优惠券与买家自己领用的优惠券不冲突。

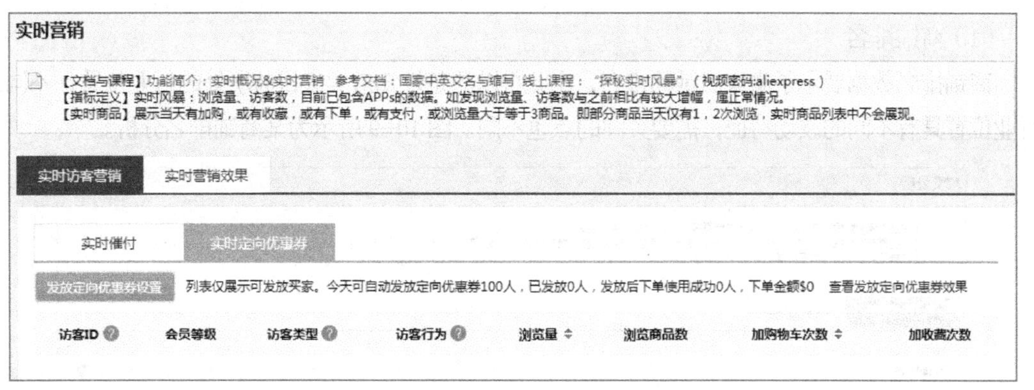

图 10-7　实时营销中的实时定向优惠券数据

单击“发放定向优惠券设置”按钮，即可进入设置发送规则页面，如图 10-8 所示。设置完成后，将以一定的周期循环触发，设置后可在约 1 小时后查看效果。若不需要一直生效，可单击“关闭发送规则”按钮。

发放定向优惠券设置

列表仅展示可发放买家。今天可自动发放定向优惠券100人，已发放0人。

请设置优惠券自动发放规则，本次优惠券发放将通过 系统消息 提醒买家收到优惠券。（实时定向优惠券，设置完成后以一定周期循环触发，设置后请约一小时后查看效果。若不需要一直生效，请注意"关闭发送规则"。规则2，3 设置指标之间为"并且"关系，如：购物车3~100，并且收藏夹1~100。）

设置收件客户规则　关闭发送规则

规则1　所有访客

规则2　请选择指标 - 并且 请选择指标 -

规则3　请选择指标 - 并且 请选择指标 -

选择待发放优惠券

新建优惠券

选择已创建优惠券（请手动点选优惠券，且有剩余张数，规则才能自动生效。目前仅支持领取型优惠券）

Spend US $1.00 off US $1.01　剩余480张

确定　取消

图 10-8　设置优惠券发送规则页面

10.2.2　成交分析：店铺经营状态分析

数据纵横中的“成交分析”工具分别从成交的现状、趋势、构成、特征及波动分析几个角度来刻画店铺成交数据，帮助卖家对店铺成交进行全方位的分析，并能对店铺问题进行快速定位和诊断，提高卖家的数据分析能力。

登录“我的速卖通”后台操作页面，单击“数据纵横”|“经营分析”|“成交分析”选项，即可进入成交分析页面。成交分析包括成交概况与成交波动分析两个模块。

1. 成交概况

成交概况模块可以对商铺排名、成交情况、成交分布（包括国家/地区、平台、行业、商品、价格带、新老卖家、90 天购买次数等）、成交核心指标（包括搜索曝光量、店铺浏览量、店铺访客数、浏览—下单转化率、下单买家数、支付买家数、支付金额、退款金额）等内容进行分析。

（1）商铺排名

商铺排名数据展示了卖家店铺的排名，由此可以清楚地知道卖家目前所处的行业位置，不同的行业位置具有不同的波动特征，需要关注的点也不同。图 10–9 所示为某商铺排名分析。

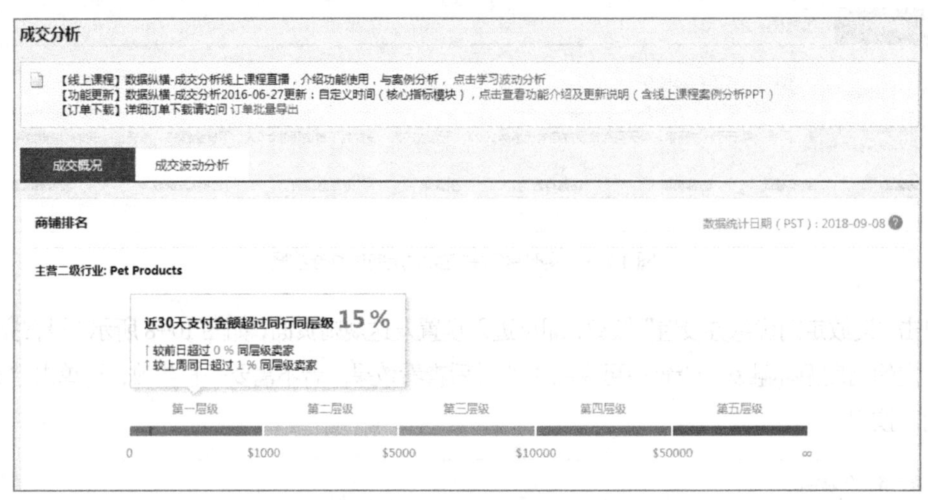

图 10–9　商铺排名分析

按照近 30 天支付金额（美元）不同，可以将分属于不同层级的卖家划分为四个等级，如图 10–10 所示。

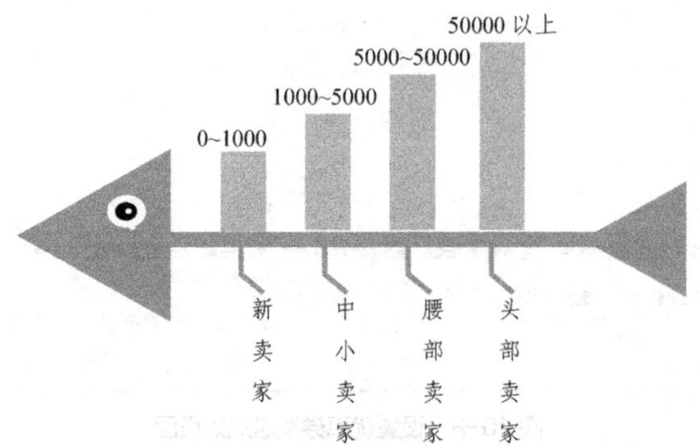

图 10–10　按照近 30 天支付金额（美元）划分卖家等级

对于新卖家和中小卖家来说，一般是刚开店不久，商品数量较少，应将运营的重点放在关注热销品的打造方面；对于腰部卖家和头部卖家来说，其运营的重点是在维护好自己已有热销品的前提下，加快速度打造新的市场热销品，以防止店铺已有热销品逐步进入衰退期后，店铺内没有新的商品为自己店铺的交易额提供稳定的支撑。

（2）成交概况

成交概况由一组公式构成，即“支付金额=访客数×浏览—支付转化率×客单价”。例如，卖家将店铺的访客数提升了 20%，在浏览—支付转化率和客单价保持不变的情况下，支付金额相应地也会提升 20%。但在实际操作中，针对提升访客数、浏览—支付转化率或客单价，其具体运营策略是不一样的，卖家需要根据自身店铺的情况来决定自己运营的侧重点。

提升访客量，简单来说就是引流，卖家可以通过多种方式引流，如开展 Facebook 营销、开通直通车、参加平台大促等；提升浏览—支付转化率，一般来说是通过开展老客户营销，向新客户发放优惠券的方式进行；提升客单价，一般的方法是开展关联营销，或者向部分客户发放定向优惠券。

图 10-11 所示为某店铺在 2018 年 9 月 2 日至 2018 年 9 月 8 日七天内的成交概况。

成交概况　最近7天 ▾　2018-09-02 ~ 2018-09-08

全部　App　非App

支付金额		访客数		浏览-支付转化率		客单价
$ 3179.07	=	37090	×	1.35%	×	$ 6.33
↑24.61%　波动分析		↑49.45%		↓6.25%		↓11.13%

数据解读：支付金额，较上期同比↑24.61%，做得不错！支付金额，较同行同层级商家↑25.79%，做得不错！
商品：支付金额，较上期同比↑4128.99%，增加$709.36 店铺支付金额波动　波动分析
平台：非App　支付金额，较上期同比↑46.73%，增加$436.63 店铺支付金额波动　波动分析
新老买家：新买家　支付金额，较上期同比↑35.76%，增加 $527.01 店铺支付金额波动　波动分析
国家：FR　支付金额，较上期同比↑632.75%，增加 $100.86 店铺支付金额波动　波动分析
行业：支付金额，较上期同比↑24.61%，增加 $627.86 店铺支付金额波动　波动分析

图 10-11　某店铺最近 7 天成交概况分析

根据以上数据，可以得出以下分析。

① 全店铺成交较同期有 24%的增长，通过与同行同层级比较分析，较同行做得好。

结论：主要是店铺自身做得好带来的增长。

② 成交公式分析：访客数增长 49%，浏览—支付转化率与客单价有一定程度的下降。

结论：有额外的流量增长是店铺增长的主要原因，买家应对访客数增长的原因进行分析。

③ 全店铺支付金额较同期有 24%的增长，通过计算可以得知，全店铺支付金额较上期增加了 627.85 美元，而商品×××的支付金额较上期增加了 709.36 美元，由此可得，商品×××支付金额的增长占全店铺支付金额增长的 112%。

结论：商品×××支付金额的增长是店铺支付金额增长的主要原因。

结合来看，可能是由于商品×××做了活动或推广，为店铺引来了 49%的流量与商品成交增长。

（3）成交分布

成交分布主要分为国家、平台、行业、商品、价格带、新老买家、90 天购买次数七个维度，卖家可以选择不同的维度对支付金额或支付买家数进行成交分布的分析。图 10-12 所示为某店铺按照国家维度支付金额的成交分布数据。

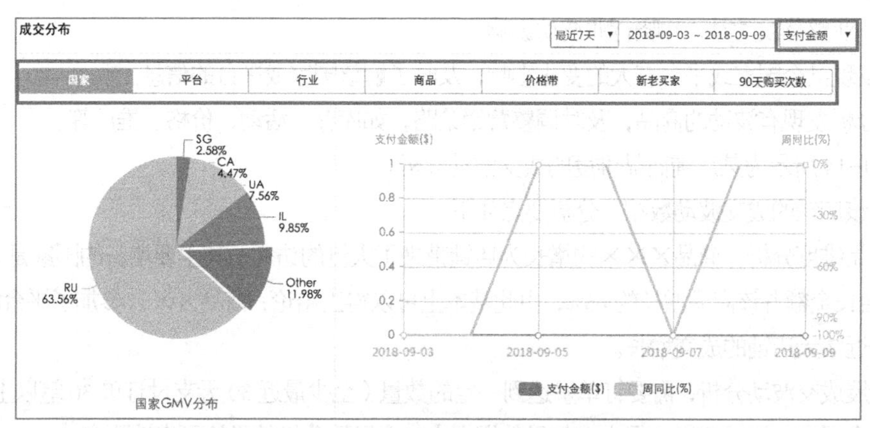

图 10-12　按照国家维度支付金额的成交分布数据

国家、平台、行业、商品、价格带、新老买家、90 天购买次数七个维度的不同组合可以衍生出不同的数据波动，也包含了不同的市场信息，这些信息都是具有一定参考价值的，需要卖家平时多注意加以分析和运用。

（4）成交核心指标分析

成交核心指标分析的维度包括搜索曝光量、店铺浏览量、店铺访客数、浏览—下单转化率、下单买家数、支付买家数、支付金额、退款金额等，卖家可以选择不同的维度分别对 App 端/非 App 端进行数据分析。图 10−13 所示为某店铺搜索曝光量维度的分析数据。

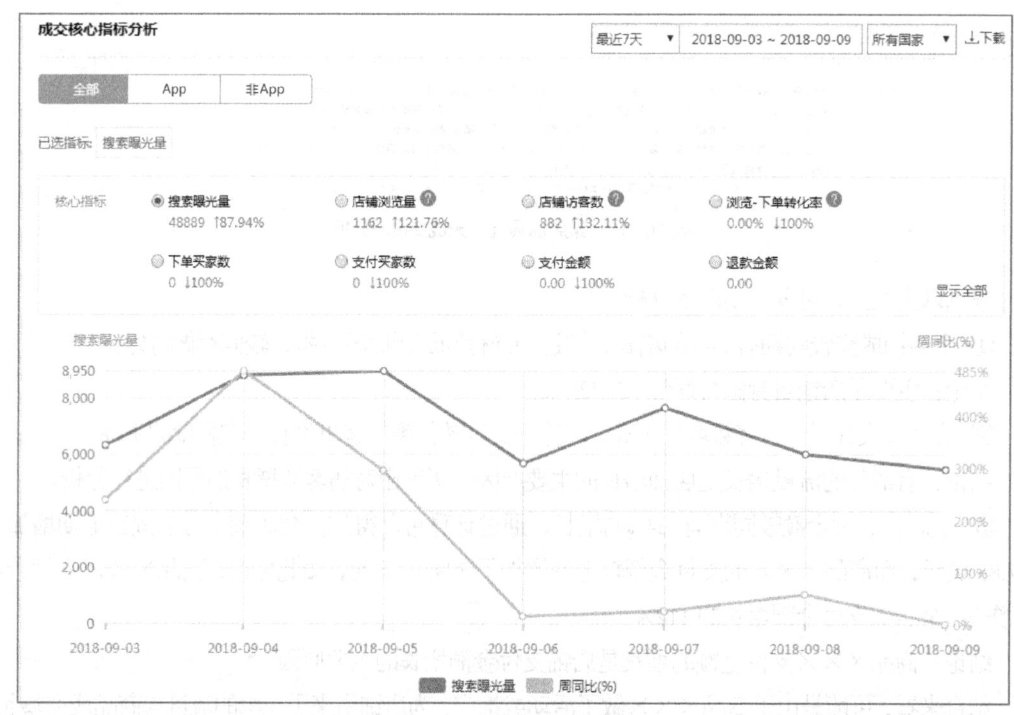

图 10−13　搜索曝光量数据分析

2. 成交波动分析

卖家可以在国家、平台、行业、新老买家、商品等维度下进行成交波动分析。在成交有波动的情况下，卖家可以通过成交分析了解并解决以下问题。

- 行业整体波动时，知晓行业波动影响。
- 发现某个国家或平台有大的变化影响，及时了解该国家或平台的信息。
- 分析发现有波动的商品，及时调整营销策略，如库存、活动、价格、推广等。

图 10−14 所示为某店铺商品维度的成交波动分析。

根据该店铺的成交波动数据，分析要点如下。

从商品维度分析，商品×××的增长为店铺带来了大量的访客，其主要增长的国家是 RU（俄罗斯），增长金额占该商品增长的 65%，由此基本上可以得出结论：商品×××参加了平台活动，并带来了最近 7 天店铺的成交增长。

要开展成交波动分析，需要订单量达到一定的数量（至少最近 30 天支付订单 30 笔以上）。因为波动受单个买家、订单的影响很大，如果数据太少，会导致分析结果的可靠性不高。

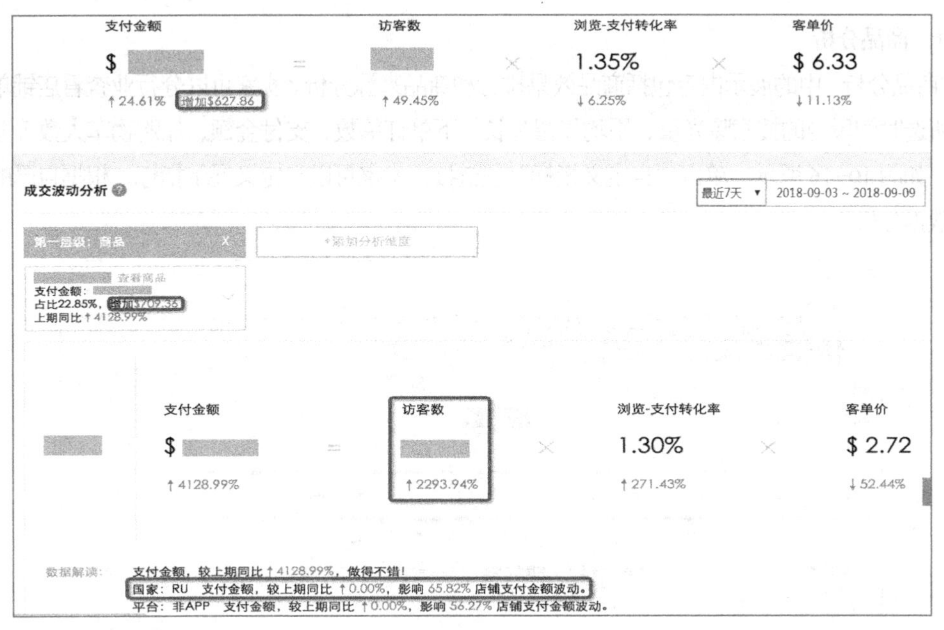

图 10-14 商品维度的成交波动分析

在开展成交波动分析时，卖家可以按照一定的逻辑进行多维度组合，如设置“国家—商品—新老买家”三层分析维度，可以由此判断出在某个国家某件商品及其所对应的新老买家所产生的支付金额的变化情况。在基于足够多数据的前提下，这三个维度的组合可以帮助卖家判断出针对某个国家某个单品的消费者的构成模型，进而为卖家制订或改善营销策略提供参考。

10.2.3 商品分析：单个商品指标数据分析

数据纵横中的“商品分析”工具能够帮助卖家对单个商品的表现进行分析，其中包括三个版块，即“商品分析”“商品来源”与“异常商品”，如图 10-15 所示。

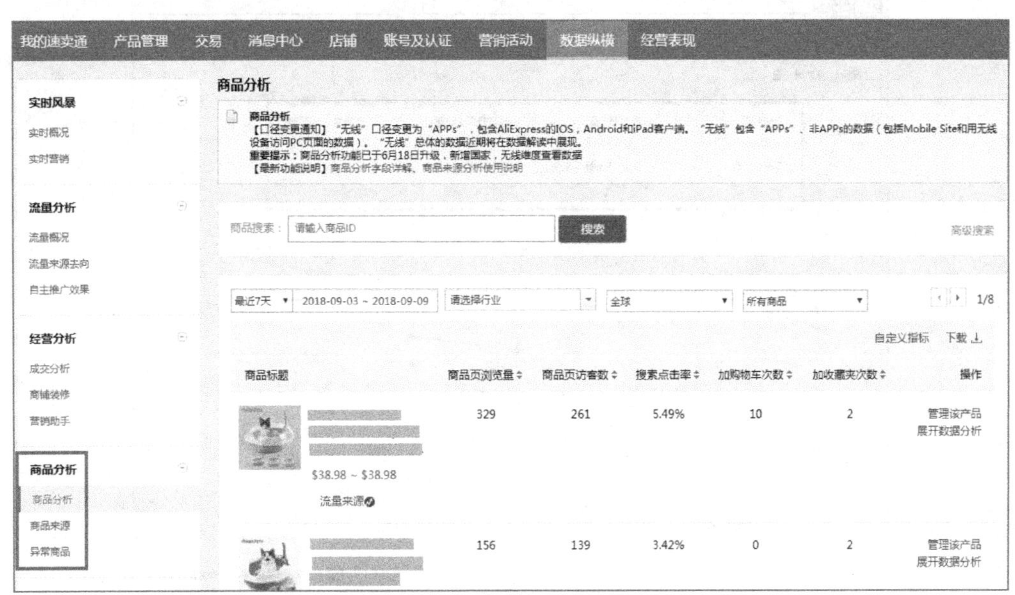

图 10-15 数据纵横—商品分析

1. 商品分析

“商品分析”中的展示内容包括商品效果排行和商品来源分析。卖家可以分行业查看店铺单个商品在所选时间段内的搜索曝光量、平均停留时长、下单订单数、支付金额、加购物车人数等多维度数据，如图 10-16 所示。单击“自定义指标”超链接，卖家可以自定义展示指标，根据自己的需要进行数据分析。

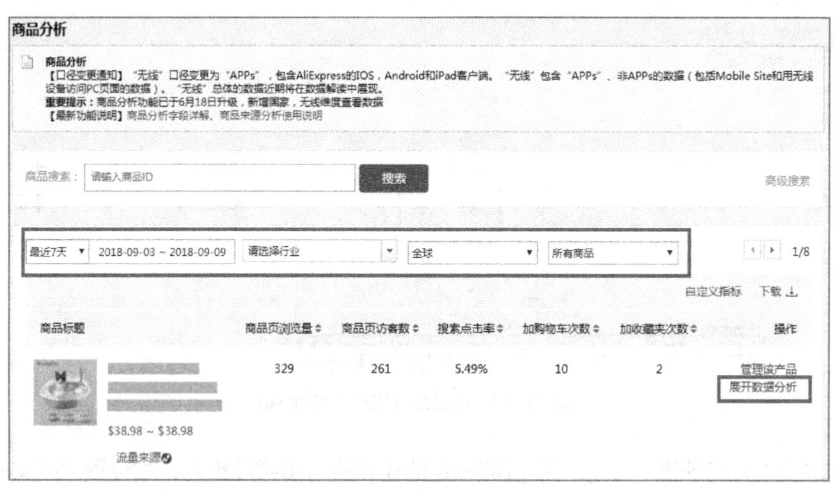

图 10-16　商品分析页面

单击“展开数据分析”超链接，可以查看指定商品的支付金额、搜索曝光量、商品页浏览量、搜索点击率等各项指标的全店铺和 App 的数据和变化趋势，帮助卖家判断该商品各项指标的竞争力，并有针对性地优化商品。

图 10-17 所示为指定商品全店铺搜索曝光量相关数据，图 10-18 所示为指定商品 App 搜索曝光量相关数据。同时，该工具还可以对关键词进行分析，如图 10-19 所示。

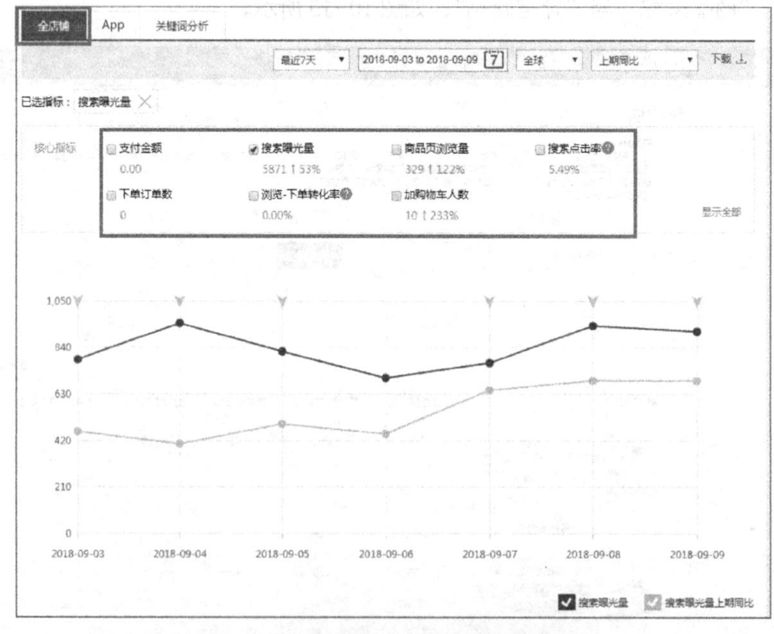

图 10-17　指定商品全店铺搜索曝光量相关数据

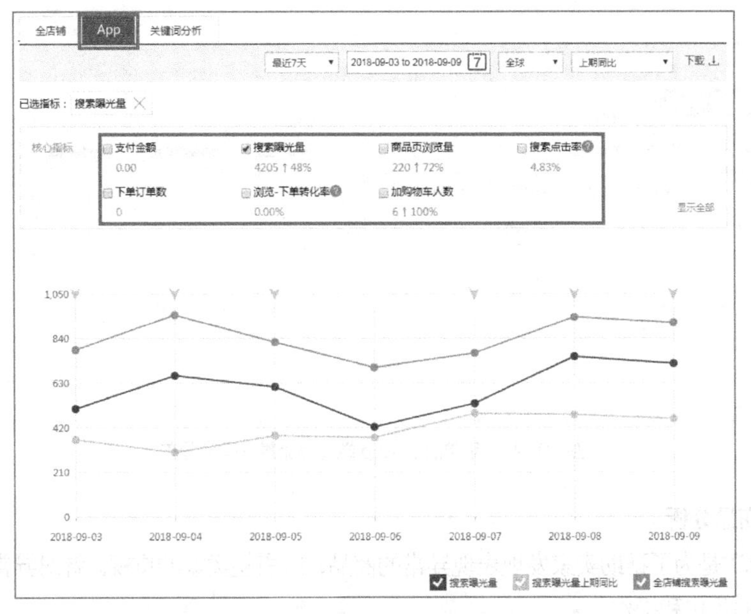

图 10-18 指定商品 App 搜索曝光量相关数据

全店铺 | App | 关键词分析

曝光关键词分析

关键词	搜索曝光量
1 лоток для кошек	566
2 cat litter box	285
3 cat toilet	284
4 туалет для кошек	259
5 кошачий туалет	218
6 kattenbak	137
7 лоток для собак	101
8 litter box	82
9 kedi tuvaleti	79
10 для кошек	70

浏览关键词分析

关键词	浏览次数
1 лоток для кошек	19
2 кошачий туалет	13
3 туалет для кошек	7
4 cat toilet	5
5 для кошек туалет	3
6 кошачий лоток	3
7 горшок для котов	2
8 bandeja para gato	2
9 лотки для кошек	2
10 kattenbak	2

图 10-19 指定商品关键词分析

2. 商品来源分析

“商品来源” 能够帮助卖家了解自己店铺内热门商品流量—来源去向和流量国家分布。图 10-20 所示为某个单品非 App 端商品流量—来源去向，图 10-21 所示为某个单品非 App 端商品流量—国家分布。

商品流量 - 来源去向　　全部国家

App | 非App

☑ 浏览量　☑ 访客数　☑ 访客数占比　☑ 店内跳转人数　☑ 跳出本店人数　☐ 加收藏夹次数
☐ 加购物车次数　☐ 下单买家数　☐ 下单转化率　☐ 支付件数　☐ 支付买家数　☐ 支付转化率

来源	访客数	浏览量	访客数占比	店内跳转人数	跳出本店人数	操作
搜索	55	60	56.12%	1	54	趋势
类目	30	31	30.61%	2	28	趋势
其他	20	25	20.41%	1	19	详情 趋势
频道	3	3	3.06%	0	3	详情 趋势
商品详情页	2	2	2.04%	0	2	详情 趋势
收藏夹	1	1	1.02%	0	1	趋势
平台首页	1	1	1.02%	1	0	趋势

图 10-20 某单品非 App 端商品流量—来源去向

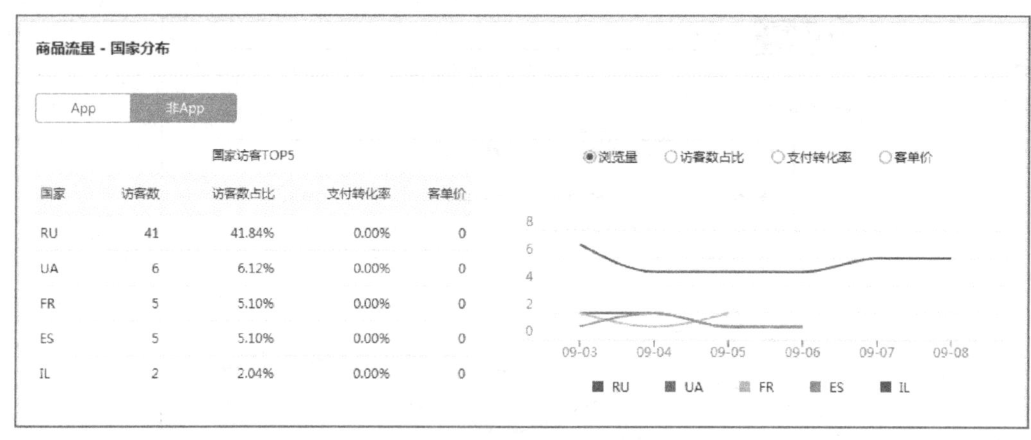

国家	访客数	访客数占比	支付转化率	客单价
RU	41	41.84%	0.00%	0
UA	6	6.12%	0.00%	0
FR	5	5.10%	0.00%	0
ES	5	5.10%	0.00%	0
IL	2	2.04%	0.00%	0

图 10–21　某单品非 App 端商品流量—国家分布

3. 异常商品分析

“异常商品”是为了帮助卖家发现表现异常的商品，以引起卖家的重视。针对异常的商品，卖家可以进行相应的优化和操作。

异常商品分析主要从访客下跌、支付下跌和下单转化率下跌三个角度进行分析。

（1）访客下跌

图 10–22 所示为某店铺的访客下跌数据分析。

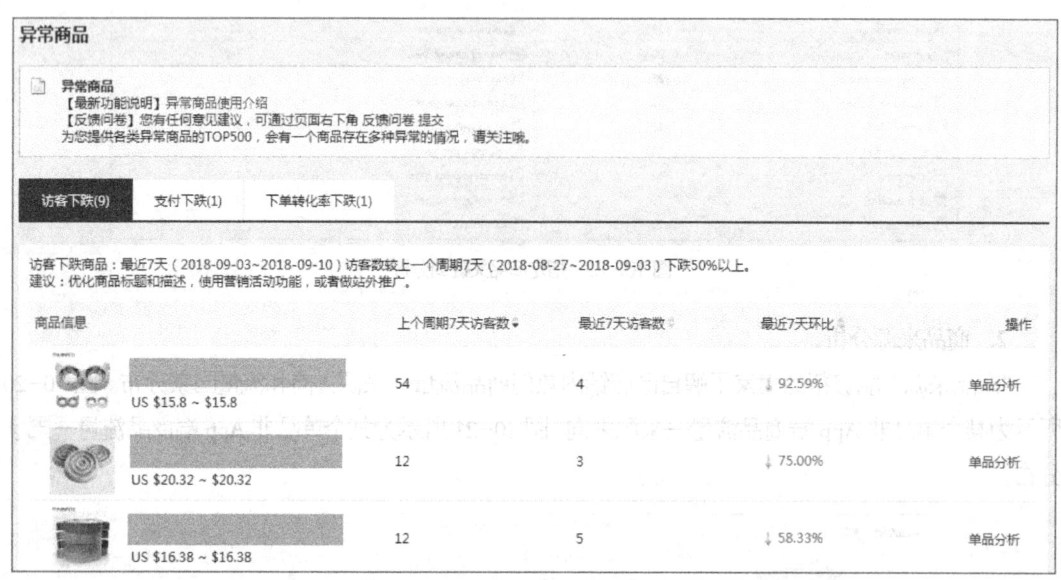

商品信息	上个周期7天访客数	最近7天访客数	最近7天环比	操作
US $15.8 ~ $15.8	54	4	↓ 92.59%	单品分析
US $20.32 ~ $20.32	12	3	↓ 75.00%	单品分析
US $16.38 ~ $16.38	12	5	↓ 58.33%	单品分析

图 10–22　访客下跌数据分析

针对访客下跌的商品，卖家可以通过优化商品标题和描述、开展平台营销活动，或者做站外推广等方式来提升访客量。

（2）支付下跌

图 10–23 所示为某店铺的支付下跌数据分析。

针对支付下跌的商品，卖家可以采取优化商品标题和描述，加强引流，同时向买家发放优惠券等方式来刺激买家购买商品，以提升下单转化率。

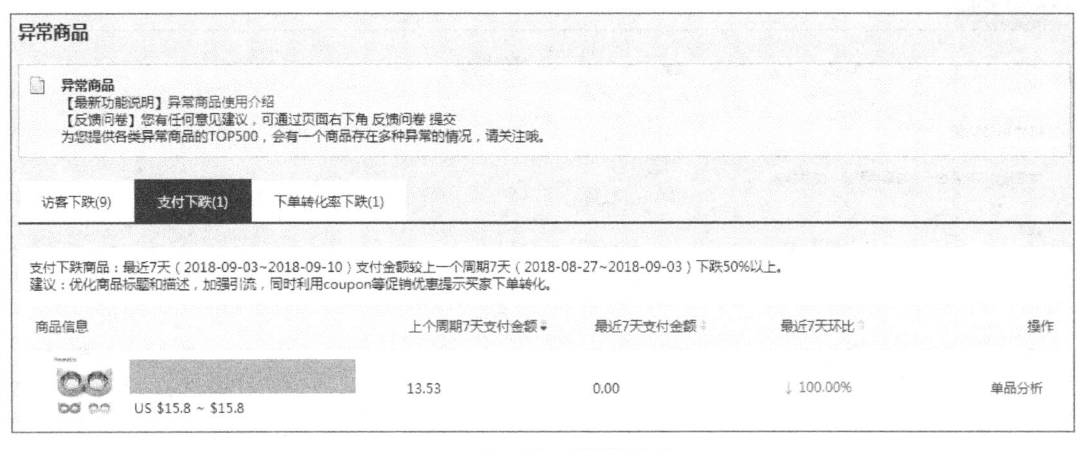

图 10-23　支付下跌数据分析

（3）下单转化率下跌

图 10-24 所示为某店铺的下单转化率下跌数据分析。

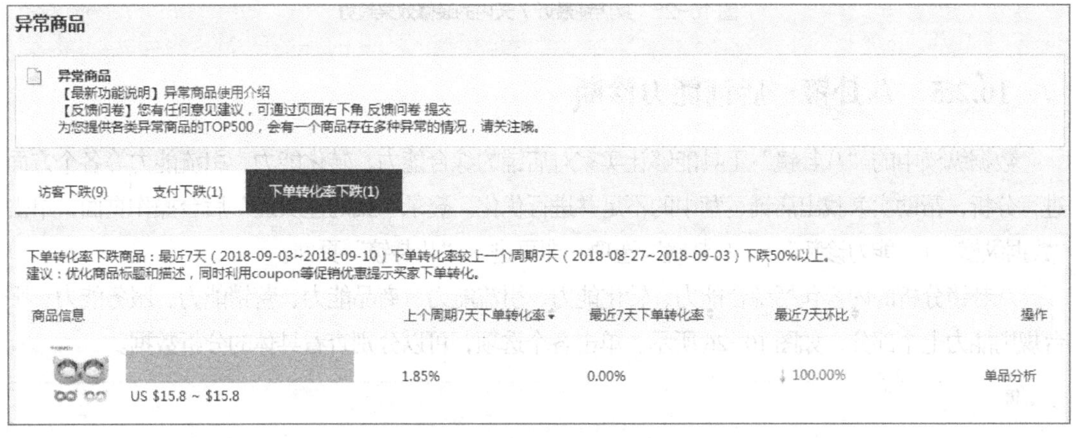

图 10-24　下单转化率下跌数据分析

针对下单转化率下跌的商品，卖家可以通过优化商品标题和描述，同时向买家发放优惠券的方式来刺激买家下单。

10.2.4　商铺装修：店铺装修效果分析

每一次店铺装修变动都会或多或少地影响店铺的流量导向，卖家应该习惯性地记录与分析每次装修事件给店铺所带来的变化。卖家可以通过“商铺装修”工具来查看店铺装修对用户体验造成的影响。登录“我的速卖通”后台操作页面，单击“数据纵横”|“商铺装修”选项，即可进入“商铺装修”页面。

通过“商铺装修”工具可以查看店铺某个时间段内的浏览量、访客数、人均浏览量、平均访问时间、跳失率及浏览—支付转化率的变化趋势。图 10-25 所示为某店铺最近 7 天内的装修效果趋势，卖家可以通过对比装修时间点前后的数据变化来判断装修效果，并对其进行优化。

图 10-25　某店铺最近 7 天内的装修效果趋势

10.2.5　八卦镜：店铺能力诊断

数据纵横中的“八卦镜”工具能够让卖家对店铺的综合能力、转化能力、引流能力等各个方面进行分析，帮助卖家找出店铺运营中的不足并进行优化。登录“我的速卖通”后台操作页面，单击“数据纵横”|“能力诊断”|“八卦镜”选项，即可进入“八卦镜”页面。

八卦镜分析的内容包括综合能力、转化能力、引流能力、商品能力、营销能力、服务能力、平台规则能力七个部分，如图 10-26 所示。单击各个选项，可以分别查看具体的分析数据。

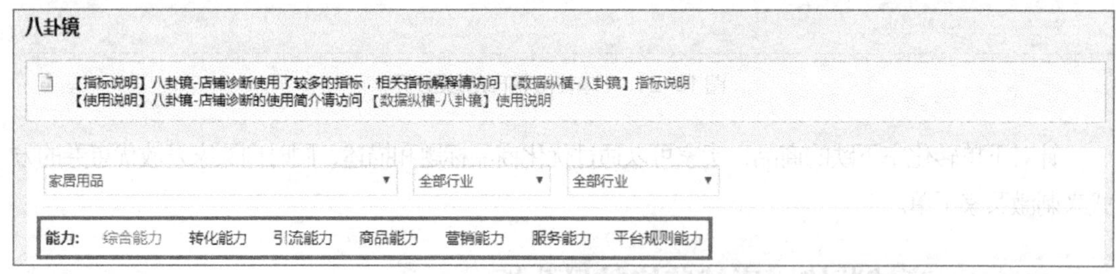

图 10-26　“八卦镜”数据分析的内容

1. 综合能力

综合能力主要包括三部分内容：店铺行业能力概况、店铺行业能力趋势和细分行业概览。

（1）店铺行业能力概况

店铺行业能力概况展示的是店铺在行业下整体能力概况，八卦图中显示过去 30 天各个能力项的得分情况，如图 10-27 所示。

（2）店铺行业能力趋势

店铺行业能力趋势展示的是转化能力、引流能力、商品能力、营销能力、服务能力、平台规则能力等各项能力在过去一段时间内的变化趋势，如图 10–28 所示。

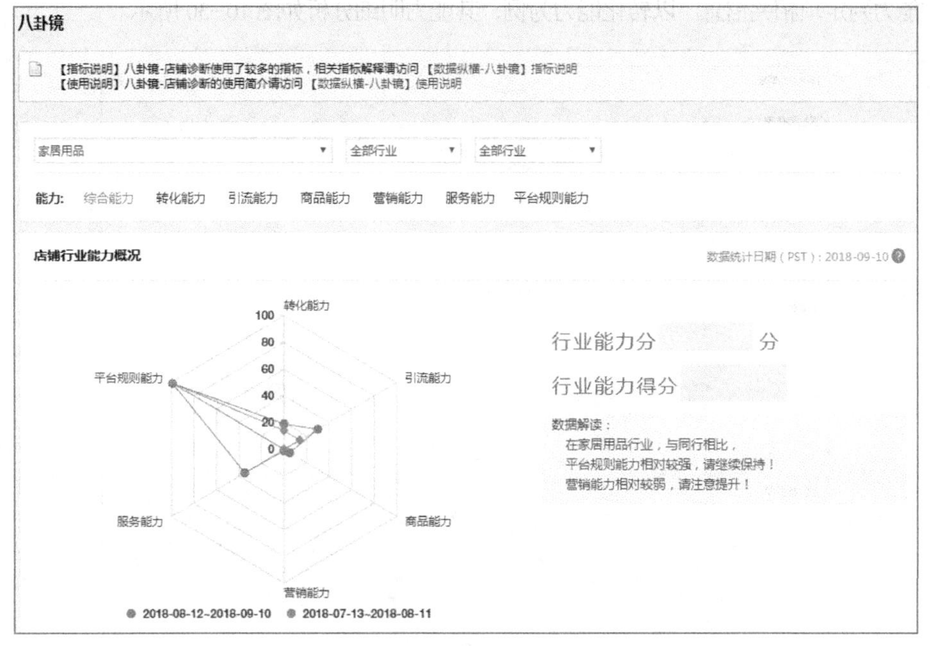

图 10–27 店铺行业能力概况

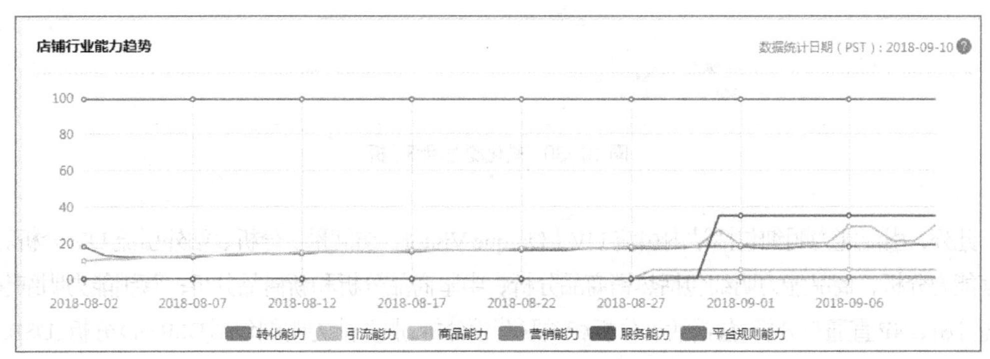

图 10–28 店铺行业能力趋势

（3）细分行业概览

细分行业概览是所选行业的下级行业的各能力项得分信息，如图 10–29 所示。单击行业链接可以跳转到相应的行业，进行进一步的分析。

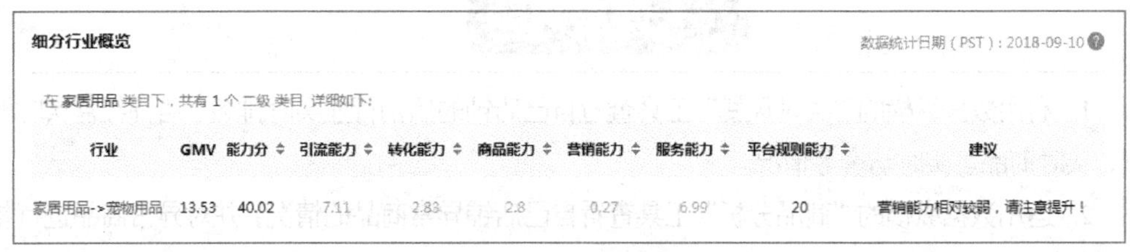

细分行业概览　　数据统计日期（PST）: 2018-09-10

在 家居用品 类目下，共有 1 个 二级 类目，详细如下：

行业	GMV	能力分	引流能力	转化能力	商品能力	营销能力	服务能力	平台规则能力	建议
家居用品->宠物用品	13.53	40.02	7.11	2.83	2.8	0.27	6.99	20	营销能力相对较弱，请注意提升！

图 10–29 细分行业概览

2. 其他能力

转化能力、引流能力、商品能力、营销能力、服务能力、平台规则能力均由三部分构成，即能力概况、能力趋势和能力明细。其中，能力概况、能力趋势部分与综合能力类似，能力明细是更加细化的能力判定项相关信息。以转化能力为例，其能力明细分析如图 10-30 所示。

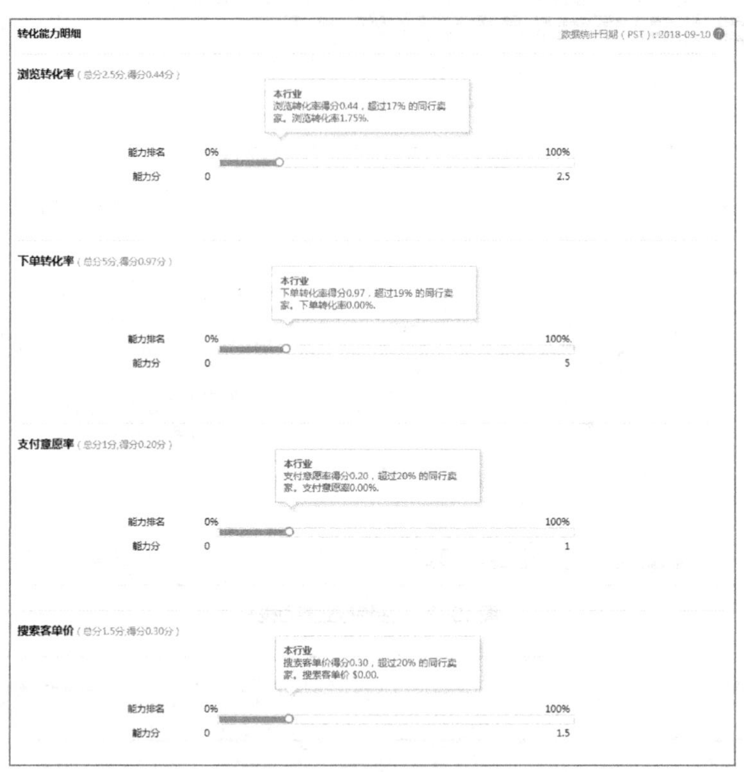

图 10-30　转化能力明细分析

此外，引流能力明细包括站内引流 UV（Unique Visitor，访问量）分析、站外引流 UV 分析和老买家能力分析；商品能力明细包括热销商品分析、中坚商品分析和新商品分析；营销能力明细包括联盟分析、P4P 直通车分析、营销活动分析和关联营销分析；服务能力明细包括 DSR-D 分析、DSR-R 分析、DSR-S 分析、拍而不卖分析、未到货分析、好评率分析、SNAD（货不对板）纠纷率分析和 SNAD 仲裁率分析；平台规则能力明细包括知识产权扣分分析、信息质量扣分分析和违规交易得分分析。

课后习题

1. 利用数据纵横的“实时风暴”工具查看自己店铺的店铺行业实时排名、店铺经营实时概况、实时商品、实时访客等情况。

2. 运用数据纵横的“商品分析”工具查看自己店铺异常商品的情况，并对异常商品进行相应的优化。

3. 运用数据纵横的“八卦镜”工具分析自己店铺的引流能力，并尝试制订相应的引流优化方案。